Schenk dir Zeit 2

Texte – Bilder – Lieder

Schenk dir Zeit 2

Texte – Bilder – Lieder

herausgegeben von
Hartmut Rupp
Maria-Luise Lauer
Karl-Otto Rentmeister

Die Deutsche Bibliothek – CIP-Einheitsaufnahme

Schenk dir Zeit : Texte - Bilder - Lieder. - Karlsruhe : Verl. Evang.
Presseverb. für Baden
2.2000
ISBN 3-87210-370-9

1. Auflage, 2000

Herausgeber: Hartmut Rupp, Maria-Luise Lauer, Karl-Otto Rentmeister
Lektorat: Hans-Dieter Wolfinger
Gestaltung und Satz: Bernhard Kutscherauer, Mannheim
Projektleitung: Volker Lehmkuhl
Illustrationen: H. Schweitzer
Herstellung: Alföldi, Ungarn

„Der Mensch hat keine Zeit,

wenn er sich nicht die Zeit nimmt, Zeit zu haben."

Ladislaus Boros

„Es ist nicht wenig Zeit, was wir haben,

sondern es ist viel, was wir nicht nützen"

Seneca

Inhalt

Vorwort

Das Kirchenjahr – eine heilvolle Erfahrung

Wenn der Fluss der Zeit keine Takte mehr hat, werden Menschen unsicher, ja, krank.

Nach wie vor gibt das Kirchenjahr unserem persönlichen und gemeinsamen Leben Halt und Orientierung. Weihnachten und Ostern, aber auch Pfingsten, Allerheiligen und Silvester sind spürbare Einschnitte im Lauf der Zeit. Nach wie vor richten sich die Schulferien nach dem Kirchenjahr, planen wir bewußt oder unbewußt unseren Urlaub danach. Trotz des kommerziellen Trubels um Weihnachten und Ostern wirken die Advents- und die Passionszeit noch immer in unseren Alltag hinein und geben uns Zeit zum Durchatmen. Martin, Nikolaus und Barbara sind beliebte Heilige, deren Tag gerade von Kindern gerne begangen wird. Für manche Erwachsene sind die Fastnachtstage jährliche Höhepunkte.

Allerdings sind Inhalt und Bedeutung der Festzeiten und der damit verbundenen Zeittakte in Vergessenheit geraten. Für viele Menschen ist die Verbindung der Feste mit dem Lauf der Sonne und den Mondwechseln nicht mehr möglich. Die moderne Arbeitswelt und der allgegenwärtige Komfort lassen uns den Zusammenhang der Feiertage mit Saat und Ernte, Aufblühen und Verwelken kaum noch spüren. Der Bezug zu Grunderfahrungen des Menschen wie Geburt, Jugend, Alter und Tod sowie zu Freude und Trauer, zu Dank und Klage geht mehr und mehr verloren. Der christliche Sinngehalt verblaßt hinter Kommerz und Freizeitorientierung. Zeichen und Riten und ihre Bedeutung drohen aus unserer Erinnerung zu verschwinden.

„Schenk dir Zeit 2" will ansprechend und belebend dieser Tendenz zum Vergessen entgegenwirken und das Kirchenjahr als heilvolle Erfahrung neu erschließen. Die Texte, Bilder und Lieder zeigen deshalb den inneren Zusammenhang mit dem Jahresgang der Natur, menschlichen Grunderfahrungen und christlichem Glauben auf und erschließen den Sinn von Symbolen und Bräuchen. Gleichzeitig bieten sie Gelegenheit, eine gewisse Zeit zu verweilen, dem Gehalt der Festzeit nachzuspüren und sich trösten und stärken zu lassen. Dabei haben wir darauf geachtet, auch spezifisch evangelische und katholische Festtage zur Geltung zu bringen. „Schenk dir Zeit 2" richtet sich bewußt an beide Konfessionen.

Die 26 Kapitel greifen nacheinander die Zeiten und Termine des Kirchenjahres auf. Der Aufbau ist jedes Mal gleich: Das Auftaktbild macht auf den Inhalt der jeweiligen Zeit aufmerksam und regt an, das eigene Wissen zusammenzutragen, neu erworbenes festzumachen oder neue Bezüge zu erkennen. Die Tuschzeichnungen von Hartmut Schweizer eignen sich zur Vervielfältigung oder zur Projektion mit dem Tageslichtprojektor. Die Informationen zeigen Hintergründe auf und helfen, die Zeiten und die Riten des Kirchenjahres angemessen zu „lesen" und besser zu verstehen. Dabei ergeben sich immer wieder Parallelen zum jüdischen und islamischen Festkalender.
Die Erzählungen für Kinder eignen sich zum Vorlesen oder Selberentdecken und machen - mal nachdenklich, mal mit zwinkerndem Auge - mit den Festen und ihrer Bedeutung vertraut. Symbol- und Meditationseiten geben die Gelegenheit zur Besinnung und Sammlung.

In den Erzählungen für Erwachsene finden Jugendliche und älter Gewordene auf unterhaltsame Art eine Anregung zum Nachdenken und zum Meinungsaustausch. Die Lieder haben wir überwiegend aus dem ökumenischen Liedgut ausgewählt und wollen damit wichtige Glaubenslieder aus der evangelischen und der katholischen Tradition (wieder) beleben. Die biografischen Erzählungen zu den Liedern geben interessante Informationen, aus welchem Anlaß und in welchem Geist die Lieder entstanden sind.
Ein Segenswort schließt jedes Kapitel und gibt Kraft und Zuversicht für den Weg durch das Jahr.

Durch seinen Aufbau eignet sich „Schenk dir Zeit 2" sowohl für den Religionsunterricht in der Schule als auch für die Arbeit mit Kindern, Jugendlichen und Erwachsenen in der Gemeinde. Hier finden sich vielfältige Anregungen für Andachten und Gottesdienste. Schließlich soll „Schenk dir Zeit 2" persönliches Andachtsbuch und christliches Hausbuch sein, das Station für Station zur stärkenden und aufschlußreichen Reise durch das Kirchenjahr einlädt.

Im Oktober 1999

Die Herausgeber

1
Das Kirchenjahr

Das Kirchenjahr

Das Kirchenjahr beginnt, anders als das Kalenderjahr, am 1. Advent. Es endet mit dem Christkönigsfest (katholisch) bzw. dem Ewigkeitssonntag (evangelisch). Sein Takt ist bestimmt durch die großen christlichen Feste Weihnachten, Ostern und Pfingsten. Entsprechend kann man den Weihnachtskreis und den Osterfestkreis unterscheiden.

Wurzel und Mitte des Kirchenjahres ist Ostern, das Fest der Auferstehung Jesu von den Toten. Dieses Fest ist so wichtig, daß an jedem ersten Tag in der Woche, dem Sonn- oder Herrentag, die Auferstehung Jesu gefeiert wird. Erst im Laufe des 4. Jahrhunderts bildet sich der Weihnachtsfestkreis heraus. Den beiden Hauptfesten des Kirchenjahres sind jeweils Bußzeiten vorangestellt. Die vorösterliche Bußzeit (katholisch Fastenzeit bzw. evangelisch Passionszeit) und die Adventszeit dauern 40 Tage und wollen helfen, sich auf die Feier der Geburt und der Auferstehung Christi angemessen vorzubereiten.

Das Kirchenjahr verknüpft immer wieder grundlegende Aussagen des Glaubens mit Grunderfahrungen der Menschheit und elementaren, natürlichen Erfahrungen und macht dies auch in Brauchtum und Symbolen anschaulich. So spricht Advent die großen Verheißungen Gottes an, verknüpft sie mit uralten Menschheitshoffnungen auf Frieden, Gerechtigkeit und ein paradiesisches Leben und bezieht diese auf den Wunsch der Menschen nach Licht in einer dunklen Jahreszeit. Das Osterfest thematisiert die Hoffnung auf ein neues Leben nach dem Tode und verknüpft dies mit Erfahrungen des Frühlings. Das Erntedankfest spricht die Welt als Gottes Schöpfung an und macht von daher verständlich, daß Menschen auf gute Vorgaben angewiesen sind und den Auftrag haben, die Schöpfung verantwortlich zu gestalten.

Den einzelnen Zeiten des Kirchenjahres sind symbolische Farben zugeordnet, in denen beispielsweise die Altar- und Kanzeltücher und in der katholischen Kirche die liturgischen Gewänder gehalten sind.

Nach wie vor gibt das Kirchenjahr dem jährlichen Erleben Struktur und Takt. Es zerlegt die Zeit in überschaubare Räume und gibt dem Leben des einzelnen, aber auch der Gemeinschaft, Hoch- und Festzeiten. So nimmt das Kirchenjahr die vielfachen Fragen nach dem Sinn unseres Lebens auf und bezieht diese auf die biblisch-christliche Tradition.

INFORMATION

Das Kirchenjahr ist durch viele Zeiterfahrungen geprägt. Bestimmend sind die Erfahrungen mit dem Sonnen- und dem Mondzyklus. So liegt das Fest der Geburt Christi auf dem Tag der Wintersonnenwende (25.12.). Diesem Fest gegenüber liegt das Fest Johannes des Täufers (24.6.), auf dem Tag der Sommersonnenwende. Der Termin des Osterfestes ist durch den Mondzyklus bestimmt. Seit 325 n. Chr. wird Ostern am Sonntag nach dem ersten Frühlingsvollmond gefeiert.

Viele Festtage sind durch die Erfahrung von Saat und Ernte bestimmt. So sind neben dem Erntedankfest (am Sonntag nach Michaelis, 29.9.) auch Johannis (24.6.) und Peter und Paul (29.6.) Erntefeste. Mariae Himmelfahrt (15.8.) wird in katholischen Ländern und Regionen als Sommerfest gefeiert.
Abhängig von diesem Rhythmus sind auch „soziale Tage". So ist der Martinstag (11.11.) auch das Ende des Wirtschaftsjahres, damit auch der Zeitpunkt für die Entlohnung der Mägde und Knechte sowie der Abgabe des Pachtzinses.

Ganz entscheidend für die Herausbildung des christlichen Kirchenjahreskreises ist das Leben und Wirken Jesu Christi. Die Ankündigung und Erwartung seiner Geburt (1.–4. Advent), Geburt (25.12.) und Erscheinung (6.1.), die Darstellung im Tempel (2.2.), seine Passion, Auferstehung und seine Himmelfahrt sind strukturierende Elemente des Kirchenjahres. Es will so lebenswichtige Erfahrungen in Erinnerung bringen und lebendig halten.

In der katholischen Kirche sind daneben Marien- und Heiligenfeste wichtig. Marienfeste sind Mariae Lichtmeß (2.2.), Mariae Verkündigung (25.3., neun Monate vor Weihnachten), Mariae Heimsuchung (2.7.), Mariae Himmelfahrt (15.8.) und Mariae Geburt (8.9.). Besondere Gedenktage sind darüber hinaus u.a. der Josefstag (1.3.), St. Elisabeth (19.11.) und St. Barbara (4.12.).

Spezifisch evangelische Festtage sind das Reformationsfest (31.10.) und Buß- und Bettag (Mittwoch vor dem Ewigkeitssonntag). Zehn Tage nach Pfingsten und 60 Tage nach Ostern feiert die katholische Kirche das Fronleichnamsfest.

Neunhundert Minuten vor Geburtstag

Nachmittags schlossen sich die Eltern in der Werkstatt ein. Der Schusterhammer pochte, die Nähmaschine ratterte, der Vater pfiff, und die Mutter sang. Aber Tim durfte nicht zu ihnen. „Geh spielen!" riefen sie durch die Tür. Aber Tim mochte nicht spielen. Er mochte auch nicht Aufgaben machen. Gar nichts mochte er. Alle Augenblicke klopfte er an die Werkstatt-Tür und fragte: „Wieviel Uhr ist es jetzt?" Dann rief der Vater: „Jetzt ist es neunhundert Minuten vor Geburtstag!" Oder: „In vier Minuten ist es sechzehn Stunden vor morgen früh!" Oder: „Es ist gleich sieben Jahre weniger einen halben Tag!" Abends konnte Tim nicht einschlafen. Die Mutter brachte ihm Zuckerwasser. Aber das half auch nicht. Sie rief den Vater. Der setzte sich auf Tims Bett und erzählte: „Es war einmal ein Mann, dem dauerte es immer viel zu lange von einem Geburtstag bis zum anderen. Er war sehr reich. Deshalb sagte er zu seiner Frau: „Von morgen an habe ich jeden Tag Geburtstag. Morgen, übermorgen und überübermorgen, das ganze Jahr. Du mußt mir jeden Tag einen Geburtstagskuchen mit Kerzen auf den Tisch stellen. Und Geschenke will ich natürlich auch haben." So gab es nun jeden Tag Kuchen und Geschenke für ihn. Jeden Morgen kamen seine Frau und seine Kinder und wünschten ihm viel Glück. Viele Monate lang taten sie das. Zuerst gefiel das dem Mann sehr gut. Aber allmählich wurde es ihm langweilig. Und eines Tages rief er: „Zum Donnerwetter! Wann habe ich endlich richtig Geburtstag?" „Der richtige Geburtstag war vor einer Woche", sagte seine Frau. „Du hast davon nur nichts gemerkt, weil wir jetzt jeden Tag Geburtstag feiern." Da merkte der Mann endlich, wie dumm er gewesen war. Von nun an wollte er nur noch einmal im Jahr Geburtstag haben, wie alle Leute. „Der arme Mann", sagte Tim. „Der mußte noch fast ein ganzes Jahr warten. Ich brauche nur noch eine Nacht zu schlafen. Aber ich glaube, ich werde bis morgen früh wach bleiben." Da kam die Mutter wieder. Sie sang ihm Schlaflieder wie damals, als er noch ein ganz kleiner Junge gewesen war. Und als sie fünf Lieder gesungen hatte, schlief Tim endlich ein.

Warten

Jörg hatte eine Bohne gesteckt. Das Töpfchen mit Erde stand auf seinem Fensterbrett. Jeden Tag goß Jörg die Erde. Und jeden Tag wartete Jörg darauf, daß die Bohne endlich aus der Erde kommen würde.
Abends vor dem Einschlafen war sein letzter Weg zu dem Töpfchen. Er funkelte mit der Taschenlampe auf der Erde herum, stocherte mit einem abgebrannten Streichholz in der Oberfläche und nahm manchmal sogar sein Vergrößerungsglas, um die Oberfläche genauer untersuchen zu können. Es mußte doch endlich was Grünes heraussprießen.
In dem „Bohnenbuch" hatte er gelesen, daß man als erstes eine feine grün-weißliche Spitze sehen würde. Die sei sehr zart, und man müsse aufpassen. Und morgens war sein erster Weg wieder zu dem Erdtöpfchen. Denn über Nacht war ganz bestimmt was passiert. Über Nacht war das Ding vielleicht herausgekrochen, solange er, Jörg, geschlafen hatte. Mit der Zahnbürste in der Hand stocherte Jörg in der Erde herum. Vorsichtig, damit er nichts verletzte. Wieder nichts.
Nach dem Frühstück ging Jörg dann gleich wieder zum Erdtöpfchen. Vielleicht war inzwischen was vor sich gegangen ... man konnte ja nicht wissen ...
Natürlich war nichts vor sich gegangen. Nur die Klümpchen, die Jörg mit der Zahnbürste herausgewühlt hatte, lagen unordentlich auf der Oberfläche herum. Jörg überlegte, ob er die Klümpchen wieder festdrücken sollte. Nein, das würde er nicht machen. Sonst würde der Bohnentrieb ja nochmal extra Kraft brauchen, bis er durch diese Verfestigung durch wäre. Das dauerte dann nochmal.
Nach dem vierten Tag hatte Jörg keine Lust mehr. Er nahm eine kleine Schaufel und grub das ganze Töpfchen um. Wenigstens wollte er sehen, wie weit das Ding gediehen war. Wenigstens etwas mußte doch passiert sein. So ein bißchen wird es ja wohl gewachsen sein! Wie sehr aber Jörg auch grub und schaufelte, er fand nichts. Nicht einmal mehr die kleine Bohne, die er vor vier Tagen gesteckt hatte. Ärgerlich warf Jörg das Töpfchen schließlich in den Papierkorb. Schon am nächsten Tag hatte er es ganz und gar vergessen. Er baute mit Jippo, seinem Freund, am Waldrand ein Lager.
Nach einer Woche leerte die Mutter den Papierkorb. „Du, Jörg ..." Jörg saß lustlos in der Ecke und blätterte einen Comic durch. „Warum gibst du denn deiner Pflanze kein Wasser? Sieh mal, die Erde ist ja ganz trocken!" Die Mutter stellte das Töpfchen auf den Tisch. Ganz außen am Rand war ein Pflänzchen gewachsen, hatte sich hinaufgetastet und zwei winzige Blättchen geöffnet. Die Erde hatte schon Risse vor Trockenheit.

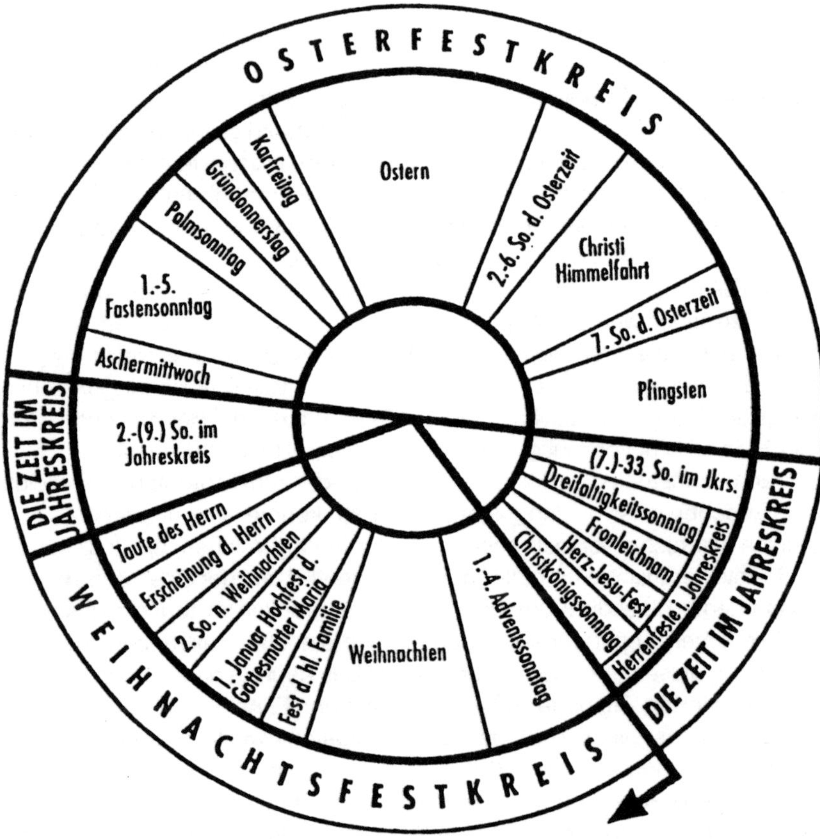

Quelle: Das Kirchenjahr, IRP Freiburg, Ursula Saltin

Zeit

Wenn keiner mehr Zeit für dich hat,
wird die Zeit leer,
Einsamkeit macht sich breit.
Und du hörst
das Schlagen der Uhren.

Wenn aber jeder Zeit hat,
wird die Zeit erfüllt,
Gemeinsamkeit wächst,
und die Zeit vergeht wie im Flug.

Wenn du Zeit sparen willst,
jagt dich die Zeit,
Hektik ergreift dein Herz,
und das Leben wird kürzer.

Wenn du Zeit aber anderen schenkst,
gibt die Zeit dir Raum,
Ruhe zieht in dich ein,
und das Leben wird wärmer.

Wenn du die Zeit totschlägst,
wird die Zeit stumm,
du weißt nicht, warum, wozu,
und das Leben zerbricht.

Wenn du hörst, was die Stunde
schlägt,
beginnt die Zeit zu sprechen.
Du siehst deinen Weg,
und das Leben gelingt.

Wenn du versuchst,
den Lauf der Zeit anzuhalten,
so geht die Zeit doch weiter,
aber deine Angst breitet sich aus.

Wenn du merkst:
Alles hat seine Zeit,
geht die Zeit immer noch weiter,
doch deine Freude erblüht.

Die Frage ist: Wie ist deine Zeit?
Weich oder hart?
Mechanisch oder lebendig?
Erbarmungslos oder gnädig?
Leer oder erfüllt?

Worauf vertraust du in deiner Zeit?

Quelle: Alfonso Pereira, Rechte beim Autor

Jüdische Feste und Feiertage

Das jüdische Kalenderjahr ist eine Mischung aus Sonnen- und Mondjahr. Jeder Monat beginnt mit dem Neumond. Das Neujahrsfest liegt im 7. Monat. Dadurch soll der Unterschied zwischen der normalen Zeit und der Zeit Gottes den Menschen in Erinnerung gebracht werden.

Rosch ha Schana – Neujahrsfest
Beginn der 10tägigen Fastenzeit vor Yom Kippur. Besinnung auf getanes Unrecht und Bitte um Verzeihung, Möglichkeit der Wiedergutmachung.
Yom Kippur – Versöhnungstag
Tag der Besinnung über das Tun des Menschen mit der Bitte um Versöhnung mit Gott. 25 Stunden wird streng gefastet.
Sukkoth – Laubhüttenfest
Bau einer Hütte ohne Dach als Erinnerung an die Wüstenwanderung, zugleich Dankfest für die Ernte. Die Gläubigen gehen mit dem Lulav, einem Feststrauß mit je einem Zweig der Palme, der Bachweide, Myrte und Etrog (Zitrusfrucht) in die Synagoge.
Sunchat Tora – Fest der Torafreude
An diesem Festtag wird der letzte und wieder der erste Abschnitt der Tora gelesen. Singend und tanzend werden die Torarollen durch die Synagoge getragen.
Chanukka – Lichterfest
Erinnerung an die Wiederweihe des Tempels im Jahre 165 v.Chr. Am achtarmigen Chanukka-Leuchter wird acht Tage lang jeden Tag eine Kerze mehr angezündet.
Purim – Losfest
Fest zur Erinnerung an die Rettung aus der Todesgefahr während der Zeit der babylonischen Diaspora (5. Jh. v. Chr.). Der Tag wird mit Musik, Tanz, Verkleiden, Essen und Trinken begangen.
Pessach (14./15. Nisan)
Achttägiges Fest der Befreiung aus der Sklaverei in Ägypten. Das Fest beginnt mit dem Sederabend und dem Sedermahl. Während dieser Zeit werden nur ungesäuerte Brote (Mazzot) gegessen.
Schavuot – Wochenfest
Fest zur Erinnerung an die Gesetzgebung am Sinai und zugleich Erntefest 50 Tage nach Pessach.
Tescha be Av
Trauer- und Fastentag zur Erinnerung an die Zerstörung des Tempels.

Islamische Feste und Feiertage

Die Zählung der Kalenderjahre beginnt mit dem Jahr der Hidschra nach Medina im Jahr 622 n. Chr. Grundlage des islamischen Kalenders ist das reine Mondjahr, das zwölf Monate mit 29 bzw. 30 Tagen zählt. Das Mondjahr ist etwa 11 Tage kürzer als das Sonnenjahr.

Ramadan – Fastenmonat
Der ganze neunte Monat des islamischen Kalenders ist das Hauptfest der Muslime. Von der Morgendämmerung bis zum Sonnenuntergang werden Trinken, Rauchen und geschlechtliche Betätigung gemieden. Nach dem Sonnenuntergang wird gespeist und gefeiert.
Lailat al-Qadr – Nacht der Bestimmung
Erinnerung an die Offenbarung des Korans, insbesondere an die ersten fünf Verse von Sure 97.
Jd al-Fitr – Fest des Fastenbrechens
Dreitägiges Fest am Ende des Ramadan mit Dank an Gott für die Einhaltung der Fastentage und Vergebung der Sünden. Es gibt Glückwünsche, Geschenke, Besuche, Süßigkeiten („Zuckerfest") sowie Spenden an Bedürftige.
Jd al-Adha
Höchstes, viertägiges Fest mit Erinnerung an die Barmherzigkeit Gottes und das Vertrauen zu Gott. Man gedenkt der von Abraham erwarteten Opferung seines Sohnes Ismael. Es wird ein Lamm geschlachtet, davon geht ein Drittel des Fleisches an Bedürftige, ein Drittel an die Verwandtschaft. Ein Drittel wird verspeist.
Muharram – Neujahrsfest (April)
Mit dem ersten Tag des Monats des islamischen Kalenders beginnt das neue Jahr (1998 = 1420). Man erinnert sich an die Auswanderung Muhammeds (622) von Mekka nach Medina. Es gibt Geschenke bzw. Almosen für Sunniten. Es beginnt ein Monat ernster Besinnung und Einkehr, für Shiiten Trauermonat.
Aschura – Tag
Sunniten denken an die Rettung der Arche Noah. Es gibt Süßspeisen aus 40 Zutaten für Freunde. Für Shiiten und Aleviten ist dies ein Trauermonat. Sie gedenken des Märtyrertods von Husain (680).
Maulid an Nabi – Geburtstag des Propheten
Feier der Geburt Muhammeds (30.8.570) mit nächtlichen Lesungen.

Günther Eitenmüller, Entwurf 1/97

Befiehl du deine Wege
Paul Gerhardt

Am 8. November 1648 läßt der Kurfürst in Berlin die Glocken läuten. Der große Krieg ist zu Ende. Paul Gerhardt, der Lutheraner aus Grafenheinichen zwischen Halle und Wittenberg, ist 41 Jahre alt. Seit fünf Jahren hat er sein Studium in Wittenberg beendet. Jetzt ist er Hauslehrer im Hause Bertholdt in Berlin.

1651 wird Paul Gerhardt Propst in Mittenwalde. Der Krieg hat diese Stadt und ihre Umgebung gezeichnet. Von 1200 Bauern leben gerade noch 350. Paul Gerhardt wird mit offenen Armen in dieser Stadt aufgenommen. Hier heiratet er 1655 Anna Maria Bertholdt, Tochter aus jenem Hause, in dem er als Hauslehrer tätig war. 1656 wird Maria Elisabeth geboren. Sie stirbt 1657, ein halbes Jahr alt. Auch das zweite Kind wird sterben: Katharina. Auch das dritte. Und das vierte. Nur Paul Friedrich wird den Vater überleben.
Nach dem Ende des großen Sterbens im 30jährigen Krieg kommt der Tod der Lieben. Und dies läßt Paul Gerhardt ohnmächtig zurück. Zu seinem Leben gehören Grämen und Pein, Schmerzen und Sorgen. Nur zu oft sitzen Paul Gerhardt und seine junge Frau in der „Höhle, da dich der Kummer plagt". Ihre Herzen sind oft traurig und betrübt. Anna Maria Gerhardt wird schwermütig, depressiv.
Die Zeit in Mittenwalde ist hart. Oft haben sie nichts zu essen. Die Depression von Anna Maria wird immer tiefer. Wie soll es weitergehen?
Theodor Fontane erzählt, daß in dieser Situation Paul Gerhardt seiner Frau ein neues Gedicht vorträgt. Ein Akrostichon aus zwölf Versen, gebildet aus einem Psalmvers, aus Psalm 37,5: „Befiehl dem Herrn deine Wege und hoffe auf ihn, er wird's wohl machen." Die einzelnen Worte des Psalmverses bilden die Anfangsworte der Liedverse.

Das „Du" in den beiden ersten Versen ist seine 29jährige Frau, so erzählt Fontane. In inniger Zuwendung bittet der 50jährige seine Frau, das eigene Leben Gott anzuempfehlen, vor Gott das Innere zu offenbaren, zu entblößen, das tiefste innere Seelengeheimnis vor Gott auszusprechen.
Theodor Fontane erzählt, daß am nächsten Morgen ein Bote gekommen sei mit einem Brief, mit einer Berufung zum Diakonus, Pfarrer an die Nicolai-Kirche in Berlin. Das mag eine fromme Legende sein, doch der Umzug nach Berlin verändert das Leben der Familie Gerhardt.

1. Be - fiehl du dei - ne We - ge
der al - ler - treu - sten Pfle - ge
und was dein Her - ze kränkt
des, der den Him - mel lenkt.
Der
Wol - ken, Luft und Win - den gibt We - ge,
Lauf und Bahn, der wird auch We - ge
fin - den, da dein Fuß ge - hen kann.

EG 361

Der Herr segne und behüte uns,

der Herr lasse sein Angesicht über uns leuchten

und sei uns gnädig.

Der Herr erhebe sein Angesicht auf uns

und gebe uns Frieden.

Amen.

Das Wort Segen kommt aus dem Althochdeutschen „segan“, „segnan“ und bedeutet soviel wie bezeichnen und bekreuzigen. Bei allen Völkern und Religionen finden wir den Brauch und Ritus des Segens, mit dem den Menschen Heil und Wohlstand zugesprochen wird. Die Mutter segnet ihr Kind beispielsweise beim Abschied von zu Hause, der Pfarrer segnet seine Gemeinde am Ende des Gottesdienstes und erbittet den Schutz und die Fürsorge Gottes. Im AT lesen wir, wie Gott seine Schöpfung segnet und wie die Patriarchen und Eltern ihre Kinder segnen und ihnen Kindersegen, Wohlergehen und Frieden zusprechen. In der Frühzeit der Kirche waren Segensbräuche durchaus üblich. Teils waren sie aus der Vorzeit dem Judentum entnommen oder neu geschaffen worden. 1925 gab es in der katholische Kirche eine Sammlung von 150 Segnungen. Diese Segnungen sollen den Menschen dienen und Gottesbeziehung schaffen. Die bekanntesten Segnungen während des Kirchenjahres finden wir bei der Spendung der Sakramente und in den Gottesdiensten. Segnungen über Speisen (Ostern), über Kerzen (Lichtmeß), Wasser (Taufe), Eheringe (Ehe), Asche (Aschermittwoch), Palmzweige (Palmsonntag) und vor Beginn und Abschluß einer Reise sind üblich.

Eigentext nach Lexikon für Theologie und Kirche, Verlag Herder, Freiburg

2
Advent
Bedeutung und Brauchtum

Advent – Bedeutung und Brauchtum

Das Wort „Advent“ stammt aus dem Lateinischen und heißt übersetzt „Ankunft“. Die Adventszeit ist eine Zeit der Erwartung und Vorbereitung auf die Ankunft Christi.
Um sich auf Ankunft und Geburt Christi recht vorzubereiten, pflegen Christen in der vierwöchigen Adventszeit zu fasten und zu verzichten. Am ersten Weihnachtsfeiertag ist dieses Fasten und Verzichten dann beendet. Das dadurch Ersparte soll man Armen zukommen lassen.
Der Adventskalender hilft die Tage bis Heiligabend zu zählen. Seine Entstehung verdanken wir vermutlich einem kleinen ungeduldigen Jungen mit Namen Gerhard Lang. Weil seine Mutter die Fragerei ihres Sohnes nicht mehr ertragen konnte, nähte sie ihm 24 Gebäckstücke auf einen Karton. Dabei versprach sie ihrem ungeduldigen Kind, es könne jeden Tag eines der süßen Sachen essen. „Und wenn du alle aufgegessen hast, dann kommt das Christkind zu dir.“ Als Inhaber einer Druckerei erinnerte sich der 22jährige Gerhard an den Einfall seiner Mutter und brachte im Jahre 1903 den ersten gedruckten Adventskalender heraus: einen Karton mit 24 Kästchen, dazu einen Bogen mit ebenso vielen bunten Bildchen. Jeden Tag mußte man eines dieser Bildchen ausschneiden und aufkleben. Für jedes Kästchen hatte sich Gerhard Lang einen Vers ausgedacht. Der „Münchner Adventskalender“ fand schnell einen Platz in Kinderherzen und -zimmern.
Auch der Adventskranz hilft zählen. Er zählt jedoch nicht die Tage, sondern die Wochen bis Heiligabend. Die Ursprünge des Adventskranzes reichen zurück bis in die erste Hälfte des 19. Jahrhunderts. Er wurde von Johann Hinrich Wichern im „Rauhen Haus“, einem Rettungshaus für verwahrloste Jugendliche, eingeführt.

Zunächst hatte Wichern die Adventstage nur mit Kerzen feiern lassen. Ab 1838 feierte er zunächst jeden Mittag, dann in den Dämmerstunden eine adventliche Kerzenandacht. Dabei wurde bei jeder Andacht eine Kerze mehr angezündet. An Heiligabend brannten dann alle 24 Kerzen. Für diese Kerzenfülle richtete ihm ein befreundeter Architekt einen gewaltigen Kronleuchter her, der aus einem Holzreif von 2 Meter Durchmesser bestand. Zuerst waren nur die Wände des Versammlungssaales im Rauhen Haus mit Tannengrün geschmückt, doch etwa 1860 umwanden Mitarbeiter von Wichern auch den Kranz mit dem Grün der Tannen. In den nächsten 40 Jahren verbreitete sich diese Sitte in ganz Norddeutschland. An die Stelle des großen Kronleuchters trat dann jedoch der Kranz aus Tannengrün. Er wurde nur noch mit 4 Kerzen besteckt – für jeden Adventssonntag eine.

INFORMATION

Der Adventskranz ist voller Symbole. Der Kranz (von lat. corona = Krone) ist ein Zeichen des Sieges, wie man noch bei Pferde- und Motorsportrennen beobachten kann. Auch der dem Adventskranz gleichende Totenkranz ist im Grunde ein Siegerkranz. Er will sagen, daß Jesus Christus über den Tod gesiegt und der Glaube an ihn an diesem Sieg Anteil hat.

Die immergrünen Zweige weisen auf das ewige Leben. Die Ringform des Kranzes ist, wie ein Freundschafts- oder Ehering, ein Zeichen der Verbundenheit und Treue. Dem Ring werden im Märchen oft abwehrende Kräfte zugeschrieben. Da der Kreis weder Anfang noch Ende hat, ist er ein Sinnbild der Ewigkeit.

Die Kerze ist ein Sinnbild Christi. Christus hat sich verzehrt, um anderen Menschen, die im Dunkeln leben, Helligkeit zu bringen. Die vier Kerzen sind zusammengenommen Ausdruck des Ganzen und der Vollendung: Erst vier Jahreszeiten fügen sich zum Jahr. Es gibt vier Himmelsrichtungen, aber auch vier Evangelien.
Violette Bänder weisen auf die Adventszeit als Fasten- und Bußzeit hin. Rote Bänder erinnern zum einen an den Tod Jesu, denn Rot ist die Farbe des Blutes. Sie erzählen jedoch auch von der Liebe Gottes.

Die Adventszeit will nicht nur auf das Fest der Geburt Jesu, sondern letztendlich auf die Wiederkunft Christi vorbereiten. Die Adventszeit will der Hoffnung auf eine Zeit Raum geben, in der das Leben heil wird und die großen Menschheitsträume von Frieden und Gerechtigkeit wahr werden. Mit dem jüdischen Volk teilen die Christen die Erwartung auf eine neue, heile Welt, in der „Schalom“ (Friede) herrscht. Wenn wir in den Adventswochen Wunschzettel schreiben, dann geben wir der Erwartung Ausdruck, daß eine Zeit kommt, in der Wünsche Erfüllung finden und somit nicht bloß Wünsche bleiben. Man könnte deshalb einmal einen Adventskalender basteln mit wirklich wichtigen Wünschen, die es verdienen, aufgenommen zu werden.

Jetzt kann Gott kommen!

Ein Mann erfuhr, daß Gott zu ihm kommen wollte. „Zu mir?“ schrie er. „In mein Haus?“ Er rannte in alle Zimmer, er lief die Stiegen auf und ab, er kletterte zum Dachboden hinauf, er stieg in den Keller hinunter. Er sah sein Haus mit anderen Augen. „Unmöglich!“ schrie er. „In diesem Dreckstall kann man keinen Besuch empfangen. Alles voller Gerümpel. Kein Platz zum Ausruhen. Keine Luft zum Atmen.“

Er riß Fenster und Türen auf. „Brüder! Freunde!“ rief er. „Helft mir aufzuräumen – irgendeiner! Aber schnell!“ Er begann, sein Haus zu kehren. Durch dicke Staubwolken sah er, daß ihm einer zu Hilfe gekommen war. Sie schleppten das Gerümpel vors Haus, schlugen es klein und verbrannten es. Sie schrubbten die Stiegen und Böden. Sie brauchten viele Kübel Wasser, um die Fenster zu putzen. Und noch immer klebte der Dreck an allen Ecken und Enden. „Das schaffen wir nie!“ schnaufte der Mann. „Das schaffen wir“, sagte der andere. Sie plagten sich den ganzen Tag. Als es Abend geworden war, gingen sie in die Küche und deckten den Tisch. „So“, sagte der Mann, „jetzt kann er kommen, mein Besuch! Jetzt kann Gott kommen. Wo er nur bleibt?“ „Aber ich bin ja da“, sagte der andere und setzte sich an den Tisch. „Komm und iß mit mir!“

Lene Mayer-Skumanz

Warten und warten können

Eine Geschichte aus China erzählt: Ein Mann hatte seinen kleinen Acker gut vorbereitet, gepflügt und gesät. Er wunderte sich nur nach ein paar Wochen, daß die Saat so langsam aufging. Bei seinem Nachbarn sah er schon kräftig grünen Wuchs! Von Tag zu Tag wurde seine Geduld geringer. Er konnte vor Sorge nicht mehr schlafen. Schließlich hatte er eine wahnwitzige Idee. Er lief zu seinem Feld und begann, die kleinen zarten Halme etwas in die Höhe zu ziehen. Das war natürlich eine mühsame Arbeit; aber schließlich war er fertig. Er traf unterwegs seinen Nachbarn und sagte ihm, daß er seinem Korn beim Wachsen geholfen habe. Neugierig geworden, liefen sie zu seinem Feld und sahen alles zerstört und verwelkt. - Und noch lange lachte man im Dorf über den Mann, der nicht warten konnte.

Wolfgang Longardt, nach einer Parabel aus dem Buch „Wenn ein Blatt sich bewegt - kann auch der Ast erzittern“, Gedanken chinesischer Weiser, W. Scheuermann Verlag, Wien 1957

Und er wird richten unter großen Völkern und viele Heiden zurechtweisen in fernen Ländern.
Sie werden ihre Schwerter zu Pflugscharen und ihre Spieße zu Sicheln machen. Es wird kein Volk wider das andere das Schwert erheben.
Und sie werden hinfort nicht mehr lernen, Krieg zu führen.
Mi 4,3

Gottes Wohnen unter den Menschen

Dann sah ich einen neuen Himmel und eine neue Erde; denn der erste Himmel und die erste Erde sind vergangen, auch das Meer ist nicht mehr. Ich sah die heilige Stadt, das neue Jerusalem, von Gott her aus dem Himmel herabkommen; sie war bereit wie eine Braut, die sich für ihren Mann geschmückt hat. Da hörte ich eine laute Stimme vom Thron her rufen: Seht, die Wohnung Gottes unter den Menschen! Er wird in ihrer Mitte wohnen, und sie werden sein Volk sein; und er, Gott, wird bei ihnen sein. Er wird alle Tränen von ihren Augen wischen: Der Tod wird nicht mehr sein, keine Trauer, keine Klage, keine Mühsal. Denn was früher war, ist vergangen.
Er, der auf dem Thron saß, sprach: Seht, ich mache alles neu.

Offb 21,1–5

Martin Luther King: I had a dream

Heute sage ich euch, meine Freunde, trotz der Schwierigkeiten von heute und morgen habe ich einen Traum. Es ist ein Traum, der tief verwurzelt ist im amerikanischen Traum. Ich habe einen Traum, daß eines Tages diese Nation sich erheben wird und der wahren Bedeutung ihres Credos gemäß leben wird: Wir halten diese Wahrheit für selbstverständlich: daß alle Menschen gleich erschaffen sind. Ich habe einen Traum, daß eines Tages auf den roten Hügeln von Georgia die Söhne früherer Sklaven und die Söhne früherer Sklavenhalter miteinander am Tisch der Brüderlichkeit sitzen können. Ich habe einen Traum, daß sich eines Tages selbst der Staat Mississippi, ein Staat, der in der Hitze der Ungerechtigkeiten und Unterdrückung verschmachtet, in eine Oase der Freiheit und Gerechtigkeit verwandelt. Ich habe einen Traum, daß meine vier kleinen Kinder eines Tages in einer Nation leben werden, in der man sie nicht nach ihrer Hautfarbe, sondern nach ihrem Charakter beurteilen wird.

Ich habe einen Traum, daß eines Tages jedes Tal erhöht und jeder Hügel und Berg erniedrigt wird ... Und die Herrlichkeit des Herrn wird offenbar werden, und alles Fleisch wird es sehen. Das ist unsere Hoffnung. Mit diesem Glauben kehre ich in den Süden zurück. Mit diesem Glauben werde ich fähig sein, aus dem Berg der Verzweiflung einen Stein der Hoffnung zu hauen.

... Mit diesem Glauben werden wir fähig sein, zusammen zu arbeiten, zusammen zu beten, zusammen zu kämpfen, zusammen ins Gefängnis zu gehen, zusammen für die Freiheit aufzustehen, in dem Wissen, daß wir eines Tages frei sein werden. Das wird der Tag sein, an dem alle Kinder Gottes diesem Lied eine neue Bedeutung geben können: Mein Land, von dir, du Land der Freiheit, singe ich. Land, wo meine Väter starben, Stolz der Pilger, von allen Bergen laßt die Freiheit erschallen! Soll Amerika eine große Nation werden, dann muß dies wahr werden.

Wenn wir die Freiheit erschallen lassen, ... dann werden wir den Tag beschleunigen können, an dem alle Kinder Gottes - schwarze und weiße Menschen, Juden und Heiden, Protestanten und Katholiken - sich die Hände reichen und die Worte des alten Negro Spirituals singen können: „Endlich frei! Endlich frei! Großer allmächtiger Gott, wir sind endlich frei!“

Heute kann er kommen

Auf einer Halbinsel des Comer Sees träumt die Villa Acronati einsam vor sich hin. Nur der Gärtner lebt da, und er führt auch die Besucher.
„Wie lange sind Sie schon hier?"
„24 Jahre."
„Und wie oft war die Herrschaft hier in dieser Zeit?"
„Viermal."
„Wann war das letzte Mal?"
„Vor 12 Jahren", sagte der Gärtner. „Ich bin fast immer allein. Sehr selten, daß ein Besuch kommt."
„Aber Sie haben den Garten so gut instand, so herrlich gepflegt, daß Ihre Herrschaft morgen kommen könnte."
Der Gärtner lächelte: „Oggi, Signore, oggi!"(Heute, Herr, heute!)

Rolf Sättler, © Anne Sättler

O Heiland, reiß die Himmel auf

Eine junge Frau kommt zu Friedrich Graf von Spee, dem Priester, Jesuiten und Beichtvater in Hexenprozessen. „Kürzlich hat mein Mann eine reiche Witwe kennengelernt. Seitdem ist er hart und gemein zu mir. Er beschimpft mich. Nächtelang bleibt er fort. Einmal habe ich es gar nicht ausgehalten und habe zu ihm gesagt: Ich werde mich rächen. Da hat er gesagt: Du gehörst zur Hexenzunft und willst mir etwas antun."
Friedrich Graf von Spree begreift. Es droht schon wieder ein Hexenprozeß. Die Frau sagt: „Ich will weg. Ich habe Angst." „Nein das macht ihr nicht. Ich kann mir nicht denken, daß euer Mann ein falsches Zeugnis wider euch ablegt."
Drei Tage später muß er hören: Die Frau ist vor dem Würzburger Gericht der Hexerei angeklagt. Friedrich kommt gerade dazu, wie der Mann aussagt: „Ich habe sie geheiratet, obwohl sie nichts besessen hat. Meine Freunde und Bekannten haben schon damals gesagt: Sie hat dich verhext. Ich habe das damals nicht geglaubt. Zunächst habe ich nichts Böses bemerkt, außer daß ich öfter Kopfweh und Bangigkeit hatte. Doch die Schmerzen haben jedesmal abgenommen, wenn sie mir ihre Hand aufgelegt hat. Einmal war sie nicht im Bett, und da ist draußen eine schwarze Katze gesessen. Das muß meine Frau gewesen sein. Denn am Morgen war sie im Bett und die schwarze Katze war nicht mehr da." Die Frau wird gefoltert und gesteht unter den Schmerzen alles. Sie wird verbrannt.
1631 schreibt Friedrich Graf von Spee ein Buch gegen die Hexenprozesse. „Persönlich kann ich unter Eid sagen, daß ich bis jetzt noch keine verurteilte Hexe zum Scheiterhaufen geführt habe, von der ich habe sagen können, sie sei schuldig. Ja, es gibt Teufelsgenossen – die Folterknechte und die Hexenrichter. Was da geschieht ist Unrecht, Willkür und Mord."
Das Buch erscheint anonym, doch da jeder weiß, wer es geschrieben hat, muß Friedrich um seine Entlassung nachsuchen. Er weigert sich. Er will im Orden bleiben und will Priester bleiben – für die Menschen. Er wird nach Trier versetzt. Es ist das Jahr 1632. Friedrich ist gerade 40 Jahre alt. Französische und kaiserliche Truppen liefern sich in Trier Straßenkämpfe. Das Stechen und Hauen ist grausam. Hungersnot und Seuchen brechen aus. Friedrich Graf von Spee geht in die Siechenhäuser. Er betet mit den Kranken. Er reicht den Sterbenden Brot und Wein. Mit Tränen in den Augen. Immer wieder muß er mitansehen, wie die Todeskarren seine Schwestern und Brüder abholen zur letzten Fahrt. Und mit der Bibel in der Hand betet er. „Wo bleibst du, Trost der ganzen Welt, darauf sie all ihr Hoffnung stellt? O komm, ach komm vom höchsten Saal, komm erlös uns hier im Jammertal." Am 7. August 1635 stirbt Friedrich Graf von Spee an den Folgen der Pest. Er ist gerade 44 Jahre alt. Er hat sich bei seinen kranken Brüdern und Schwestern angesteckt.

LIED

EG 7, GL 105, Köln 1623, Strophe 7: 1631

Möge der Weg dir freundlich entgegenkommen,

der Wind niemals gegen dich stehen,

Sonnenschein dein Gesicht bräunen, Wärme dich erfüllen.

Möge der Regen deine Felder tränken,

und bis wir beide uns wiedersehen,

halte Gott dich schützend in seiner großen Hand.

Irischer Segensspruch

3
St. Barbara und St. Nikolaus

St. Barbara und St. Nikolaus

Die heilige Barbara gehört zu den liebenswertesten Heiligen der frühen Kirche. Am 4. Dezember wird ihr Fest gefeiert. Der Legende nach lebte sie Anfang des 3. Jahrhunderts und starb wegen ihres Bekenntnisses zu Jesus Christus den Märtyrertod. Barbara ist die Schutzheilige der Bergleute. Ihr Name kommt aus dem Griechischen und bedeutet soviel wie „Wilde, Fremde".

Über ihr Leben und Leiden wird folgendes erzählt:
Barbara lebte in Nikomedien, östlich von Istanbul. Ihr Vater Dioskuros war Heide. Als er erfuhr, daß Barbara heimlich Christin geworden war, versuchte er sie wieder von Glauben abzubringen. Da Barbara aber Christus treu blieb, sperrte er sie in einen Turm ein. Als nun Kaiser Maximinius Daja die Christen verfolgte, verriet ihr eigener Vater sie an die Verfolger. Barbara wurde vor Gericht gestellt und sollte den heidnischen Göttern opfern, was sie jedoch verweigerte. Sie blieb Christus treu und wurde deshalb zum Tode verurteilt. Man erzählt sich, daß ihr eigener Vater dem Henker das Schwert aus der Hand nahm und sie voller Haß tötete. Barbara wird als ein vornehmes Mädchen mit einem Schwert und einem Turm in der Hand dargestellt.

Der 6. Dezember ist Bischof Nikolaus gewidmet. Er soll um 270 in Myra in Kleinasien geboren worden und am 6. Dezember gestorben sein. Er war vor allem den Kindern wohlgesonnen. Mit dem aus dem Germanischen stammenden Knecht Ruprecht, einem bedrohlichen Gesellen, hat der kinderliebe Nikolaus nichts zu tun. Wenn früher die Kinder vom Nikolaus noch einen Streich mit der Rute bekamen, so war dies ursprünglich keine Strafe, sondern eine Art Segensgeste. Die Rute war ein lebendiger Zweig, der bei einer Berührung Fruchtbarkeit verleihen sollte. Dieser Sinn der Rute ist in ihrer Bedeutung in Vergessenheit geraten; sie wurde oft als Strafinstrument mißbraucht.

An Bischof Nikolaus erinnern die Spekulatius-Kekse. Sie sind ein Gebild-Brot und stellen ursprünglich Bischof Nikolaus dar. „Spekulatius" heißt übersetzt so viel wie „Aufseher" und ist eine alte Bezeichnung für einen Bischof. Äpfel, Nüsse und Eßkastanien erinnern an die Gaben von Nikolaus. Nüsse sind überdies ein Zeichen für das Wort Gottes. Von außen scheint es hart wie Stein. Wer es jedoch zu knacken weiß, dem erschließt sich sein süßer Kern.
In Holland findet am Vorabend von „Sinterklaas" (St. Nikolaus) das große „Weihnachtsfest" mit Bescherung statt. In den Orten an der Küste kommt der

Nikolaus in einem prächtigen Aufzug mit dem Schiff angefahren und bringt groß und klein Geschenke. Begleiter von Sinterklaas ist ein kleiner Mohr. Für holländische Kinder ist dies der schönste Feiertag im ganzen Jahr. Bis zum Jahr 1535 war es in Deutschland auch üblich, sich am Nikolaustag zu bescheren. Durch die Kritik an der Heiligenverehrung regte Martin Luther an, die Bescherung auf Weihnachten zu verlegen. Die Gaben brachte von nun an nicht mehr der heilige Nikolaus, sondern der heilige Christ (später verniedlicht zum Christkind).

In den USA bringt Santa Claus am Morgen des 25. Dezember die Geschenke für die Kinder. Er kommt mit einem Rentierschlitten durch die Luft und wirft die Gaben durch den Kamin in die Häuser. Santa Claus ist eine recht junge Weihnachtsfigur in den USA. Der fröhliche dicke Mann mit seinen acht Rentieren, die je einen eigenen Namen haben, ist eine Erfindung von Washington Irwin. Er hat ihn 1821 in einem Kinderbuch verewigt.

Aus den Legenden des heiligen Nikolaus

Es wird erzählt, daß in Myra ein alter Mann wohnte. Er hatte drei Töchter. Die Mädchen waren so alt, daß sie heiraten konnten. Um zu heiraten, brauchte eine Frau aber eine Aussteuer. Der Vater mußte Haushaltsgeräte, Tischtücher, Bettwäsche und Kleider als Aussteuer kaufen. Dafür hatte der Vater der Mädchen nicht genug Geld. Deswegen konnten seine drei Töchter nicht heiraten. Darüber waren sie sehr traurig.
An einem Abend ging Bischof Nikolaus spazieren. Er kam dabei auch an dem Haus des armen Mannes vorbei. Dort hörte er laute Stimmen und ein Mädchen weinen. Nikolaus wurde neugierig und ging näher an das Haus heran. „Wir haben ja kaum genug zu essen", hörte er den Vater schimpfen. „Woher soll ich das Geld für eure Aussteuer nehmen. Ihr könnt nicht heiraten." Die Mädchen weinten und jammerten.
Nikolaus, der dies alles hörte, wurde sehr traurig und überlegte, wie er diesen Mädchen helfen könnte. Er lief nach Hause und nahm aus einer Truhe ein Säckchen mit Goldmünzen. Dann ging er zurück zum Haus des armen Mannes und warf dieses Säckchen heimlich durch ein offenes Fenster und ging schnell wieder weg, damit ihn niemand sähe. Schon zwei Tage später hörte er, daß die älteste Tochter des armen Mannes endlich heiraten wollte und sehr glücklich war. Darüber freute sich Nikolaus. Einige Wochen später schlich sich Nikolaus wieder zum Haus des armen Mannes und warf ein zweites Säckchen mit Goldmünzen durch das offene Fenster und verschwand schnell wieder. Nun konnte auch die zweite Tochter heiraten. Der arme Vater und seine Töchter wurden neugierig, wer ihnen da so viel Gutes getan hatte, und wollten sich bedanken. Deshalb beschloß der Vater, von nun an jede Nacht wach zu bleiben, um den guten Menschen zu finden. Als Nikolaus einige Tage später wieder ein Säckchen mit Goldmünzen durch das offene Fenster warf, hörte es der Mann. Er lief dem Bischof nach und rief: „Bleib doch stehen, damit ich sehen kann, wer du bist, und mich bei dir bedanken kann!" Er mußte schnell laufen, um Nikolaus einzuholen. Als er ihn erreichte, erkannte er, daß es der Bischof war. Er warf sich vor ihm auf die Knie und rief: „Danke, danke, lieber Nikolaus. Du hast meinen Töchtern so geholfen." „Nichts zu danken", sagte Nikolaus, „aber du mußt mir versprechen, niemandem davon etwas zu erzählen, solange ich lebe." Das versprach der Vater natürlich, aber später wurde diese Geschichte doch bekannt. Zum Andenken an diese gute Tat des Nikolaus bekommen viele Kinder an dem Tag, an dem Nikolaus gestorben sein soll, Süßigkeiten und kleine Geschenke.

Bischof Nikolaus – der Helfer der Armen

Bei einer großen Hungersnot in Myra landen fremde Kornschiffe im Hafen, die auf der Durchreise nach Konstantinopel sind. Nikolaus kauft vom Schiffsherrn einige Säcke Korn. Obwohl der Schiffsherr in großen Nöten ist, weil er nichts von dem Korn hätte abgeben dürfen, fehlt ihm in Konstantinopel nicht ein einziges Gramm. Nikolaus läßt von dem wenigen Korn Brote backen; es reicht für zwei Jahre. Es bleibt sogar ein Rest, der ausgesät wird. Dadurch findet die Hungersnot vollends ihr Ende.

Ein Schiff gerät auf dem Mittelmeer in Seenot. Die Matrosen rufen Bischof Nikolaus, der bereits als Wundertäter gilt, um Hilfe an. Ein Fremder erscheint, ergreift das Steuer und führt das Schiff sicher in den Hafen von Myra. Als die Matrosen am Morgen in die Kirche eilen, um für die Rettung zu danken, sehen sie, daß der Fremde derselbe ist, der am Altar die Messe feiert: der Bischof Nikolaus.

Nikolaus wurde in der ganzen Gegend als Helfer der Armen, der Kranken und Rechtlosen verehrt. Als er gestorben war (die Legende spricht vom Jahr 350 nach 25jähriger Amtszeit), strömten von überall her seine Freunde zusammen. Als sie ins Totenzimmer blickten, wo Nikolaus in einem Sarg aufgebahrt lag, sahen sie ihn von einer großen Schar Engel und Erzengel umgeben, bereit, ihn in den Himmel zu geleiten.

Quelle: Aus Lehrerkommentar zum Schülerbuch „Ich bin da", für das 1. Schuljahr, Josef Quadflieg, S. 279, Auer Verlag, Donauwörth

Zum Barbara-Tag gehört der Brauch, Kirschzweige oder Zweige von Forsythien, Schlehen, aber auch von Apfel- und Birnbäumen, zu schneiden, die man über Nacht in lauwarmes Wasser stellt und dann in einen Krug mit Wasser gibt. In der Wärme des Hauses treiben die Knospen, wenn man alle drei Tage das Wasser wechselt. Bis zum Weihnachtsfest blühen dann die Zweige. Sie sollen uns an die „junge Pflanze“, die aus der Wurzel Isais (Jesse), des Vaters von David, hervorgehen wird (Jes 11,1), erinnern.

Am 4. Dezember

Geh in den Garten am Barbaratag.
Gehe zum kahlen Kirschbaum und sag:

Kurz ist der Tag, grau ist die Zeit.
Der Winter beginnt, der Frühling ist weit.

Doch in drei Wochen, da wird es geschehn:
Wir feiern ein Fest, wie der Frühling so schön.

Baum, einen Zweig gib du mir von dir.
Ist er auch kahl, ich nehm ihn mit mir.
Und er wird blühen in seliger Pracht
mitten im Winter in der Heiligen Nacht.

Josef Guggenmos

Eine alte Nikolauslegende

In der berühmten Handelsstadt Alexandrien lebte einst ein Kaufmann, der durch Fleiß und hohe Begabung zu ansehnlichem Reichtum gekommen war. Je reicher er wurde, desto mehr steigerte er sein Verlangen nach größerem Reichtum, weil er spürte, daß Reichtum Macht und Ansehen brachte. Auf seinen Handelsreisen kam er in eine wilde Gebirgslandschaft. Da wollte er alleine sein und über seine weiteren Pläne nachdenken. Einsam wanderte er zwischen hohen Felsen, bis er müde an einem Bergsee einschlief. Als er erwachte und sich die Augen rieb, stand ein Mann im roten Mantel vor ihm und sagte: „Du willst reich und mächtig werden?“ „ Ja“, rief der Kaufmann und sprang vor Erregung auf. „Deinen Wunsch“, so erwiderte der Mann im roten Mantel, „kann ich dir erfüllen.“ Erstaunt und voller Habgier sprach der Kaufmann: „Zeige mir diesen Weg. Ich will ihn gehen.“ Da lachte der Rote und murmelte grinsend: „Ich bin der Teufel und kann dir alle Reichtümer der Erde schenken. Du mußt mir nur dein Herz geben; denn nur ohne Herz kannst du reich und mächtig werden.“

Der Teufel ließ vor dem staunenden Kaufmann in seinem Zauberspiegel reich beladene Karawanen vorbeiziehen. Er zeigte ihm Edelsteine, Gold und Silber, die Schiffe aus fernen Ländern herbeibrachten. Hohe Paläste standen vor den Blicken des Kaufmanns, unermeßliche Felder voller Ernte, Tausende von Sklaven, die für ihre Herren arbeiteten; Webereien, in denen Arbeiterinnen für einen Hungerlohn schufteten, und die Stuben der Geldwechsler, in denen sich die Leute drängten.

Da rief der Kaufmann in brennender Begierde: „Das alles will ich haben. Du kannst mein Herz nehmen.“ Der Teufel nahm unter höhnischem Lachen dem Kaufmann das Herz aus der Brust und legte an seine Stelle einen Stein. Nun begann der Kaufmann zu rechnen und Tag und Nacht zu arbeiten. Seine Reichtümer mehrten sich. Er gewann Ansehen und Macht. Doch sein Herz blieb hart und gefühllos. Seine Sklaven arbeiteten unter harter Fron, die Peitschenhiebe der Aufseher trieben sie unbarmherzig zu schwerer Arbeit. Die Sorgen der Mitmenschen rührten ihn nicht. Eine Familie zu gründen, dafür hatte er keine Zeit. Er hatte Rechnungen zu prüfen, Gewinne zu verzeichnen, Risiken abzuwägen. Glücklich war er nicht und konnte es ohne Herz ja auch nicht sein.

Irgendwann kam der Tag, da merkte er, daß es Wichtigeres im Leben gibt als Reichtum und Macht. Aber er hatte niemanden, dem er seinen Kummer sagen konnte. Seine Habgier hatte ihn einsam gemacht. Und wieder saß er zwischen den hohen Felsen, diesmal mit tiefer Trauer in seiner Seele. Da stand plötzlich ein Mann im Bischofsgewand vor ihm und sprach mit gewin-

nender Güte: „Du Tor, wie konntest du für Reichtum und Macht dein Herz dem Teufel geben? Was ist dir geblieben?" „Ach" , flüsterte der Reiche, „nichts als Einsamkeit und Traurigkeit, die Verachtung der Guten, der Fluch der Armen." „Von deiner falschen Torheit kannst du befreit werden durch die andere, die echte Torheit", antwortete die Erscheinung. „Für mich gibt es keine Rettung mehr", seufzte der Kaufmann, „ ich bin für immer dem Teufel verfallen." „Keineswegs", sagte die himmlische Gestalt, „du kannst für immer frei werden – durch die Torheit der Güte." „Zeig mir den Weg zur Torheit der Güte", flehte da der Einsame. „Gut", sprach der Himmelsbote, „ ich bin der Nikolaus, dem Gott das Reich der Güte anvertraut hat."
Plötzlich sah der einsame Kaufmann im Geiste Hungernde, Kranke, Einsame, Notleidende um sich geschart. „Verkaufe deine Reichtümer und gehe mit vollen Händen zu ihnen, und du wirst ein Tor der Güte sein und wirst dein Herz wiederfinden", riet ihm Sankt Nikolaus. Der reiche Kaufmann tat, was ihm Sankt Nikolaus geraten hatte. Er benutzte seinen Reichtum dazu, Gutes zu tun. Die Menschen aber hielten ihn für dumm und sagten zueinander: „Jetzt hat er völlig den Verstand verloren." Er aber lächelte, denn immer dachte er an das Wort des heiligen Bischofs von der Torheit der Guten. Der Stein in seiner Brust schmolz, und in ihm schlug wieder ein Herz in Freude und Glück bis an sein Lebensende, bis der heilige Nikolaus ihn schließlich in den Himmel führte.

Mündliche Überlieferung

Macht hoch die Tür
Georg Weissel

Georg Weissel (1590–1635) studiert Musik und Theologie in Königsberg. Mit 24 Jahren ist er Rektor in Friedland und später Pfarrer in Königsberg. Im Advent 1634 wütet der 30jährige Krieg. Mehr als ein Drittel der Bevölkerung kommt ums Leben.
Aber Weissel hat Glück. Während andere Städte brennen und überall Menschen von Armut, Krankheit und Tod bedroht sind, bleibt Königsberg, ja, ganz Ostpreußen von Verwüstungen und Zerstörungen verschont. Doch die Menschen haben Angst. Weissel sehnt sich nach einem Gegenkönig. Setzt er auf den Schwedenkönig Gustav Adolf? Meint er einen anderen Herrscher? Georg Weissel hofft auf Gott, auf Jesus. „Er ist gerecht, ein Helfer wert, Sanftmütigkeit ist sein Gefährt, sein Königskron ist Heiligkeit, sein Zepter ist Barmherzigkeit; all unsre Not zum End er bringt, derhalben jauchzt, mit Freuden singt: Gelobet sei mein Gott, mein Heiland groß von Tat. – O wohl dem Land, o wohl der Stadt, so diesen König bei sich hat." In Anlehnung an Psalm 24 ruft Georg Weissel auf, sich auf die Ankunft des Herrn vorzubereiten und gegen die Resignation anzukämpfen. Die Verheißung von Sacharja (9,9) soll Hoffnung wecken, der Einzug Jesu in Jerusalem soll in den Herzen der Menschen und in der Welt Wiederholung finden: „Siehe, dein König kommt zu dir, ein Gerechter und Helfer, sanftmütig und reitet auf einem Esel ..." Nicht die Gewalt, nicht die Macht, sondern die Gerechtigkeit und die Gewaltlosigkeit schaffen Frieden, in dem man wohnen kann. Die Hoffnung soll sichtbar werden. „Die Zweiglein der Gottseligkeit steckt auf mit Andacht, Lust und Freud." Die grünen Zweige in Haus und Wohnung sind Zeichen der Erwartung, daß die Welt nicht so bleiben wird, wie sie ist.

LIED

EG 1, GL 107

Herr, segne den ersten Tag und den letzten.
Segne die Stunden, die mir vergönnt sind.
Meine Hände sollen segnen,
was sie anfassen.
Meine Ohren sollen segnen,
was sie hören.
Meine Augen sollen segnen,
was ihnen begegnet.
Segen komme von meinen Lippen.
Ein Nachbar sei gesegnet;
er möge auch mich segnen!
Herr, laß mich nicht aus deinen Augen,
deinen Händen, deinen Ohren, deinem Herz.
An diesem Tag und alle Tage
dieses Jahres.

4
Kerzen – Licht im Dunkeln

Kerzen – Licht im Dunkeln

Kerzen gehören zur Advents- und Weihnachtszeit. Sie laden ein zu Besinnung und Meditation. Kerzen sind ein Symbol für Jesus Christus. Er sagte von sich selbst : Ich bin das Licht der Welt (Joh 8,12). Kerzen sind aber auch ein Symbol für die Christen. Nach den Worten Jesu sollen Christen „Licht der Welt" sein (Mt 5,14). So wie Kerzen sich verzehren, um Licht zu spenden, so hat auch Jesus sich hingegeben, um anderen Menschen Licht im Dunkel ihres Lebens zu geben. In seiner Nachfolge sind Christen dazu aufgerufen, für andere Licht im Dunkel zu sein.

Auf diesem Hintergrund wird verständlich, warum im Gottesdienst Kerzen eine so wichtige Rolle spielen. Schon am Anfang werden die Altarkerzen angezündet. In vielen Kirchen brennt während des Gottesdienstes die Osterkerze, an der bei der Taufe die Taufkerze entzündet wird. Sie soll an Jesus Christus und an seinen Auftrag an die Christen erinnern, Licht in dieser Welt zu sein. In den katholischen Kirchen brennt immer das sogenannte „Ewige Licht" vor dem Tabernakel als Zeichen der Gegenwart Gottes.

Wie wichtig uns selbst Kerzen sind, zeigt sich vor allem auch bei festlichen Gelegenheiten. Bei festlichem Zusammensein und einem besonderen Essen brennen meistens Kerzen. In Schweden wird in der Adventszeit ein Lichterfest gefeiert. Es ist das Luzia-Fest. Dabei tritt ein etwa 12jähriges Mädchen, die Luzia, auf. Sie trägt ein knöchellanges weißes Kleid und eine rote Schärpe um die Taille. Auf dem Kopf hat sie eine Krone, die mit Mispelgrün umwunden ist. Darauf stekken brennende Kerzen. An diesem Tag besucht Luzia zusammen mit anderen Mädchen und Jungen Krankenhäuser, Kinder- und Altersheime sowie Gefängnisse. Sie singen Adventslieder und bringen so etwas Licht und Freude in den oft dunklen Alltag der Menschen.

Das Luzia-Fest wird am 13. Dezember gefeiert. Luzia lebte in der Wende vom 3. zum 4. Jahrhundert. Sie war ein junges, schönes Mädchen und stammte aus einer wohlhabenden Familie. Durch das Vorbild der heiligen Agathe wurde sie Christin. Sie starb im Jahr 304 in der Stadt Syrakus (Sizilien) als Märtyrerin für ihren christlichen Glauben. Sie hatte ihren Glaubensbrüdern und -schwestern, die sich während der Verfolgung durch Kaiser Diokletian (284–305) in unterirdischen Höhlen versteckt hatten, heimlich Lebensmittel gebracht. Um in der Dunkelheit den Weg zu finden und um beide Hände frei zu haben, setzte sie sich einen Lichterkranz auf den Kopf.

INFORMATION

Auch die Juden feiern im November/Dezember ein Lichterfest. Es heißt „Chanukka“ und erinnert an die Reinigung des Tempels nach seiner Entweihung und Schändung durch fremde Herrscher. Deshalb heißt dieses Fest auch „Tempelweihfest“. Das sehr populäre Chanukkafest dauert acht Tage. Der Chanukka-Leuchter hat acht Kerzen. Bei diesem Fest werden gerne Pfannkuchen gegessen und wie an Weihnachten bei den Christen Geschenke verteilt.

Legende

Auf den Philippinen erzählen sich die Leute folgende Geschichte: Ein König hatte zwei Söhne. Als er alt wurde, da wollte er einen der beiden zu seinem Nachfolger bestellen. Er versammelte die Weisen seines Landes und rief seine beiden Söhne herbei. Er gab jedem der beiden fünf Silberstücke und sagte: „Ihr sollt für dieses Geld die Halle in unserem Schloß bis zum Abend füllen. Womit, das ist eure Sache."
Die Weisen sagten: „Das ist eine gute Aufgabe." Der älteste Sohn ging davon und kam an einem Feld vorbei, wo die Arbeiter dabei waren, das Zuckerrohr zu ernten und in einer Mühle auszupressen. Das ausgepreßte Zuckerrohr lag nutzlos umher.
Er dachte sich: „Das ist eine gute Gelegenheit, mit diesem nutzlosen Zeug die Halle meines Vaters zu füllen." Mit dem Aufseher der Arbeiter wurde er einig, und sie schafften bis zum späten Nachmittag das ausgedroschene Zuckerrohr in die Halle. Als sie gefüllt war, ging er zu seinem Vater und sagte: „Ich habe deine Aufgabe erfüllt. Auf meinen Bruder brauchst du nicht mehr zu warten. Mach mich zu deinem Nachfolger." Der Vater antwortete: „Es ist noch nicht Abend. Ich werde warten." Bald darauf kam der jüngere Sohn. Er bat darum, das ausgedroschene Zuckerrohr wieder aus der Halle zu entfernen. So geschah es. Dann stellte er mitten in die Halle eine Kerze und zündete sie an. Ihr Schein füllte die Halle bis in die letzte Ecke hinein. Der Vater sagte: „Du sollst mein Nachfolger sein. Dein Bruder hat fünf Silberstücke ausgegeben, um die Halle mit nutzlosem Zeug zu füllen. Du hast nicht einmal ein Silberstück gebraucht und hast sie mit Licht erfüllt. Du hast sie mit dem gefüllt, was die Menschen brauchen."

Quelle: Volksgut

Das Licht bewahren

Selma Lagerlöf erzählt in ihrer Legende „Die Lichtflamme“ von einem Ritter, der nach einem siegreichen Kreuzzug ins Heilige Land geschworen hatte, die Kerze, die er an der heiligen Flamme vor dem Grab Christi entzündete, unversehrt in seine Heimatstadt Florenz zu bringen. Dieses Vorhaben machte einen anderen Menschen aus ihm. Es verwandelte ihn von einem streitbaren Ritter in einen friedfertigen Menschen. Als er unterwegs von Räubern überfallen wurde, setzte er sich nicht zur Wehr. Er versprach, ihnen freiwillig zu geben, was sie begehrten, wenn sie nur sein Licht nicht auslöschten. Sie nahmen ihm Rüstung und Roß, Waffen und Geld und gaben ihm dafür einen elenden Klepper. Auf dem ritt er nach mancherlei bestandenen Gefahren in Florenz ein, rücklings auf dem Pferd sitzend, um mit seinem Körper die Flamme vor dem Wind zu schützen. Als die Gassenjungen ihn erblickten, hielten sie ihn für einen Tollen und versuchten alles, um sein Licht auszulöschen. Nur durch ein Wunder blieb die Flamme bewahrt, so daß er schließlich damit die Kerzen auf dem Altar des Domes entzünden konnte. Als er von einem, der auch ein Licht trug, gefragt wurde, was er tun solle, damit es nicht verlösche, antwortete er: „Diese kleine Flamme verlangt, daß ihr aufhört, an etwas anderes zu denken. Ihr dürft euch keinen Augenblick sicher fühlen. Aus wieviel Gefahren ihr auch die Flamme gerettet haben mögt, ihr müßt darauf gefaßt sein, daß sie euch im nächsten Augenblick entrissen wird.“

Uwe Steffen: „Licht auf meinem Weg“, Hamburg 1977

„Es gibt Menschen, die ins Dunkel der Welt Licht gebracht haben. Sie schenkten ihren Mitmenschen Hilfe, Trost und Zuversicht. Ihre Kraft für ihre Aufgabe schöpften sie aus einem großen Gottvertrauen. Sie sind für viele Menschen wie „Licht im Dunkeln“.

Wie eine Kerze

Manchmal fühle ich mich wie ein Licht.
Wie eine Kerze, die im Dunkeln leuchtet.
Ich habe genug Wachs, um zu brennen.
Aber mit meiner Flamme habe ich es oft schwer.
Kommt ein Luftzug oder ein stärkerer Wind,
dann flackere ich, dann werde ich unruhig
und habe Angst, im nächsten Augenblick zu verlöschen.
Manchmal brenne ich aber auch hell.
So hell,
daß das Dunkel um mich ein bißchen heller und wärmer wird.
Manchmal ist meine Flamme groß und stark. Manchmal ist sie
winzig klein.
So klein, daß sie kaum noch zu sehen ist.
So klein, daß sie fast aus ist.
Guter Gott, schenke mir Kraft, wenn die kleine Flamme ganz
winzig wird und angstvoll flackert,
wenn es immer dunkler wird und kälter wird.
Mach mich so stark, daß ich wieder aufflackern kann, wieder groß und hell werden darf. Hilf mir, Gott, daß ich weiter brennen kann. Hilf mir, daß ich für dich brennen werde.

Quelle: unbekannt

Zündholz und Kerze

Es kam der Tag, da sagte das Zündholz zur Kerze: „Ich habe den Auftrag, dich anzuzünden."
„Oh nein", erschrak die Kerze, „nur das nicht."
„Wenn ich brenne, sind meine Tage gezählt. Niemand mehr wird meine Schönheit bewundern."
Das Zündholz fragte: „Aber willst du denn ein Leben lang kalt und hart bleiben, ohne zuvor gelebt zu haben?"
„Aber brennen tut doch weh und zehrt an meinen Kräften", flüsterte die Kerze unsicher und voller Angst.
„Es ist wahr", entgegnete das Zündholz. „Aber das ist doch das Geheimnis unserer Berufung: Wir sind berufen, Licht zu sein. Was ich tun kann, ist wenig. Zünde ich dich aber nicht an, so verpasse ich den Sinn meines Lebens.
Ich bin dafür da, Feuer zu entfachen.
Du bist eine Kerze.
Du sollst für andere leuchten und Wärme schenken.
Alles, was du an Schmerz, Leid und Kraft hingibst,
wird verwandelt in Licht.
Du gehst nicht verloren, wenn du dich verzehrst.
Andere werden dein Feuer weitertragen.
Nur wenn du dich versagst, wirst du sterben."
Da spitzte die Kerze ihren Docht und sprach voller Erwartung: „Ich bitte dich, zünde mich an."

Quelle: unbekannt

Aus einer Ansprache von Mutter Teresa

Daher ist die Arbeit der Missionaries of Charity so schön. Ich glaube, wir sind nicht eigentliche Sozialarbeiter, sondern Kontemplative inmitten der Welt von heute, wenn wir Jesus beim Wort nehmen, denn er sagte: „Ich war hungrig, nackt, obdachlos, und ihr sorgtet für mich." So berühren wir ihn 24 Stunden täglich, und daher sind die Kontemplation und das Berühren Christi in den Armen so schön, so wirklich, so liebenswert. Unsere Armen brauchen keine Sympathie und kein Mitleid, sondern Liebe und Mitgefühl. Aber wir müssen wissen, daß sie liebenswerte Menschen sind, große Menschen; dieses Wissen wird uns dahin führen, sie zu lieben und ihnen zu dienen. Kennen wir wirklich unsere Armen? Hier bei uns! Sie können in unserer eigenen Familie sein, denn Liebe beginnt zu Hause. Kennen wir sie? Kennen wir die Einsamen, die Unerwünschten, die Vergessenen? Ich las eine Frau aus einer Mülltonne heraus auf, sie glühte vor Fieber; sie hatte nur noch ein paar Tage zu leben und sagte immer wieder: „Mein Sohn hat mir das angetan!" Ich holte sie heraus, nahm sie mit heim und brachte sie in den Konvent. Unterwegs versuchte ich, sie dahin zu bringen, daß sie ihrem Sohn verzeiht. Es dauerte lange, bis sie sagte: „Ich verzeihe meinem Sohn!" Kurz bevor sie starb, konnte sie es ehrlich sagen. Sie war nicht darüber bekümmert, daß sie im Sterben lag, nicht darüber, daß sie vor Fieber glühte, daß sie so viel leiden mußte. Es brach ihr das Herz, daß ihr Sohn sie nicht wollte. Dies ist etwas, was Sie und ich verstehen müssen. St. Johannes sagt: „Wie kannst du sagen, daß du Gott liebst, den du nicht siehst, wenn du deinen Bruder nicht liebst, den du siehst?" Ich denke, wir müssen alle verstehen, daß Liebe zu Hause beginnt. Heute sehen wir immer mehr, daß alles Leid in der Welt zu Hause angefangen hat. Heute haben wir nicht einmal Zeit, einander anzuschauen, miteinander zu reden, uns einander zu erfreuen, noch weniger, als unsere Kinder von uns erwarten, der Mann von seiner Frau und die Frau von ihrem Mann. Wir sind mehr und mehr außerhalb unseres Heims und immer weniger in Verbindung miteinander."

Aus der Ansprache von Mutter Teresa anläßlich der Ehrendoktorwürde in Cambridge am 10. Juni 1977 (Friedensnobelpreisträgerin 1980)

Quelle: Mitten unter euch 9/10, S. 275, Religionsbuch, Auer Verlag, Donauwörth

Was mein Gott will, das g'scheh allzeit Johann Sebastian Bachs Lieblingslied

Johann Sebastian Bach erblindete im Alter. Eines Tages teilte ihm einer seiner Freunde mit, daß ein berühmter Augenarzt in die Stadt gekommen sei und sich bereit erklärt habe, seine Kunst an ihm zu versuchen, wenn er sich einer Operation unterwerfen wolle.
„In Gottes Namen", sagte der alte Bach. Dann kam der Tag. Aber – die Operation mißlang! Als nach vier langen Tagen der Arzt die Binde von den Augen löste und die umstehende Familie den geliebten Vater fragte: „Kannst du sehen?", antwortete er: „Des Herrn Wille geschehe! Ich sehe nichts!" Als alle Umstehenden darüber weinten und so dem alten Vater das Herz schwermachten, rief er sie froh ermunternd: „Singt mir lieber mein Lieblingslied: Was mein Gott will, gescheh allzeit, sein Wille ist der beste!"

Abbé Pierre Lefèvre

Quelle: Bach, Choralgesänge, S. 234, Nr. 344, hg. von B. F. Richter, Breitkopf-Härtel, Wiesbaden, Nr. 3765

Der Herr sei vor dir,
um dir den rechten Weg zu zeigen.

Der Herr sei neben dir
um dich in die Arme zu schließen
und dich zu beschützen.

Der Herr sei hinter dir,
um dich zu bewahren
vor der Heimtücke böser Menschen.

Der Herr sei unter dir,
um dich aufzufangen, wenn du fällst,
und dich aus der Schlinge zu ziehen.

Der Herr sei in dir,
um dich zu trösten,
wenn du traurig bist.

Der Herr sei über dir,
um dich zu segnen.

So segne dich der gütige Gott.

Irischer Reisesegen

5
Das Weihnachtsfest

Bedeutung und Brauchtum (I)

Christi Geburt

Der Tag der Geburt Jesu ist uns unbekannt. Als die ersten Christen anfingen, Jesu Geburtstag und damit die Menschwerdung Gottes zu feiern, da wählten sie dazu den 25. Dezember. Dies ist der Tag, an dem im ganzen Mittelmeerraum die Geburt des unbesiegbaren, heidnischen Sonnengottes Mithras gefeiert wurde. Mit der Festsetzung der Geburt Christi auf dieses Datum wollten sie sagen, Jesus Christus ist die wahre, unbesiegbare Sonne. Sie dachten dabei an das Wort Jesu „Ich bin das Licht der Welt“ (Joh 8,12). Seit jener Zeit feiern viele Länder an diesem Tag das Weihnachtsfest.
In den Kirchen des Ostens (beispielsweise in Rußland) wird erst am 6. Januar Weihnachten gefeiert (vgl. Erscheinung des Herrn – Dreikönig). Sie orientieren sich dabei an der Taufe Jesu und seiner Vorstellung als Sohn Gottes vor aller Welt (vgl. Mk 1,11).
Das Wort „Weihnachten“ stammt aus dem vorchristlichen germanischen Brauchtum. Es bezeichnet ursprünglich die zwölf heiligen Nächte um die Wintersonnenwende. „Weih“ oder „Wih“ heißt dabei soviel wie „heilig“, „geweiht“. Weihnachten sagt: Es ist keine Nacht so heilig wie jene Nacht, in der Gott in Jesus Mensch wurde.
Der Brauch, einen Weihnachtsbaum aufzustellen und mit Stern und Lichtern zu schmücken, kam um 1500 im Elsaß und im Schwarzwald auf. Ein frühes Zeugnis für einen solchen Weihnachtsbaum findet sich auf einem Kupferstich von Lucas Cranach d.Ä. aus dem Jahre 1509.
Vorfahr des Weihnachtsbaumes war der Rüttel- oder Schlüsselbaum in den Zunftstuben der Handwerker. An ihm waren Geschenke für die Gesellen und Lehrlinge angeknüpft, die dann an Heiligabend heruntergeschüttelt werden durften. Beliebt wurde der Weihnachtsbaum zunächst an Fürstenhöfen. 1708 schrieb Lieselotte von der Pfalz sehnsüchtig aus Paris über die lichtgeschmückten Buchsbäume, die in ihrer Jugend am heimatlichen Hofe üblich waren. Anfang des 19. Jahrhunderts wurde der Lichterbaum an den europäischen Höfen eingeführt.
Im 19. Jahrhundert verstärkte sich auch in den protestantischen Bürgerfamilien der Brauch, an Heiligabend einen Weihnachtsbaum zu entzünden. In katholischen Gegenden setzte sich dieser Brauch erst zu Beginn unseres Jahrhunderts durch.
Populär wurde der Weihnachtsbaum erstmals im Krieg von 1870/71. Auf Wunsch des preußischen Königs wurde in den Unterständen und den Lazaretten ein Weihnachtsbaum aufgestellt. Danach verbreitete sich der Weihnachtsbaum in überraschend kurzer Zeit in viele Städte, Dörfer und Familien.
Der Weihnachtsbaum ist eigentlich eine Darstellung des Lebensbaumes und

Sinnbild für ein glückliches Leben. Die Kugeln und die eßbaren Kringel erinnern an die Früchte am Baum des Lebens im Paradies (1. Mose 2/Genesis 2), die roten Kugeln an den Paradiesapfel, den Eva nahm und Adam reichte, was schließlich zur Vertreibung aus dem Paradies führte (Genesis 3). Die Engel erinnern an die himmlischen Heerscharen auf dem Feld bei den Hirten (Luk 2). Das Lametta, aber auch die goldenen, blauen und grünen Kugeln an die Schätze, die die Weisen aus dem Morgenland dem Kind in der Krippe schenkten (Mt 2). Der Stern an der Spitze des Baumes ist der Stern von Betlehem, dem die drei Weisen folgten. Strohsterne am Baum weisen darauf hin, daß Jesus arm in einem Viehstall zur Welt kam.

Der Brauch, eine Weihnachtskrippe mit dem Jesuskind, mit Maria und Josef, den Hirten, den drei Königen sowie Ochs und Esel unter dem Christbaum aufzustellen, geht zurück auf Franz von Assisi. Im Jahr 1223 hatte er im Wald von Greccio zu Weihnachten eine Krippe mit lebenden Figuren gestaltet. Er wollte so den Blick auf Jesus sowie auf Josef und Maria als wirkliche Menschen lenken, die nicht oben im Himmel thronen, sondern den einfachen Menschen ganz nahe stehen. Jesus und seine Eltern teilen die Armut der Welt.

Hierauf geht der bis heute in den italienischen Kirchen übliche Brauch zurück, an Weihnachten lebensgroße Krippenfiguren aufzustellen.

Krippenspiele entstanden schon im 11. und 12. Jahrhundert. Die ersten großen Weihnachtsspiele sind aus dem 13. Jahrhundert bekannt. Krippenspiele haben sich parallel zu den Oster- und Passionsspielen entwickelt und diese vermutlich nachgeahmt.

Anfänglich waren die Krippenspiele ganz Bestandteil des Gottesdienstes. Sie nahmen die neutestamentlichen Lesungen in Dialogform dramatisch auf. Später wanderten die Spiele aus dem Gottesdienst und verselbständigten sich.

Viele verschließen an Heiligabend die gute Stube, in der der Weihnachtsbaum steht und die Geschenke liegen. Kurz vor der Bescherung klingelt ein kleines Glöckchen, und die bis dahin verschlossene Türe wird geräuschvoll geöffnet. Die Tür öffnet sich zu einem verdunkelten Zimmer, in dem der Christbaum leuchtet. Mit diesem weitverbreiteten Brauch spielen wir die Rückkehr in das Paradies, in dem der Baum des Lebens mit seinen vielen Früchten steht. Deutlich wird dies in dem Kirchenlied „Lobt Gott, ihr Christen alle gleich“. Dort heißt es im sechsten Vers: „Heut schließt er wieder auf die Tür zum schönen Paradeis. Der Cherub steht nicht mehr dafür, Gott sei Lob, Ehr und Preis.“

Gibt es ein Christkind?

Die achtjährige Virginia aus New York schrieb der Zeitung „Sun“ diesen Brief: „Ich bin acht Jahre alt. Einige von meinen Freunden sagen, es gibt kein Christkind. Papa sagt, was in der ‚Sun‘ steht, ist wahr. Bitte sagen Sie mir: Gibt es ein Christkind?“ Der Chefredakteur Francis Church antwortete auf der Titelseite seines Blattes: Liebe Virginia, Deine Freunde haben nicht recht, sie glauben nur, was sie sehen. Ja, Virginia, es gibt ein Christkind. Es gibt es so gewiß wie die Liebe, Großherzigkeit und die Treue. Weil es all das gibt, kann unser Leben schön und heiter sein. Wie dunkel wäre die Welt, wenn es kein Christkind gäbe! Es gäbe dann auch keine Virginia, keinen Glauben, keine Poesie – gar nichts, was das Leben erst erträglich macht. Es gibt ein Christkind. Sonst könntest Du den Märchen nicht glauben. Gewiß, Du könntest Deinen Papa bitten, er solle am Heiligen Abend Leute ausschicken, das Christkind zu fangen. Und keiner von ihnen bekäme es zu Gesicht – was würde das beweisen? Kein Mensch sieht es einfach so. Das beweist gar nichts. Die wichtigsten Dinge bleiben meistens unsichtbar. Die Elfen, z.B. wenn sie auf Mondwiesen tanzen, trotzdem gibt es sie. Was Du auch siehst: Du siehst nie alles. Du kannst ein Kaleidoskop aufbrechen und nach den schönen Farbfiguren suchen. Du wirst aber nur einige bunte Scherben finden, nichts weiter. Warum? Weil es einen Schleier gibt, der die ganze Welt verhüllt, einen Schleier, den nicht einmal alle Gewalt auf der Welt zerreißen kann. Nur Glaube, Poesie und Liebe können ihn lüften. Dann werden die Schönheit und die Herrlichkeit dahinter auf einmal zu erkennen sein. Ist das denn auch wahr, kannst Du fragen: Virginia, nichts auf der ganzen Welt ist wahrer und nichts beständiger. Das Christkind lebt, und ewig wird es leben. Sogar in zehnmal zehntausend Jahren wird es da sein, um Kinder wie Dich und jedes offene Herz mit Freude zu erfüllen.
Frohe Weihnacht, Virginia.
Dein Francis P. Church

Quelle: Aus einer Zeitung

Weihnachten?

Die Tiere diskutierten über Weihnachten: Sie stritten, was wohl die Hauptsache an Weihnachten sei. „Na klar, Gänsebraten“, sagte der Fuchs, „was wäre Weihnachten ohne Gänsebraten?“ „Schnee“, sagte der Eisbär, „viel Schnee!“ Und er schwärmte verzückt: „Weiße Weihnachten!“ Das Reh sagte: „Ich brauche aber einen Tannenbaum, sonst kann ich nicht Weihnachten feiern.“ „Aber nicht so viele Kerzen“, heulte die Eule, „schön schummrig und gemütlich muß es sein, Stimmung ist die Hauptsache.“ „Aber mein neues Kleid muß man sehen“, sagte der Pfau, „wenn ich kein neues Kleid kriege, ist für mich kein Weihnachten.“ „Und Schmuck!“ krächzte die Elster, „jedes Weihnachten kriege ich was: Einen Ring, ein Armband, eine Brosche oder eine Kette, das ist für mich das Allerschönste an Weihnachten.“ „Na, aber bitte den Stollen nicht vergessen“, brummte der Bär, „das ist doch die Hauptsache. Wenn es den nicht gibt und all die süßen Sachen, verzichte ich gerne auf Weihnachten.“ „Machs wie ich“, sagte der Dachs, „pennen, pennen, das ist das Wahre. Weihnachten heißt für mich, mal richtig pennen!“ „Und saufen“, ergänzte der Ochse, „mal richtig saufen und dann pennen“ - aber da schrie er „aua“, denn der Esel hatte ihm einen gewaltigen Tritt versetzt: „Du Ochse, denkst du denn nicht an das Kind?“ Da senkte der Ochse verschämt den Kopf und sagte: „Das Kind, ja, das Kind, das ist doch die Hauptsache.“ - „Übrigens“, fragte er dann den Esel: „Wissen das die Menschen eigentlich?“

Mündliche Überlieferung

In der Offenbarung des Johannes bezeichnet sich Jesus selbst als der helle Morgenstern (Offb 22,16). Er kündet das Ende der Nacht an und verheißt den Beginn eines neuen Tages.

Und wäre
Christus
tausendmal
in
Betlehem
geboren,
aber nicht
in deinem
Herzen,
es wäre
alles
umsonst.

Angelus Silesius

Ich steh an deiner Krippen hier

Es war am Heiligen Abend. Die Straßen waren menschenleer. Alle Leute waren zu Hause, um Christi Geburt zu feiern. Nur am Stadtrand beim letzten Haus geht ein alter Mann mit zerschlissenem Gewand. Er geht langsam auf das Haus zu. Die Tür ist noch offen, und so geht der alte Mann hinein. In dem Haus wohnen vier Familien. Der Mann klopft bei der ersten Tür. Eine Frau öffnet ihm. Sie fragt: „Was wollen Sie?“ Der alte Mann sagt: „Bitte, ein Stück Brot!“ Verständnislos schaut ihn die Frau an. Ja, gibt's denn so etwas auch heute noch? Brot kann man sich ja kaufen, das bekommt man doch überall. Sie sagt: „Klopfen Sie an der Nachbarstür!“ Kopfschüttelnd schlägt sie die Tür zu.
Die Nachbarin, zu der der Bettler jetzt geht, ist eine fromme Frau. Sie geht in die Kirche und betet auch. Der Mann klopft an ihre Tür. Erst nach einer Weile macht sie vorsichtig die Tür einen Spalt auf. Als sie den Alten sieht, fragt sie: „Was wünschen Sie?“ Der Mann zieht fröstelnd seinen dünnen Rock fester zusammen und bittet: „Bitte, haben Sie vielleicht einen alten Mantel für mich?“ Die Frau denkt an die Mäntel und Röcke von ihrem verstorbenen Onkel, die auf dem Dachboden verstaut sind. Soll sie ihm einen davon geben? Aber nein, heute am Heiligen Abend noch herumkramen. So etwas fang ich gar nicht an. Aber einen guten Rat, denkt sie, will ich ihm noch schenken. Sie sagt: „Wissen Sie was, gehen Sie in den ersten Stock hinauf, dort wohnt ein Schneider, der hat bestimmt ein Stück zum Anziehen für Sie.“
Der alte Mann geht müde und gebeugt die Treppe hinauf. Er klopft an die Tür des Schneiders. Dieser öffnet gleich sehr zuvorkommend. „Bitte sehr, bitte, was darf es sein?“ Aber im nächsten Moment stutzt er. Der sieht nicht aus wie ein zahlungskräftiger Kunde. Der alte Mann spricht seine Bitte aus: „Bitte, darf ich mich zum Ofen setzen, um mich ein bißchen aufzuwärmen?“ Dem Schneider ist die Sache peinlich. Er sagt: „Zu dumm, schauen Sie her, ich habe Schnitte und Stoffe ausgebreitet. Ich habe unmöglich Platz für Sie. Aber vielleicht versuchen Sie es bei der Nachbarsfamilie.“
Als der Mann an die gegenüberliegende Tür klopft, hört er, daß drinnen gestritten wird. Es dauert eine Weile, bis man drinnen das Klopfen hört. Endlich kommt die Frau heraus und fragt kurz: „Was ist denn los?“ „Bitte, nur ein gutes Wort.“ Die Frau schreit: „Was, ein gutes Wort wollen Sie? Wer gibt mir ein gutes Wort? Du auch nicht“, sagt sie bissig zu ihrem Mann. „Na, etwa du mir?“ gibt dieser zurück. Und schon wieder fangen sie zu streiten an. Die Frau sagt noch zum alten Mann: „Heutzutage ist keine Zeit mehr für ein gutes Wort.“ Damit schlägt sie die Türe zu. Der alte Mann geht nun noch müder die Treppe hinunter.

Leise gehen alle Türen auf, die Leute starren ihm nach. Als er den dunklen Gang entlanggeht, wird es seltsam hell um ihn. Bevor er die Tür erreicht, dreht er sich um. Er steht da und spricht: „Was ihr dem geringsten meiner Brüder nicht getan habt, das habt ihr mir nicht getan."
Jetzt kommen die Angebote. Alle rufen durcheinander: „Ja, Herr, wenn wir gewußt hätten ...?"
Betroffen und beschämt schauen sich alle an. Als er geht, bleibt ein Licht im Haus. Es wird nie mehr so dunkel wie zuvor. Seither sind nicht nur an jedem Heiligen Abend in diesem Haus die Türen und Herzen offen.

Quelle: Aus Regenbogen Nr. 14/15, Jahrgang 90/91,
S. 15, 23, und 30. Dez. 1990

Es ist ein Ros entsprungen
Eine Geschichte aus alter Zeit

Nicht weit von der Stadt Trier liegt ein Kloster. Ein Mönch ist ausgeschickt mit einer Botschaft weit über Land. Lange ist er fort gewesen, aber jetzt kehrt er zurück. Die Botschaft wurde ausgerichtet. Inzwischen ist aber Winter geworden. Tief verschneit sind die Wälder, durch die der Mönch heimkehren muß. „Heute noch muß ich mein Kloster erreichen“, murmelt er vor sich hin und zieht die Kapuze seiner Kutte über den Kopf, heute ist Heiliger Abend. Und während er so dahineilt, ist er in Gedanken schon bei seinen Mitbrüdern und dem Abt im Chor, bei den vielen Menschen, die den Gottesdienst in der Klosterkirche an diesem Abend besuchen. Aber noch ist der Weg weit, der vor ihm liegt, und es wird immer dunkler. Doch, was ist das dort im Schnee, am Rande des Weges? Rot leuchtet es auf. Er hält inne und bückt sich hinunter: „Christus, Maria, das ist ja eine Rose!“ Sie blüht ihm aus dem Schnee entgegen, als gebe es keinen Winter. Schon greift er nach seiner Reisetasche und nimmt einen kleinen Spaten heraus, der ihm schon viele gute Dienste auf den langen Reisen erwiesen hat. Damit gelingt es ihm, den Wurzelstock mit der Rose aus der frostigen Erde herauszulösen. Und wie er diesen behutsam in die Hand nimmt und die Rose unter seiner warmen Kutte birgt, erkennt er die Schönheit der Blüte und atmet ihren Duft. Beim Weitergehen denkt er an den Propheten Jesaja, der von einer Rose gesprochen hat, die aus dem Wurzelstock Isais hervorgeht. Und der Mönch weiß: Diese Rose ist Jesus. Und es geschieht in dieser Winternacht, daß der Mönch, durchfroren und schneebedeckt, in sein Kloster heimkehrt und seinen wundersamen Fund „wohl zu der halben Nacht“ auf den Altar der Kirche stellt, um ihn Gott darzubringen. Und man erzählt sich, daß dem Mönch danach der Text dieses Liedes „Es ist ein Ros entsprungen“ vor Augen gewesen sei.

Aus: Dietrich Steinwede, Meinen Bogen setz ich in die Wolken, © Patmos Verlag, Düsseldorf, Kaufmann Verlag

EG 31

Textunterlegung: Fritz Jöde; Kanon: Melchior Vulpius,

Christus sei mir zur Rechten,
Christus sei mir zur Linken.
Er ist die Kraft.
Er der Friede.

Christus sei, wo ich liege.
Christus sei, wo ich sitze.
Christus sei, wo ich stehe.
Christus sei in der Tiefe,
Christus sei in der Höhe,
Christus sei in der Weite.

Christus sei im Herzen eines jeden,
der meiner gedenkt.
Christus sei im Munde eines jeden,
der von mir spricht.
Christus sei in jedem Auge,
das mich sieht.
Christus sei in jedem Ohr,
das mich hört.
Er mein Herr.
Er mein Erlöser.

Aus einem Meditations- und Segensgebet des irischen Mönchs und Bischofs Patrick (5. Jh.)

6
Weihnachten

Bedeutung und Brauchtum (II)

Symbole in der Weihnachtszeit

Auch das Weihnachtsgebäck erzählt von Weihnachten – so wie Spekulatius, Äpfel und Nüsse vom heiligen Nikolaus erzählen und die Brezel von der Fessel Jesu vor dem Hohen Rat.
Der Christstollen erinnert „an ein Kind, das in Windeln gewickelt ist".
Lebkuchen wurden früher von Nonnen und Mönchen in Klöstern aus Heilkräutern, Mehl und Honig gebacken und als Arznei-, Heil- oder Lebenskuchen an Arme und Kranke verteilt. Das Wort „Leb" kommt von dem lateinischen Wort „libum" und heißt soviel wie Fladen. Lebkuchen ist danach ein flacher Kuchen.
Der mit weißer Zuckerglasur versehene Zimtstern erinnert an den Weihnachtsstern, der den drei Weisen aus dem Morgenland den Weg wies. Seine Zutaten, wie beispielsweise Zimt, stammen aus dem Osten, der Heimat der Weisen. Noch heute ist der Zimtstern ein teures Gebäck.
Weihnachtskarten sind zu einem beliebten Brauch geworden. Manche hängen sie an einer Wäscheleine auf. Diese Karten zeigen, daß man aneinander denkt und sich schätzt. Sie bringen aber gleichzeitig die Weihnachtsbotschaft „unter das Volk" – so, wie die Hirten das Wort „ausbreiten, das ihnen von diesem Kind gesagt war" (Lk 2,17).
Die Christrose ist eine wundersame Blume. Im Sommer, wenn alles blüht, hat sie nur grüne Blätter. Doch wenn Eis und Schnee kommen, entfaltet sie ihre weiße Blüte. Sie erinnert an die Blüte (Wurzel) Jesse, die mitten im Dunkel der unerlösten Welt aufblüht. Das Lied „Es ist ein Ros entsprungen" erzählt von Christus als Rose.

Weihnachtsbräuche in anderen Ländern

In ENGLAND („Merry Christmas“) ist der Christbaum inzwischen Mode geworden. Daneben wird die ganze Wohnung mit bunten Papierschlangen geschmückt. In den Vasen stecken Stechpalmen, und an der Haustür hängen Misteln. In der Weihnachtszeit ziehen Kinder mit alten englischen Weihnachtsliedern durch die Straßen. Als Weihnachtsessen gibt es den gefüllten Truthahn und Plumpudding. Die Bescherung findet am Morgen des 1. Weihnachtsfeiertages statt. Am Abend zuvor hängen die Kinder möglichst lange Strümpfe ans Bett oder an den Kamin. Sie werden in der Nacht von Santa Claus gefüllt, der mit seinem Rentierschlitten über die Dächer fliegt und durch den Kamin in die Häuser gelangt. Große Geschenke legt er auf den Weihnachtstisch.

In FRANKREICH („Bon Noël“) gehören Tannenbäume sowie Misteln und Stechpalmen zur Weihnachtszeit. Am 24. Dezember geht man mit der Familie (selbst die kleinsten Kinder sind dabei) sowie Freunden spät abends in ein Restaurant und feiert die halbe Nacht mit auserlesenen Speisen und Getränken. Die Kinder werden am Morgen des 25. Dezember durch den Weihnachtsmann, den Père Noël beschert. Noch vor wenigen Jahren erfolgte die Bescherung am Neujahrstag.

In ITALIEN („Buon Natale“) ist die Weihnachtskrippe mit ihren Figuren wichtiger als der Tannenbaum. In den Wohnungen werden ganze Krippenlandschaften aufgebaut. Der Weihnachtstag wird mit einem großen Festessen begangen. Die Bescherung der Kinder erfolgt meist am 6. Januar. Dann bringt Befana, eine gute Fee, Geschenke für die Kinder.

In SPANIEN („Felices Navedades“) ist Weihnachten ein lärmendes, ausgelassenes Fest, das an unser Silvester erinnert. Die ganze Nacht hindurch wird gegessen, getrunken und getanzt. Den Christbaum kennt man erst seit einigen Jahren. Wichtiger ist die Krippe. Die Bescherung findet am 6. Januar statt. Laut und lustig wird das Weihnachtsfest auch in Südamerika gefeiert.

In den USA („Merry Christmas“) bringt Santa Claus in der Nacht vom 24. auf den 25. Dezember mit seinem Rentierschlitten die Geschenke. Die Bescherung findet dann am Morgen statt. Als Weihnachtsessen gibt es Truthahnbraten. Die Weihnachtszeit beginnt schon am 1. November. Von da an sind die Straßen mit bunten Girlanden und Glühlampen geschmückt. Die Schaufenster verwandeln sich in Feenländer, Zwergenreiche und Spielzeugstädte.

Wie Ochs und Esel an die Krippe kamen

Als Josef mit Maria auf dem Weg nach Jerusalem war, rief ein Engel die Tiere heimlich zusammen, um einige auszuwählen, der heiligen Familie im Stalle zu helfen. Als erster meldete sich natürlich der Löwe: „Nur ein König ist würdig, dem Herrn der Welt zu dienen“, brüllte er, „ich werde jeden zerreißen, der dem Kind zu nahe kommt!“ „Du bist mir zu grimmig“, sagte der Engel. Darauf schlich sich der Fuchs näher. Mit unschuldiger Miene meinte er: „Ich werde sie gut versorgen. Für das Gotteskind besorge ich den süßesten Honig, und für die Wöchnerin stehle ich jeden Morgen ein Huhn!“
„Du bist mir zu verschlagen“, sagte der Engel. Da stelzte der Pfau heran. Rauschend entfaltete er sein Rad und glänzte in seinem Gefieder. „Ich will den armseligen Schafstall köstlicher schmücken als Salomon seinen Tempel!“
„Du bist mir zu eitel“, sagte der Engel. Es kamen noch viele und priesen ihre Künste an. Vergeblich. Zuletzt blickte der strenge Engel noch einmal suchend um sich und sah Ochs und Esel draußen auf dem Felde dem Bauern dienen. Der Engel rief auch sie heran: „Was habt ihr anzubieten?“ „Nichts“, sagte der Esel und klappte traurig die Ohren herunter, „wir haben nichts gelernt außer Demut und Geduld. Denn alles andere hat uns immer noch mehr Prügel eingetragen!“ Und der Ochse warf schüchtern ein: „Aber vielleicht könnten wir dann und wann mit unseren Schwänzen die Fliegen verscheuchen!“ Da sagte der Engel: „Dann seid ihr die Richtigen!“

Verkürzt nach einer Geschichte von Heinrich Waggerl
Quelle: unbekannt

Das Weihnachtsgeschenk

Ein vielbeschäftigtes Ehepaar hastet kurz vor Weihnachten in ein Spielwarengeschäft, um für die kleine Tochter ein Geschenk zu kaufen. Sie sind bereit, viel Geld dafür auszugeben, und erklären der Verkäuferin: „Wir sind den ganzen Tag beruflich von zu Hause weg. Wir suchen etwas, was die Kleine erfreut, sie lange beschäftigt und ihr das Gefühl des Alleinseins nimmt."
„Tut mir leid", sagt die Verkäuferin und lächelt freundlich, „Eltern gibt es bei uns nicht zu kaufen."

Quelle: Verfasser unbekannt

Die Legende von der Christrose

In der heiligen Nacht sprachen die Hirten zueinander: „Kommt, lasset uns nach Betlehem gehen und sehen, was da geschehen ist!" Und sie machten sich eilends auf. Jeder nahm ein Geschenk mit: Butter und Honig, einen Krug mit Milch, Wolle vom Schaf und ein warmes Lammfell. Nur ein Hirtenknabe hatte nichts zum Schenken. Er suchte auf der Winterflur nach einem Blümchen. Er fand keins. Da weinte er, und die Tränen fielen auf die harte Erde. Sogleich sprossen aus den Tränen Blumen hervor, die trugen Blüten wie Rosen. Fünf Blütenblätter, zart und weiß, standen zum Kelch zusammen, daraus ein Kranz von goldenen Staubgefäßen gleich einer Krone hervorleuchtete. Voll Freude pflückte der Knabe die Blumen und brachte sie dem göttlichen Kind in der Krippe. Seit dieser Zeit blüht diese Blume jedes Jahr in der Weihnacht auf, und die Menschen nennen sie Christrose.

Quelle: Volksgut

Weihnachtsgeschenke sind eigentlich Zeichen der Liebe und Zuneigung. Die Geschenke der drei Weisen brachten zum Ausdruck, wie wichtig Jesus für sie war und welche Verehrung und Zuneigung sie ihm entgegenbrachten. Man kann auch Jesus selbst als ein Geschenk Gottes an die Menschen verstehen. In ihm schenkt Gott den Menschen Liebe und Zuneigung. Wenn wir an Weihnachten ein Geschenk machen, dann schenken wir im Grunde Gottes Liebe weiter.

Des Nachdenkens wert

Schenken

Schenken
Heißt nicht nur
Geben
Sondern auch
Abgeben
Übergeben
Aufgeben
Preisgeben
Nachgeben
Mitgeben
Weitergeben

Freigeben
Über das Geschenk
Den Beschenkten
Und das Schenken
Nachdenken.

Beschenkt werden
Heißt nicht nur
Nehmen
Sondern auch
Entgegennehmen
Erkennen
Aufnehmen
Übernehmen
Akzeptieren
Erhalten
Behalten
In Ehren halten
Das Geschenk
Den Schenkenden
Und das Schenken
Anerkennen.

Marlies Böhm, aus: „Zeichen“ 95/12 Dez. 1998, Rechte bei der Autorin

Das Paket des lieben Gottes

Wir trabten die ganzen Tage durch sämtliche Stadtviertel und suchten verzweifelt nach etwas Arbeit und waren froh, wenn wir am Abend in einem winzigen, mit erschöpften Leuten angefüllten Lokale unterkommen konnten. Dort hatten wir es wenigstens warm und konnten ruhig sitzen. Und wir saßen, solange es irgend ging, mit einem Glas Whisky, und wir sparten alles den Tag über für dieses Glas Whisky.

Dort saßen wir auch am Weihnachtsabend dieses Jahres, und das Lokal war noch überfüllter als gewöhnlich und der Whisky noch wäßriger und das Publikum noch verzweifelter. Es ist einleuchtend, daß weder das Publikum noch der Wirt in Feststimmung geraten, wenn das ganze Problem der Gäste darin besteht, mit einem Glas eine ganze Nacht auszureichen, und das ganze Problem des Wirtes, diejenigen hinauszubringen, die leere Gläser vor sich hatten.

Aber gegen zehn Uhr kamen zwei, drei Burschen herein, die ein paar Dollars in der Tasche hatten, und sie luden, weil es eben Weihnachten war und Sentimentalität in der Luft lag, das ganze Publikum ein, ein paar Extragläser zu leeren.

Alle holten sich frischen Whisky. Aber es kam keine rechte Stimmung auf.
Ja, geradezu von Anfang an nahm die Veranstaltung einen direkt bösartigen Charakter an. Schon nach den ersten Gläsern des gestifteten Whiskys wurde der Plan gefaßt, eine regelrechte Bescherung vorzunehmen.

Da ein Überfluß an Geschenkartikeln nicht vorhanden war, wollte man sich mehr an solche Geschenke halten, die für die zu Beschenkenden passend waren und vielleicht sogar einen tieferen Sinn hatten.
So schenkten wir dem Wirt einen Kübel mit schmutzigem Schneewasser von draußen, wovon es davon gerade genug gab, damit er mit seinem alten Whisky noch ins neue Jahr hinein reichte. Alle diese Geschenke wurden von den Anwesenden mit herausforderndem Beifall bedacht. Und dann kam der Hauptspaß.

Es war nämlich unter uns ein Mann, der mußte einen schwachen Punkt haben. Leute, die sich auf dergleichen verstanden, glaubten mit Sicherheit behaupten zu können, daß er eine gewisse, unüberwindliche Scheu vor allem habe, was mit der Polizei zusammenhing.

Für diesen Mann dachten wir uns etwas ganz Besonderes aus. Aus einem alten Adreßbuch rissen wir mit Erlaubnis des Wirtes drei Seiten heraus, auf denen lauter Polizeiwachen standen, schlugen sie sorgfältig in eine Zeitung und überreichten das Paket unserem Mann.
Es trat eine große Stille ein, als wir es überreichten. Der Mann nahm das Paket zögernd in die Hand. Aber dann machte er es rasch auf. Und nun geschah etwas sehr Merkwürdiges. Der Mann nestelte eben an der Schnur, als sein Blick auf das Zeitungsblatt fiel. Sein ganzer dünner Körper, er war sehr lang, krümmte sich sozusagen um das Zeitungsblatt zusammen, er bückte sein Gesicht tief darauf herunter und las. Er verschlang das, was er las, einfach. Und dann schaute er auf. Und wieder habe ich niemals, weder vor- noch nachher, einen so strahlend schauen sehen wie diesen Mann. „Da lese ich eben in der Zeitung, daß die ganze Sache einfach schon lang aufgeklärt ist. Jedermann in Ohio weiß, daß ich mit der ganzen Sache nicht das geringste zu tun hatte.“ Und dann lachte er.

Und wir alle, die erstaunt dabeistanden und etwas ganz anderes erwartet hatten, fingen plötzlich an, aus vollem Halse und fast aus ganzem Herzen mitzulachen, die Bitterkeit war überhaupt vergessen, und es wurde ein ausgezeichnetes Weihnachten.
Und bei dieser allgemeinen Befriedigung spielte es natürlich gar keine Rolle mehr, daß dieses Zeitungsblatt nicht wir ausgesucht hatten, sondern Gott.

Nach Bertold Brecht

Lobt Gott ihr Christen alle gleich
Nikolaus Hermann

Es ist das Jahr 1554. Nikolaus Herman, Lehrer und Kantor in Joachimsthal im böhmischen Erzgebirge, ist wie so oft dabei, ein Lied zum Sonntagsevangelium zu schreiben. Diesmal ist es die Weihnachtsgeschichte, so wie Lukas sie überliefert hat.
Bei diesem Bibeltext fällt es dem Lehrer schwer zu dichten und zu komponieren. Jetzt ist es acht Jahre her, daß sein Sohn Christof im Streit das Elternhaus verlassen hat. Er hat sich nicht verabschiedet. Seit acht Jahren hat der Vater von seinem Sohn nichts mehr gehört.
Doch der Sohn ist zu diesem Weihnachtsfest wieder nach Hause zurückgekehrt. Er schämt sich jetzt über sein Weggehen. Er denkt an das Leid, das er den Eltern zugefügt hat. Wäre es nicht besser gewesen, in Frieden auseinander zu gehen? Er denkt an Heiligabend. Da will er wieder zu seinem Vater gehen. Die Nacht zuvor will er im Silberbergwerk schlafen, in dem er lange gearbeitet hat.
Christof geht ins Bergwerk. Er geht zu einem alten, verlassenen Stollen, den er kennt. Er tritt vor eine alte Eichentür, die den Stollen verschließt, und geht hinein. Doch dann schlägt die Türe zu. Christof weiß nicht, was er jetzt tun soll. Schreien und Klopfen haben keinen Sinn. Der Stollen ist verlassen. Der Sohn sinkt verzweifelt in sich zusammen.

Johannes Mathesius, Pfarrer und Schulleiter in Joachimsthal, schläft in dieser Nacht schlecht. Oft schaut er zum Fenster hinaus. Er meint, bei dem Bergwerk eine dunkle Gestalt gesehen zu haben. Er grübelt: Wer war das? Wer hält sich jetzt beim verlassenen Silberbergwerk auf?
Am nächsten Morgen begibt sich Mathesius zum Bergwerk. Es scheint alles in Ordnung. Die Türen sind verschlossen. Doch der Rektor und Pfarrer will genau nachsehen. Er öffnet die Tür zu dem alten Stollen – und Christof fällt ihm in die Arme.
Mathesius bringt den verlorenen Sohn zu dem Vater, der noch immer über sein Weihnachtslied nachsinnt. Er öffnet die Tür und bringt dem Vater den Himmel auf die Erde. Der Sohn ist wieder da. Die verschlossene Tür ist aufgesprungen. Und das Weihnachtslied schreibt sich fast von selbst. Es ist ein Lied voller Lob und Dank.

1. Lobt Gott, ihr Chri - sten al - le gleich, in
sei - nem höch - sten Thron, der heut schließt
auf sein Him - mel - reich und schenkt uns sei - nen
Sohn, und schenkt uns sei - nen Sohn.

EG 27

Lied

Bewahre uns, Gott,
behüte uns, Gott,
sei mit uns vor allem Bösen.

Sei Hilfe, sei Kraft,
die Frieden schafft,
sei in uns, uns zu erlösen.

Sei Hilfe, sei Kraft,
die Frieden schafft,
sei in uns, uns zu erlösen.

Aus EG 171

7
Silvester und Neujahr

Silvester und Jahresbeginn

Der letzte Tag des Jahres ist nach dem Papst Silvester (314–335) benannt. Er konnte in der Regierungszeit Konstantin des Großen nach der Christenverfolgung den Frieden ankündigen. In die Epoche seines Pontifikats fiel der Beginn einer neuen, besseren Zeit. Silvester starb am 31.12.335.
Geknalle und Feuerwerk, aber auch lärmende Umzüge dienten einst der Abwehr böser Geister. Heute kann man dies als Ausdruck der Freude verstehen.
Das weitverbreitete Bleigießen soll die noch ungewisse Zukunft deuten und so einer leisen Zukunftsangst wehren. Die Glückwünsche um Mitternacht kann man als Segenswünsche verstehen. Sie haben Glück, Erfolg und Bewahrung zum Inhalt.
Der Jahreswechsel gibt Anlaß, über den rechten Umgang mit der Zeit nachzudenken.
Über den Jahresanfang war man sich lange nicht einig. Luther sah das Weihnachtsfest als den Beginn des neuen Jahres an. Er dichtete deshalb in einem Lied: „Lob, Ehr sei Gott im höchsten Thron, der uns schenkt seinen eigenen Sohn; des freuet sich der Engel Schar und singet uns solch neues Jahr." (Vom Himmel hoch, Vers 15) Bis heute beginnt das Kirchenjahr am 1. Advent. Erst 1691 wurde der 1. Januar durch Papst Innozenz XII. als Jahresbeginn festgelegt.

Das jüdische Jahr beginnt im Herbst. Da die Monate sich nach dem Mond richten, sind sie nur 29–30 Tage lang. Um mit dem Sonnenjahr in Übereinstimmung zu bleiben, wird ein Schaltmonat eingefügt. Die jüdische Jahreszählung beginnt bei der Erschaffung der Welt nach biblischer Chronologie. Das Jahr 1999 entspricht danach dem Jahr 5759/60.
Das jüdische Neujahrsfest heißt „Rosch ha Schana". Der Neujahrstag gilt als der Tag, an dem Gott die Welt erschuf. Am Neujahrstag bestimmt Gott das Schicksal des Menschen gemäß seinen Taten. Rosch ha Schana ist deshalb der Tag der Einkehr und der Besinnung, der Rechenschaft und des Gebets um eine gute Zukunft.

Das islamische Jahr ist ein reines Mondjahr. Es zählt 12 Monate mit 29 bzw. 30 Tagen. Der Jahresbeginn ist im August. Die muslimische Jahreszählung beginnt mit dem Jahr der Hidschra, der Auswanderung Mohammeds von Mekka nach Medina im Jahre 622 n. Chr. Seit 622 sind 1417 solcher Mondjahre vergangen (1999).

INFORMATION

Der 1. Januar war bei den Römern seit dem ersten vorchristlichen Jahrhundert der Tag, an dem die höchsten Beamten des römischen Reiches ihr Amt neu antraten. 46 v. Chr. machte Gaius Julius Caesar den 1. Januar im Zuge seiner „Julianischen" Kalenderreform zum Jahresbeginn. Bis zu diesem Zeitpunkt galt der altrömische Kalender, der im März begann. Alle unsere Monatsnamen, die ein Zahlwort in sich tragen, sind dem altrömischen Kalender entnommen: September (septem = sieben), Oktober (octo = acht), November (novem = neun), Dezember (decem = zehn).
Zu Ehren des Kalenderreformers wurde der Monat Quintilius (der Fünfte) in Juli umbenannt. Der Monat Sextilius (der Sechste) bekam seinen Namen von Kaiser Augustus (31 v. Chr. bis 14 n. Chr.) und heißt nun August.
Der Monat Januar bekam seinen Namen vom Gott Janus. Der war der Schützer der Tore und Türen und hat zwei Gesichter. Das eine sieht das, was innen ist; das andere das, was draußen ist. So sieht auch das eine Gesicht in das alte Jahr, das andere in das neue.
Februar war einst der zwölfte Monat im Jahresablauf. Er galt als eine Zeit der Besinnung und Läuterung. Dies erklärt auch seinen Namen, der von februare = reinigen kommt.
Der März ist nach dem römischen Gott des Krieges und des Wetters, Mars, benannt. März ist demzufolge ein Monat des Kampfes und des Umbruchs. Der Winter wird besiegt, und der Frühling hält seinen Einzug.
Der April hat seinen Namen von aperire = öffnen. Der römische Dichter Ovid meinte, dieser Monat öffne Erde, Knospen, aber auch die Herzen der Menschen.
Der Mai hat seinen Namen von der Erd- und Wachstumsgöttin Maia, aber auch von dem Göttervater Maius, dem Gebieter über Blitz, Donner, Regen und Sonnenschein.
Der Juni hat seinen Namen von der Göttin Juno, der Gattin Jupiters. Sie galt als die jugendlich Blühende und war die Göttin der Gestirne sowie die Helferin und Hüterin der Ehe unter den Menschen.

Wie lange ist die Ewigkeit?

Klara hat ein Problem:
„Mama, wie lange genau ist Ewigkeit?"
„Ewigkeit ist keine Zeit! Ewigkeit ist immer! Wie soll ich Ewigkeit erklären, wenn ich sie selber nicht fassen kann?"
Klara gibt sich mit der Antwort zufrieden und überlegt laut weiter:
„Gott ist auch immer! Ist Gott Ewigkeit?"
„Gott hat es immer gegeben, und Gott wird es immer geben, mein Kind! Und das ist viel länger, als du dir vorstellen kannst!"
„Dann kann man aber nicht sagen: ‚Gott hat es gegeben!' Gott ist, muß es heißen!" verbessert sie mich.
„Ist Gott einfach jetzt?"
„Ja, so könnte man sagen."
„Das ist ja toll: Gott ist immer jetzt!"
Wenn Klara sich über ein Erkennen freut, braucht sie etwas zu essen. Sie schnappt sich einen Apfel und führt mit vollem Mund ihre Gedankengänge fort:
„Mama, wenn Gott immer jetzt ist, dann ist er nie alt!"
„Du hast recht!"
„Wieso kann ich alt werden? Ich bin ja auch jetzt, und später gibt es ja mich immer noch!"
„Klara, du lebst in der Zeit! Wer in der Zeit lebt, wird älter. Dein Körper ist jung, und später wird er alt. Aber das Leben in dir drin wird nicht alt. Es wird reich an Erfahrung und dadurch reif."
„Mama, dann bin ich ja auch Ewigkeit!"
„Ein bißchen schon!"
„Warum nur ein bißchen?" will sie wissen.
„Gott hat es immer schon gegeben. Er hat nie angefangen. Du hast aber einmal angefangen zu sein. Seither bist du auch Ewigkeit!"
„Meine Ewigkeit versteh ich schon, aber die Ewigkeit von Gott versteh ich nicht!"
„Warum nicht?" frage ich sie.
„Gott hat nie angefangen? – Dann hat ja niemand Gott gemacht! – Drum ist Gott Gott! Mama, kannst du Gott verstehen? Ich nicht!"
„Ich auch nicht, mein Kind!"
„Du auch nicht?" Sie ist sehr erstaunt.
„Nein, ich auch nicht. Kein Mensch kann Gott begreifen."
Tage vergehen. Klara kommt und behauptet:
„Ich kann Gott verstehen und du nicht!"

Ich schaue sie fragend an, und sie erklärt mir:
„Mama, Gott ist ein Kreis!"
Die Verwunderung ist auf meiner Seite:
„Wie kommst du darauf?"
„Ein Kreis fängt nirgends an und hört nie auf. Gott ist ein Kreis, und ich bin drin!" erklärt sie mir voller Stolz.

Marianne Sedivy: Über Gott und Gummibärchen, Herder/Spektrum Bd. 4464. Verlag Herder, Freiburg 1996

Photo: Glückler, Spaichingen

Das Schießen mit Feuerwerkskörpern um die Jahreswende hat seine uralten Wurzeln in der Abwehr der Dämonen in den Rauhnächten und schließlich in der Begrüßung des neuen Jahres.

Neujahrssegen

Nicht, daß jedes Leid dich verschonen möge,
noch daß dein zukünftiger Weg stets Rosen trage,
keine bittere Träne über deine Wange komme
und kein Schmerz dich quäle –
dies alles wünsche ich dir nicht.

Sondern:
daß dankbar du allzeit bewahrst
die Erinnerung an gute Tage.
Daß mutig du gehst durch Prüfungen,
auch wenn das Kreuz auf deinen Schultern lastet,
auch wenn das Licht der Hoffnung schwindet.

Was ich dir wünsche:
Daß jede Gabe Gottes in dir wachse,
daß einen Freund du hast,
der deiner Freundschaft wert.
Und daß in Freud und Leid
das Lächeln des menschgewordenen Gotteskindes
dich begleiten möge.

Wunderbare Zeitvermehrung

Und Jesus sah eine große Menge Volkes, und die Menschen taten ihm leid, und er redete zu ihnen von der unwiderstehlichen Liebe Gottes. Als es dann Abend wurde, sagten seine Jünger, Herr, schicke diese Leute fort, es ist schon spät, sie haben keine Zeit.
Gebt ihnen doch davon, so sagte er, gebt ihnen doch von eurer Zeit!
Wir haben selber keine, fanden sie, und was wir haben, dieses wenige, wie soll das reichen für so viele?
Doch da war einer unter ihnen, der hatte wohl noch fünf Termine frei, mehr nicht, zur Not dazu zwei Viertelstunden. Und Jesus nahm mit einem Lächeln die fünf Termine, die er hatte, und die beiden Viertelstunden in die Hand. Er blickte auf zum Himmel, sprach Dankgebet und Lob, dann ließ er austeilen die kostbare Zeit durch seine Jünger an die vielen Menschen. Und siehe da: Es reichte nun das wenige für alle. Am Ende füllten sich sogar zwölf Tage voll mit dem, was übrig war an Zeit, das war nicht wenig.
Es wird berichtet, daß sie staunten. Denn möglich ist, das sahen sie, Unmögliches bei ihm.

Quelle: Lothar Zenetti in: Die wunderbare Zeitvermehrung, Variationen zum Evangelium, Auer Verlag, Donauwörth

Aus dem Leben eines Sekundenzeigers

Gestatten Sie, daß ich mich vorstelle: Ich bin der Sekundenzeiger. Ich bin der kleinste armselige Zeiger, der unermüdlich auf Millionen Uhren seine Runden dreht. Und ich leide darunter, daß ich so selten beachtet werde. Als ob eine Sekunde nichts sei! Ein gefährlicher Hochmut! Aber heute abend, da bin ich der Star. An Silvester, da kommt alljährlich meine große Stunde. Nicht einmal der Minutenzeiger, meine langsame Schwester, hat so viel zu vermelden. Überall starren die Menschen heute nacht nur auf mich, hören die Signale des Countdown. – „Noch zehn Sekunden, noch neun Sekunden, noch acht ..."
Und wenn ich dann zum gewaltigen Sprung ins neue Jahr ansetze, bin ich glücklich. Denn dann merken die Menschen, und sie geben davon Zeugnis durch Glockenklang, Böllerschüsse und Raketenzischen, daß es mich auch noch gibt und wie wichtig ich wirklich bin. Es kommt buchstäblich auf die Sekunde an. Wissen Sie, worüber wir Uhrzeiger uns oft unterhalten, wenn wir uns in einer Reparaturwerkstätte treffen? Wir finden es toll, daß die Menschen uns erfunden haben, aber wir bedauern, daß sie den Umgang mit uns noch nicht beherrschen. Natürlich staunen wir, daß sie mittels neuer Chronometer in der Lage sind, beispielsweise ein Skirennen auf eine vierhundertstel Sekunde zu entscheiden. Und wir bewundern, daß die Menschen demnächst zur Venus fliegen werden, daß sie sich mit Computern auf Datenautobahnen vernetzen können, daß sie Gene wie Walnüsse knacken. Nur mit dem, was wir immer sichtbar machen lassen – nämlich die dahineilende Zeit –, werden sie nicht fertig. Da pendeln sie hilflos hin und her zwischen der Angst, Zeit zu verlieren einerseits und frechem Raubbau andererseits.
Wir kennen alle die Sprüche „Zeit ist Geld", „Die Zeit heilt alle Wunden", „Der Zahn der Zeit nagt an allem", „Die Zeit totschlagen", „Jemandem die Zeit stehlen", „Kommt Zeit, kommt Rat", „Verlorene Zeit kann man nie wiederfinden".
Heute nach Glockenschlag null werden die Menschen indessen die einzig gültige Wahrheit erleben: daß von den drei Dimensionen, die unser Erdendasein bestimmen, nämlich Vergangenheit, Gegenwart und Zukunft, nur der gegenwärtige Augenblick wirklich ist. Und damit bin ich, obgleich der kleinste aller Zeiger, beim Kern meiner Botschaft: Suchen Sie nicht die verlorene Zeit, die Sie nie finden werden, suchen Sie nur die „erfüllte Zeit", die etwas zu tun hat mit Begegnungen, Gesprächen und guten Taten, mit Menschlichkeit und Lebenssinn. Wer wie ich jeden Tag über achtzigtausendmal ticken muß, der möchte wenigstens einmal im Jahr etwas Grundsätzliches sagen dürfen, zumal die ganze Welt auf sein Kommando hört. In diesem Sinne Prosit Neujahr – und passen Sie heute nacht gut auf mich auf. *Peter Bacher*

Christen bekennen: Allein Gott in der Höh sei Ehr

Es ist der 17. Juli 180 in Kathargo. Vor dem Prokonsul Saturnius stehen drei Männer und drei Frauen: Speratus, Natzalus, Cittinus, Donata, Secunda und Vestia.
Saturnius führt das Verhör: Ihr könnt Straferlaß bekommen, wenn ihr zur Vernunft zurückkehrt.
Speratus spricht für alle: Wir haben nie etwas Strafwürdiges getan. Wir haben keinen Mord begangen und kein falsches Zeugnis abgelegt. Wir sind gute Untertanen des Kaisers.
Saturnius: Auch wir sind religiöse Menschen. Wir glauben an den göttlichen Schutzgeist unseres Kaisers. Wir bringen für sein Heil Opfer dar. Ihr müßt das auch tun! Ihr müßt auf unseren Kaiser schwören und euch zu ihm bekennen. Er ist der Sohn Gottes.
Donata: Nein, das tun wir nicht. Wir ehren den Kaiser, weil er Kaiser ist, aber wir beten nicht zu ihm, und wir schwören nicht auf ihn. Der Kaiser ist nicht Gott und auch nicht Gottes Sohn. Wir dienen allein Gott, dem Herrn, jenem Gott, den keines Menschen Auge je gesehen hat, den keines Menschen Auge je sehen wird. Wir geben dem Kaiser, was des Kaisers ist. Wir zahlen die Steuern. Unser Herr aber ist allein Gott, der König der Könige, der Kaiser aller Völker.
Saturnius: Bleibt ihr bei dem Bekenntnis, Christen zu sein?
Vestia: Wir sind Christen, und wir bleiben Christen!
Saturnius: Dann bleibt mir nichts anderes übrig, als das Urteil zu verlesen: „Speratus, Natzalus, Cittinus, Donata, Vestia und Secunda haben bekannt, nach der Christenweise zu leben. Sie sollen durch das Schwert hingerichtet werden. Man hat ihnen die Wege geebnet zur Rückkehr in die römische Religion. Aber sie haben sich hartnäckig geweigert.
Cittinus: Gott sei Dank!
Saturnius: Wachen, hinaus mit ihnen!
Und als sie hinausgeführt werden, beginnen alle sechs das Lied zu singen, das schon fast hundert Jahre bekannt ist:
„Allein Gott in der Höh sei Ehr und Dank für seine Gnade. Darum daß nun und nimmermehr uns rühren kann kein Schade."
Im Leben und im Sterben, in ihrer ganzen Zeit wissen sie sich aufgehoben in der Liebe Gottes: „Ein Wohlgefalln Gott an uns hat; nun ist groß Fried ohn Unterlaß, all Fehd hat nun ein Ende."

1. Al - lein Gott in der Höh sei Ehr und
dar - um daß nun und nim - mer-mehr uns
Dank für sei - ne Gna - de,
rüh - ren kann kein Scha - de.
Ein Wohl - ge -
falln Gott an uns hat; nun ist groß Fried ohn
Un - ter-laß, all Fehd hat nun ein En - de.

EG 179, GL 457

Neujahrssegen

(Morgens beim Öffnen der Tür zu sprechen)

Den neuen Tag, Gott, segne mir –
so neu, noch nie gewesen!
Voll Dank für deine Gegenwart
sei die Zeit, die du mir gegeben.

Meine Augen segne mir, o Gott,
daß sie loben, was immer sie sehen:
meinen Nachbarn, ich will ihn segnen.
Und mein Nachbar segne mich.

Ein aufgeräumtes Herz gib mir,
hab auch du mich immer im Auge.
Mach Frau und Kinder zum Segen für mich
und mein Hof mit all seinem Leben.

Aus Schottland

8
Dreikönigstag und Mariä Lichtmeß

Dreikönig und Mariä Lichtmeß

Zunächst feierte die Kirche die Geburt Christi am 6. Januar. Einzelne Kirchen tun dies heute noch. Die orthodoxen Kirchen feiern an diesem Tag die Taufe Jesu (Mk 1,11). In der Taufe am Jordan wird die Gottessohnschaft Jesu offenbar.
Die Kirchen im Westen feiern am 6. Januar die Erscheinung des Herrn vor den Völkern der Welt. Diese werden durch die Weisen aus dem Morgenland dargestellt (Mt 2). Alttestamentlichen Verheißungen zufolge (Jes 60, 1–16; Ps 72, 10–159) sind die Weisen Könige, die die verschiedenen Völker repräsentieren. Schon früh ging man von drei Weisen aus. Ihre Namen tauchen erst im Frühmittelalter auf, der bärtige Greis Melchior, der bartlose Knabe Caspar und der dunkelhäutige Mann Balthasar. Sie stehen auch für drei Menschenalter. Viele sehen in den drei Weisen (Magier) gelehrte persische Sterndeuter, die als fromme Heiden durch Gottes Führung den wahren König der Juden finden. Von daher kommt der Brauch der Sternsinger.
Seit 1958 ziehen in katholischen Gemeinden wieder die Sternsinger mit einem goldenen Stern von Haus zu Haus. Sie gehen zu den Menschen und bitten um eine Gabe für notleidende Kinder.
Die Sternsinger, meist Ministranten, werden in einer kirchlichen Feier ausgesandt. Sie schreiben auf die Haustüren mit geweihter Kreide die Buchstaben C - M - B mit der Jahreszahl. Die drei Buchstaben bedeuten: „Christus Mansionem Benedicat - Christus, segne dieses Haus." Für viele deuten diese drei Buchstaben auf die Namen der drei Könige: Caspar, Melchior und Balthasar. Die erbetenen Gaben sollen die Liebe Gottes, die in Christus „erschienen" ist, aller Welt sichtbar machen.
In Italien, Spanien und Portugal ist Dreikönig Bescherungstag für die Kinder. Sie bekommen wie das Kind in der Krippe Geschenke.
Vierzig Tage nach Weihnachten feiert die katholische Kirche das Fest der Darstellung des Herrn, auch „Mariä Lichtmeß" genannt. Der Name des Festes erinnert an ein Ereignis, von dem der Evangelist Lukas berichtet:
Als Maria und Josef zum ersten Mal das Jesuskind in den Tempel brachten, begegnete ihnen dort ein frommer älterer Mann namens Simeon und eine ältere Frau namens Hanna (daher auch „Fest der Begegnung"). Voller Freude lobte Simeon Gott, weil er in Christus der Welt ein „Licht zur Erleuchtung der Heiden" geschenkt hat (Lk 2,22 ff.).
Zur Erinnerung daran werden an diesem Tag im katholischen Gottesdienst Kerzen geweiht und eine Lichterprozession durchgeführt. Christen folgen mit brennenden Kerzen Christus als dem Licht der Welt nach und versprechen so, selber Licht der Welt zu sein. Zu Hause werden geweihte Kerzen in Not-

zeiten (beispielsweise bei Gewitter, Epidemien, Sterbestunde) als Ausdruck der Bitte um Beistand angezündet.
Die biblische Erzählung von der „Darstellung des Herrn" im Tempel und der Begegnung mit Simeon und Hanna knüpft an Vorschriften des AT (3. Mose/ Lev 12, 1–8) an. Danach gilt eine Frau nach der Geburt eines Sohnes 40 Tage und nach der Geburt einer Tochter 80 Tage als unrein und muß danach dem Priester im Tempel ein Schaf oder eine Taube als Reinigungsopfer überbringen („Fest der Reinigung"). Darüber hinaus gilt ein erstgeborener Knabe als Eigentum Gottes. Er muß deshalb vor Gott gebracht, „dargestellt werden" („Fest der Darstellung des Herrn") und durch ein Geldopfer ausgelöst werden (2. Mose/Exodus 13, 2.12; 4. Mose/Num 18,16).
Wichtig wurde Mariä Lichtmeß darüber hinaus als Zeitpunkt, an dem die Dienstboten ihre Stellen wechseln. Jetzt begann die Vorbereitung für Hof und Feld. Vielfach wird in Mariä Lichtmeß auch das erste Frühlingsfest gesehen.
Einen Tag nach Lichtmeß feiert die katholische Kirche das Fest des heiligen Blasius. Er war Bischof in Sebaste in Armenien und starb um das Jahr 316 n. Chr. den Märtyrertod. Der Legende nach war er ein selbstloser und von einer großen Gottes- und Nächstenliebe erfüllter Mann. In Erinnerung an ihn spendet die katholische Kirche mit zwei über den Gläubigen gekreuzten Kerzen den sogenannten Blasius-Segen. Nach der christlichen Überlieferung soll dieser Segen im Vertrauen auf die Hilfe Gottes und durch die Fürsprache des heiligen Blasius vor Halskrankheiten und dem Erstickungstod bewahren. Damit wird ausgedrückt: Unser christlicher Glaube ist keine Geistreligion. Körper und Geist gehören zusammen, wobei der ganze Mensch sein Heil und seine Erfüllung finden soll.

Es war keine Liebe drin

Es war an einem Tag kurz vor Weihnachten. Ich machte einen Rundgang durch das Altenheim. Zu dem Zimmer eines alten Herrn, der allein für sich wohnte, war vor einer Viertelstunde noch die Paketpost heraufgekommen. Darum wunderte ich mich nicht, daß auf mein Klopfen hin zunächst keine Antwort kam. „Aha, das Weihnachtspaket !“ dachte ich. Tatsächlich, als es endlich hieß „Herein!“, stand der alte Herr vor dem Tisch und stocherte in dem eben geöffneten Paket. Man sah auf den ersten Blick, daß es ein reiches Paket war. Später hörte ich, daß die Absenderin, die Tochter des alten Herrn, eine reiche Geschäftsfrau war. Damals litten alle Leute Not und Mangel. Es war die Hungerszeit nach dem Zweiten Weltkrieg. Doch in diesem Paket sah man Zigarren, Tabak, Cognac, Rotwein, gefütterte Schuhe, warme Sachen – alles, was man sich nur ersehnen konnte. Der alte Herr aber machte zu alldem nur ein mürrisches Gesicht. Kein Fünkchen Freude war zu sehen. „Aber Herr Maier“, sagte ich jetzt, „wie kann man vor solch einem Weihnachtspaket solch ein trauriges Gesicht machen? Da ist doch alles Gute drin!“ Da sah mich der alte Herr an und sagte: „Da ist keine Liebe drin!“ Dann begann er von der reichen Tochter zu erzählen. Sie hatte das Paket von den Angestellten packen lassen. Sie hatte eine billige vorgedruckte Weihnachtskarte geholt und darunter geschrieben: „Deine Tochter Luise und Schwiegersohn.“ Sonst nichts, kein persönlicher Weihnachtswunsch, kein Besuch, keine Einladung: „Feiere das Fest mit uns!“ Die besten ausgesuchten Geschenke waren Stück für Stück noch mit den Preisschildchen versehen, damit der alte Vater merken sollte, was man für ihn ausgegeben hatte. Er hatte recht: „Es ist keine Liebe darin!“

Die schönsten und reichsten Geschenke sind nichts wert und können keine Freude machen, wenn keine Liebe darin ist.

Theodor Schnitzler: Erzählte Messe. Verlag Herder, Freiburg, 10. Auflage 1990

Marco

Marco heißt mit Nachnamen Heckmann und ist zehn Jahre alt. Marco hat schwarze Locken und eine braune Haut. Alle mögen ihn. Die Eltern, die Nachbarn, die Mitschüler, die Lehrer. Für Marco ist das Leben schön.
Bis zu dem Tag, als Herbert in der Schule etwas sagt, was Marco nicht mehr losläßt. Als alle gerade dabei sind, sich mit ihren Eltern großzumachen, da sagt Herbert: „Ach du, deine Eltern sind ja gar nicht deine Eltern."
Marco will Herbert eine reinschlagen. Doch er tut es nicht, er schleicht sich heim in sein Zimmer. Dort grübelt er und denkt an seine braune Haut und an seine schwarzen Haare. Seine Eltern sehen ganz anders aus. Am nächsten Morgen, es ist Sonntag, will er nicht frühstücken. Die Eltern machen sich Sorgen. Doch Marco sagt nichts. Ein Gedicht auf dem Nachttisch bringt die besorgten Eltern auf die Spur: „Ich komm, weiß nicht woher. Ich bin und weiß nicht wer. Ich fahr, weiß nicht wohin. Mich wundert, daß ich fröhlich bin."
Herr und Frau Heckmann sind ganz aufgeregt, Frau Heckmann macht sich Vorwürfe: „Wir hätten es ihm längst sagen sollen!" Herr Heckmann nickt bekümmert. Wie soll es weitergehen?
Herr Heckmann hat eine Idee. Noch am Morgen setzen sie sich ins Auto. Sie fahren quer durch die Stadt bis zur Kirche. Sie gehen hinein bis ganz nach vorn zum Taufstein. „An diesem Taufstein haben wir dich vor acht Jahren taufen lassen", sagt Herr Heckmann nach einer Weile. Marco sagt nur: „Ich bin nicht euer Kind. Woher komme ich?" Frau Heckmann sagt: „Ich weiß es auch nicht. Wir kennen deinen Vater und deine Mutter nicht. Aber als wir dich hier taufen ließen, sagte der Pfarrer: ‚So spricht der Herr: Fürchte dich nicht. Ich habe dich erlöst. Ich habe dich bei deinem Namen gerufen, du bist mein.'
Wir wissen nicht, woher du kommst. Für uns ist aber eines klar: Du kommst von Gott. Er gab dir dein Leben. Er kennt deinen Namen. Du bist nicht irgendwer. Du bist Gottes Kind."
Frau Heckmann spricht, als hätte sie einen Kloß im Hals. Und Marco versteht: Die Taufe sagt, woher ich komme und wer ich bin. Ich bin Gottes Kind.

19 – C + M + B – 99

1. Bedeutung: Die Namen der drei Weisen (drei Könige)
Caspar – Melchior – Balthasar

2. Bedeutung: Christus – Mansionem – Benedicat
(Segensspruch: Christus segne dieses Haus)

Haussegen

Mit Gott fang an.
Mit Gott hör auf.
Das ist der beste Lebenslauf.

Herr segne dieses Haus
und alle, die da gehen ein und aus.

Gott segne die Welt und was sie erfüllt.
Segne das Haus und die es bewohnen,
segne meine Frau und meine Kinder,
segne meine Augen und meine Hände,
segne mein Aufstehen am Morgen
und mein Niederlegen am Abend des Tages.

Die Legende vom vierten König

Außer Caspar, Melchior und Balthasar war auch ein vierter König aus dem Morgenland aufgebrochen, um dem Stern zu folgen, der ihn zu dem göttlichen Kind führen sollte. Dieser vierte König hieß Coredan. Drei wertvolle rote Edelsteine hatte er zu sich gesteckt und mit den drei anderen Königen einen Treffpunkt vereinbart. Doch Coredans Reittier lahmte unterwegs. Er kam nur langsam voran, und als er bei der hohen Palme eintraf, war er allein. Nur eine Botschaft, in den Stamm des Baumes eingeritzt, sagte ihm, daß die anderen drei ihn in Betlehem erwarten würden. Coredan ritt weiter, ganz in seine Träume versunken. Plötzlich entdeckte er am Wegrand ein Kind, bitterlich weinend und aus mehreren Wunden blutend. Voll Mitleid nahm er das Kind auf sein Pferd und ritt in das Dorf zurück, durch das er zuletzt gekommen war. Er fand eine Frau, die das Kind in Pflege nahm. Aus seinem Gürtel nahm er einen Edelstein und vermachte ihn dem Kind, damit sein Leben gesichert sei. Doch dann ritt er weiter, seinen Freunden nach. Er fragte die Menschen nach dem Weg, denn den Stern hatte er verloren. Eines Tages erblickte er den Stern wieder, eilte ihm nach und wurde von ihm in eine Stadt geführt. Ein Leichenzug begegnete ihm. Hinter dem Sarg schritt eine verzweifelte Frau mit ihren Kindern. Coredan sah sofort, daß nicht allein die Trauer um den Toten diesen Schmerz hervorrief. Der Mann und Vater wurde zu Grabe getragen. Die Familie war in Schulden geraten, und vom Grab weg sollten die Frau und die Kinder als Sklaven verkauft werden. Coredan nahm den zweiten Edelstein aus seinem Gürtel, der eigentlich dem neugeborenen König zugedacht war. „Bezahlt, was ihr schuldig seid, kauft euch Haus und Hof und Land, damit ihr eine Heimat habt!" Er wendete sein Pferd und wollte dem Stern entgegenreiten. – Doch dieser war erloschen. Sehnsucht nach dem göttlichen Kind und tiefe Traurigkeit überfielen ihn. War er seiner Berufung untreu geworden? Würde er sein Ziel nie erreichen? Eines Tages leuchtete ihm sein Stern wieder auf und führte ihn durch ein fremdes Land, in dem Krieg wütete. In einem Dorf hatten Soldaten die Bauern zusammengetrieben, um sie grausam zu töten. Die Frauen schrien und Kinder wimmerten. Grauen packte den König Coredan. Zweifel stiegen in ihm auf. Er besaß nur noch einen Edelstein – sollte er denn mit leeren Händen vor dem König der Menschen erscheinen? Doch dies Elend war so groß, daß er nicht lange zögerte, mit zitternden Händen seinen letzten Edelstein hervorzuholen, um damit die Männer von dem Tode und das Dorf von der Verwüstung loszukaufen. Müde und traurig ritt Coredan weiter. Sein Stern leuchtete nicht mehr. Jahrelang wanderte er. Zuletzt zu Fuß, da er auch sein Pferd verschenkt hatte. Unterwegs bettelte er, half Schwachen, pflegte Kranke, überhaupt blieb ihm keine Not fremd.

Schließlich kam er eines Tages an den Hafen einer großen Stadt, als ein Vater seiner Familie entrissen und auf eine Galeere verschleppt werden sollte. Coredan flehte um den armen Menschen und bot sich selber an, anstelle des Unglücklichen als Galeerensklave zu arbeiten. Sein Stolz bäumte sich auf, als er in Ketten gelegt wurde. Jahre vergingen. Er vergaß, sie zu zählen. Grau war sein Haar, müde sein zerschundener Körper. Doch irgendwann leuchtete sein Stern wieder auf. Und was er nie zu hoffen gewagt hatte, geschah: Man schenkte ihm die Freiheit. An der Küste eines fremden Landes setzte man ihn aus. In dieser Nacht träumte er von seinem Stern, träumte von seiner Jugend, als er aufgebrochen war, um den König aller Menschen zu finden. Eine Stimme rief ihn: „Eile, Eile!“ Sofort brach er auf und kam an die Tore einer großen Stadt. Aufgeregte Menschen drängten ihn hinaus vor die Mauern. Angst schnürte ihm die Brust zusammen. Er schritt einen Hügel hinauf, auf dem oben drei Kreuze ragten. Coredans Stern, der ihn einst zu dem Kind führen sollte, blieb über dem Kreuz in der Mitte stehen, leuchtete noch einmal auf und war dann erloschen. Plötzlich warf ein Blitzstrahl den müden Greis zu Boden. „So muß ich also sterben“, flüsterte er in jäher Todesangst, „sterben, ohne dich gesehen zu haben? So bin ich umsonst durch die Städte und Dörfer gewandert wie ein Pilger, um dich zu finden, Herr?“ Seine Augen schlossen sich. Die Sinne schwanden ihm. Da traf ihn der Blick des Menschen am Kreuz, ein unsagbarer Blick der Liebe und Güte. Und vom Kreuz herab die Stimme: „Coredan, du hast mich getröstet, als ich jammerte, und mich gerettet, als ich in Lebensgefahr war, du hast mich gekleidet, als ich nackt war!“ Ein Schrei durchbebte die Luft – der Mann am Kreuz neigte das Haupt und starb. Coredan erkannte mit einem Mal: Dieser Mensch ist der König der Welt. Ihn habe ich gesucht in all den Jahren – er hatte ihn nicht vergebens gesucht, er hatte ihn doch noch gefunden.

Quelle: Nach einer russischen Legende

Wie schön leuchtet der Morgenstern
Philipp Nicolai

In Deutschland kämpfen Katholiken und Evangelische gegeneinander. Im Protestantismus beschimpfen sich die Vertreter der verschiedenen Schulmeinungen aufs gröbste. Zu alldem kommt die Pest.
Philipp Nicolais Leben (1556–1608, ist durch diese Konflikte bestimmt. Er studiert Theologie in Wittenberg, wird 1583 Pfarrer in Herdecke, kämpft sowohl gegen den Katholizismus als auch den Calvinismus, muß sein Amt verlassen und betätigt sich als heimlicher Lehrer einer evangelischen Untergrundkirche in Köln.
1588 beruft ihn die Gräfin von Waldeck wie schon seinen Vater zum Pfarrer und Hofprediger in Wildungen. Zugleich wird er Erzieher des jungen Grafen. Zwischen beiden entsteht eine herzliche Beziehung.
1596 wird Nicolai Pfarrer in Unna. Wieder kämpft er für das Luthertum und wetzt das Messer gegen Andersgläubige.
1597 und 1598 wütet in Unna die Pest. 1400 Menschen sterben. Philipp bleibt gesund. Er betet für die Sterbenden und sucht Trost für die Trauernden. 1598 stirbt sein fürstlicher Schüler in Tübingen an der Ruhr. Er ist gerade 15 Jahre alt.
Philipp Nicolai dichtet zu seinem Gedenken das Lied „Wie schön leuchtet der Morgenstern". Die Anfangsbuchstaben der sieben Verse sind die Anfangsbuchstaben des Fürstenkindes: Wilhelm Ernst Graf und Herr zu Waldeck.
Immer wieder nimmt Nicolai Bezug zu Psalm 45, jenem Lied zur Hochzeit des Königs. Inmitten des Sterbens und des Pestgeruchs dichtet der streitbare Lutheraner ein Liebeslied. Christus ist der himmlische Bräutigam, die gläubige Seele die irdische Braut. Die Liebe und die Treue Christi verbürgen ihr die Aufnahme ins himmlische Paradies und das himmlische Leben. Das ist sein Trost in der schweren Zeit.

LIED

GL 554, EG 70

Gott sei uns gnädig und segne uns,
er lasse uns sein Angesicht leuchten,
daß man auf Erden erkenne seinen Weg,
unter allen Heiden sein Heil.

Es danken dir, Gott, die Völker,
es danken dir alle Völker.
Die Völker freuen
sich und jauchzen,
daß du die Menschen recht richtest
und regierest die Völker auf Erden.

Es danken dir, Gott, die Völker,
es danken dir alle Völker.
Das Land gibt uns sein Gewächs;
es segne uns Gott, unser Gott!
Es segne uns Gott,
und alle Welt fürchte ihn!

(Ps 67,2–8)

9
Fastnacht und Karneval

Die närrische Zeit

Fastnacht ist die „närrische Zeit“: vom „schmotzigen“ Donnerstag bis Fastnachtsdienstag. Für viele beginnt sie jedoch am 11.11. um 11.11 Uhr. Das Wort „Fastnacht“ hat mit „fasten“ nichts zu tun. Die ursprüngliche alemannische Wortform geht zurück auf das Wort „faseln“, Unsinn treiben (vasnaht; schwäbisch fasnet). Das Wort „Karneval“ wird oft auf den Ruf „carne vale“ (= Fleisch leb wohl), zurückgeführt, was ein Hinweis auf die folgende Fastenzeit wäre. Karneval dürfte jedoch eher von dem Wort „carne levale“ (= Fleischwegnahme) stammen oder von „carrus navalis“ (= Schiffskarren), mit dem nach heidnischem Glauben die Götter der Fruchtbarkeit ihren Einzug hielten. Heute haben Karnevalswagen beim Faschingsumzug oft die Form eines Schiffes.
Der Ursprung der närrischen Fastnacht reicht weit vor die christliche Zeit zurück. Die Menschen freuten sich über das Ende des langen und entbehrungsreichen Winters und trieben zum Frühjahrsbeginn mit schrecklichen Masken und unter Lärmen die vermeintlichen Wintergeister aus. Zugleich wurde mit dem farbenprächtigen Treiben der bevorstehende Frühling begrüßt. Mit Schellen und mit knallenden Peitschen sollten die segenspendenden Fruchtbarkeitsgeister aufgeweckt werden. Das Brauchtum an Fastnacht ist außerordentlich vielfältig. Vor allem Schmalzgebackenes (Krapfen, Berliner), das früher mit dem letzten Schmalz aus den Wintervorräten ausgebacken wurde, ist beliebt. Außerdem gehört in vielen Gegenden auch die Schlachtplatte mit Frischgeschlachtetem dazu.
Der „Rosenmontag“ hat nichts mit Rosen zu tun. „Rosen“ ist eine andere Form des Wortes „rasen“ und bedeutet soviel wie tollen, ausgelassen sein. Der Rosenmontag ist einfach der „tolle Montag“. Der schmotzige oder auch schmutzige Donnerstag ist der Tag der Altweiberfastnacht. An diesem Tag erstürmen in manchen Städten die Frauen die Rathäuser und ergreifen symbolisch die Macht. Sie verkleiden sich und tun, was ihnen Spaß macht. Das Wort „schmutzig“ kommt von „schmotzig“ und heißt soviel wie fett. Der „schmotzige“ Donnerstag ist der fette Donnerstag, an dem die Fastnachtsküchle gebacken werden. Christen, die sich mit der Fastnacht schwertun, seien daran erinnert, daß Freude wesentlich zum christlichen Glauben gehört und gerade Christen in der Lage sein sollten, über sich selbst und über andere herzhaft lachen zu können. Zur Fastnacht gehört seit altersher das Verkleiden. Einst erlaubten die Fürsten, Herren und Könige ihren Untertanen, für ein paar Tage so zu sein, wie sie es wollten. So verkleideten diese sich als Herren, Könige, Prinzen und Prinzessinnen. Sie gingen aus sich heraus, um sich selbst zu finden. Sie spielten verrückt, um nicht verrückt zu werden. Für einige Tage entstand so eine Welt der umgedrehten Werte; eine Welt, in der die

letzten die ersten waren und die ersten die letzten. Man setzte Masken auf, um Masken herunterzureißen. Das Wort „Narr“ kommt vielleicht aus dem spätlateinischen „narrio“. Es ist einer, der die Nase rümpft, einer, der spottet über Gott und die Welt.
Das Bild des Narren wurde geprägt von dem Hofnarren, der immer auf lustige Weise in Frage stellte, was ganz selbstverständlich zu sein schien. Der Narr will durch sich selbst vor Augen führen, daß der Mensch im Grunde selber ein Narr ist, ein Tor, der sich blenden läßt von äußerem und schönem Schein. Durch die Narren werden vor allem die Mächtigen verspottet. Der Narr hält ihnen einen Spiegel vor die Augen und sagt ihnen ganz ungeschminkt die Wahrheit. In alemannischen Gebieten ist es Brauch, in der Fastnachtszeit andere Menschen verkleidet zu besuchen und ihnen zumindest einmal im Jahr offen die Wahrheit zu sagen und die Augen für sich selbst zu öffnen. Doch auch im Christentum gibt es den Narren. Der „Narr in Christus“ ist nach Paulus (vgl. 1. Kor 1,18; 2. Kor 11,18 f.) eine Erscheinungsform des Glaubens. Jesus war ein Narr, der gemessen an den Maßstäben seiner Zeit nicht „normal“ war. Er entsprach nicht der Norm. In der Geschichte der Kirche gab es immer wieder „Narren“, die die Rolle Jesu weiterspielten und Konventionen auf den Kopf stellten. Es waren Menschen, die sich von den herrschenden Mächten nicht beeindrucken ließen und eine heitere Gelassenheit lebten. Franz von Assisi war beispielsweise ein solcher „Narr“.
Auch die Juden feiern eine Art Karneval. Etwa im März begehen sie das Purimfest (Losfest). Es erinnert an die Errettung ihrer Vorfahren in der persischen Diaspora (Zerstreuung), wie sie im Buch Esther beschrieben wird. Purim heißt eigentlich Los. Dies spielt auf das Los an, das der Großwesir Haman werfen ließ, um herauszufinden, an welchem Tag er die Juden in Persien überfallen und ausrotten sollte. Es fiel auf den 13. Tag des 12. Monats. Da der Anschlag durch die jüdische Frau des Königs Ahasveros, Esther, verhindert wurde, feiern die Juden an diesem Tag ein Freudenfest.

Rätsel

Kurz, rund, bunt, voller Blut, im Sommer ich entstehe.
Im Winter komm ich nicht, auf einem Bein ich gehe;
auswendig bin ich weich, inwendig bin ich hart,
rat zu, was ist das doch für wunderbare Art? (Die Kirsche)

Je mehr man davon tut, desto größer wird's,
je mehr man dazu tut, desto kleiner wird's. (Das Loch)

Weinrotes Gärtlein, ein weißes Geländer:
Es regnet nicht hinein, es schneit nicht hinein
und ist doch immer naß. (Der Mund)

Mit den Augen kann man's sehen,
aber nicht mit den Händen greifen. (Der Schatten)

Ein armer Tropf
Hat ein Hut und keinen Kopf und hat dazu nur einen Fuß
und keinen Schuh. (Der Pilz)

Das Urteil des Narren

Ein armer Mann, ein Bettler, kam in ein Wirtshaus, dort briet man einen großen Braten am Spieß. Der arme Mann hatte ein Stück Brot, das hielt er zwischen den Braten und das Feuer, so daß das Brot etwas von dem Geschmack des Bratens annahm. Der arme Mann aß sein Brot und wollte dann wieder fortgehen. Da rief der Wirt: „Erst zahlen." Der arme Mann sagte: „Ihr habt mir doch nichts zu essen und zu trinken gegeben, was soll ich denn bezahlen?" „Du hast", antwortete der Wirt, „dich vom Geschmack des Bratens gesättigt. Das sollst du mir bezahlen." Sie kamen miteinander vor Gericht. Nun hatte einer der Gerichtsdiener einen Narren daheim, und die Sache wurde bei Tisch besprochen. Da sagte der Narr: „Der arme Mann soll den Wirt mit dem Klang des Geldes bezahlen, denn er ist durch den Geschmack des Bratens gesättigt worden." Dieses gerechte Urteil, das der Narr gefunden hatte, wurde vom Gerichtshof anerkannt, und bei diesem Urteil blieb es.
Merke: Narren sind oft klüger.

Der besiegte Teufel

Durch Geräusche, die aus dem Bad kommen, werde ich wach. Ich schaue auf den Wecker: 5.30 Uhr zeigt er an. Plötzlich bin ich hellwach, und ich springe aus dem Bett. Im Badezimmer steht Judith mit aufgekrempelten Pyjamaärmeln und über die Knie hochgezogenen Hosenbeinen. Sie versprüht gerade Unmengen von Haarspray und schaut mich triumphierend an.

„Um Gottes willen, Judith! Was machst du da?" Ich bin entsetzt und reiße das Fenster auf. „Bin schon fertig!" sagt sie.
„Womit denn? Und warum versprühst du mein Haarspray?"
„Ich muß sprayen! Und fertig bin ich mit dem Putzen!" antwortet sie siegreich.
„Judith, alle schlafen noch. Du solltest doch auch im Bett sein! Warum mußt du um diese Zeit schon putzen?"
Ich nehme sie an der Hand und gehe mit ihr in die Küche. Sie kuschelt sich an mich und erzählt: „In der Dusche ist der Teufel gesessen und hat mich immer erschreckt. Und er hat fürchterlich gestunken!"
„Hast du das geträumt?" frage ich vorsichtig. „Ja!"
„Erzähl mir deinen Traum, Judith!" Sie legt ihren Kopf auf meinen Schoß, und ich streichle ihr Haar, während sie berichtet:
„Zuerst habe ich mich sehr gefürchtet, aber dann bin ich zu dem Teufel hin und hab ihm gesagt, daß er mir ja gar nichts tun kann. Daraufhin hat er mich ausgelacht. Er hat sich gebogen vor Lachen. Es war grausig, Mama! Und dann ist mir aufgefallen, daß er vor lauter Lachen die Augen zu hat. Ich habe ihn ganz schnell gefesselt und habe ihn dann gezwungen, in den Spiegel zu schauen. Das wollte er nicht! Aber er mußte, weil ich es wollte! Und dann ist er auf einmal verschwunden. Nur gestunken hat es immer noch!"
„Hast du gewußt, daß er verschwinden muß, wenn du ihn zwingst, in den Spiegel zu schauen?"
„Ja! Ich weiß aber nicht genau, warum ich das gewußt habe!"
„Ich bin froh, daß es dir eingefallen ist!" antworte ich Judith und nehme sie in den Arm.
„Ich bin dann aufgestanden, habe die Dusche geputzt und gesprayt, damit ihr vom Teufel nichts mehr merkt und riecht. Brr, er hat wirklich fürchterlich gestunken!" Sie schüttelt sich.
„Judith, du warst sehr mutig! Ich bin stolz auf dich!"
„Der ist erledigt! Ich fürchte mich nie mehr vor ihm!"

Marianne Sedivy: Über Gott und Gummibärchen, Herder/Spektrum Bd. 4464. Verlag Herder, Freiburg 1996

Masken

In einem Aufsatz mit dem Titel „Carneval“ schrieb einmal ein Schüler:

„Jedermann setzt sich eine Maske auf, damit er endlich einmal mitten unter den vielen anderen er selbst sein kann.“ Der Schüler beendete den Aufsatz mit folgenden Gedanken: „Endlich am frühen Morgen trottet dann jedermann nach Hause. Vor der Tür wirft er dann seine Maske in den Straßengraben, und dann beginnt erst der richtige Carneval.“

Denn ich trage tausend Masken; Masken, die ich fürchte abzulegen. Und keine davon bin ich.
Laß dich durch mein Gesicht nicht täuschen!
Laß dich nicht von mir narren!

Das gefällt Gott

Rabbi Baruka erging sich oft auf dem Marktplatz von Lapet. Dort erschien ihm eines Tages der Prophet Elia. Rabbi Baruka sprach ihn an: „Gibt es unter den vielen Menschen hier einen einzigen, der Anteil an der kommenden Welt haben wird?"
Der Prophet Elia antwortete: „Unter den Massen von Menschen gibt es nur jenen dort, der gerettet werden wird." Und der Prophet zeigte auf den Spaßmacher, der die Leute köstlich unterhielt. Rabbi Baruka ging auf diesen zu und fragte ihn: „Was tust du denn, durch was machst du dich nützlich?" Der Mann antwortete ihm: „Ich bin nur ein Gaukler. Wenn ich jemand sehe, der traurig ist, dann versuche ich, ihn zu erheitern und froh zu machen. Wenn ich Menschen sehe, die streiten, versuche ich, sie wieder zusammenzubringen und zu versöhnen. Wenn ich Leute sehe, die sich viel einbilden und stolz sind, dann versuche ich, ihnen einen Spiegel vorzuhalten, damit sie sich recht erkennen. Wenn ich einem Menschen begegne, der im Herzen böse ist, dann versuche ich ihn umzustimmen und besser zu machen." Rabbi Baruka wurde nachdenklich: „Das also gefällt Gott! Und das wird er mit Wonne und Seligkeit belohnen."

Rabbinische Geschichte

Aus: Reinhard Abeln/Anton Kner, Du bist nicht allein. Wege aus der Einsamkeit. Kanisius Verlag, Freiburg/Schweiz

Sich ein wenig verkleiden

Die Wahrheit ging durch die Straßen, ganz nackt, wie am Tag ihrer Geburt. Kein Mensch wollte sie in ihr Haus einlassen. Jeder, der sie traf, flüchtete voller Angst vor ihr. Eines Tages ging die Wahrheit wieder in Gedanken versunken durch die Straßen. Sie war sehr betrübt und verbittert. Da begegnete sie dem Märchen. Das Märchen war geschmückt mit herrlichen, prächtigen und vielfarbigen Kleidern, die jedes Auge und jedes Herz entzückten. Da fragte das Märchen die Wahrheit: „Sage mir, geehrte Freundin, warum bist du so bedrückt und drehst dich auf den Straßen so betrübt herum?“ Da antwortete ihm die Wahrheit: „Es geht mir sehr schlecht. Ich bin alt und betagt, und kein Mensch will mich kennen.“ Hierauf erwiderte das Märchen: „Nicht, weil du alt bist, lieben dich die Menschen nicht. Auch ich bin sehr alt, und je älter ich werde, desto mehr lieben die Menschen mich. Siehe, ich will dir das Geheimnis der Menschen enthüllen. Sie lieben es, daß jeder geschmückt ist und sich ein wenig verkleidet. Ich will dir solche Kleider borgen, mit denen ich angezogen bin, und du wirst sehen, daß die Leute auch dich lieben werden.“ Die Wahrheit befolgte diesen Rat und schmückte sich mit den Kleidern des Märchens. Seit damals gehen Wahrheit und Märchen zusammen, und beide sind bei den Menschen beliebt.

Jüdisches Märchen

„Die Wahrheit und das Märchen“
Aus: Neue Jüdische Märchen. Hg. von Israel Zwi Kanner. © Fischer Taschenbuch Verlag GmbH, Frankfurt am Main 1978

Nun danket alle Gott
Martin Rinckart

„Nun danket alle Gott" wird von Martin Rinckart im Jahr 1630, mitten im Dreißigjährigen Krieg, gedichtet. In einem anderen Lied von Rinckart sind die Schrecken des großen Krieges direkt zu spüren.
„Vater unser der Elenden,/willst du uns kein Brot mehr geben?/ Wovon sollen wir denn leben?/ Freund und Feind verheert das Land."
Ein großer Teil der deutschen Bevölkerung hungert, Krankheiten und Seuchen toben. „Freund" wie „Feind", verwüsten, morden und plündern. Ein Zeitgenosse schildert: „Hunde und Katzen wurden geschlachtet und das Aas von den Schindangern geholt. Als einmal eine Krähe von des Bürgermeisters Haus heruntergefallen war, wurde der Zulauf bald so groß, daß mehr als vierzig Personen sich um die tote Krähe rissen. Besonders wenn der Abend anbrach, hätte es oft einen Stein erbarmen können, wie das arme Volk winselte und die Nacht über schrie und bat. Sie schrien um ein Stück Brot oder um einen Trunk Wasser, daß man froh war, wenn es wieder Tag wurde ..."
Martin Rinckart (1586–1649) ist in dieser Zeit Pfarrer in der sächsischen Stadt Eilenburg. In seiner Gemeinde sind Häuser und Scheunen verwüstet, in den Straßen liegt meterhoch der Mist, viele Menschen aus dem umliegenden Land sind in den Schutz der Stadt geflohen. Als dann die Pest ausbricht, bleibt Rinckart als einziger Prediger in der Stadt. Fast 5000 Pestopfer muss er beerdigen, darunter auch seine Frau und seinen Bruder. Er wettert gegen Wucherer und Ausbeuter, sein eigenes Vermögen legt er in Mehl für die Hungernden an.
1630 dichtet er „Nun danket alle Gott" als Danklied nach dem Essen. In seinem Leid schaut Rinckart auf Sirach 50,24–26: „Nun danket alle Gott, der große Dinge tut an allen Enden, der uns von Mutterleib an lebendig erhält und uns alles Gute tut. Er gebe uns ein fröhlich Herz und verleihe immerdar Frieden zu unsrer Zeit in Israel und daß seine Gnade stets bei uns bleibe und uns erlöse, solange wir leben."

1. Nun dan - ket al - le Gott mit Her - zen,
der gro - ße Din - ge tut an uns und
Mund und Hän - den,
al - len En - den,
der uns von Mut - ter -
leib und Kin - des - bei - nen an un -
zäh - lig viel zu - gut bis hier - her hat ge - tan.

EG 321, GL 266

Gott möge bei dir auf deinem Kissen ruhen,
dich schützend in seiner hohlen Hand halten.

Deine Wege mögen dich aufwärts führen,
freundliche Wetter begleiten deinen Schritt.
Wind stärke dir deinen Rücken –
und mögest du längst im Himmel sein,
wenn der Teufel bemerkt, daß du fort bist.

Irischer Reisesegen

10
Fastenzeit

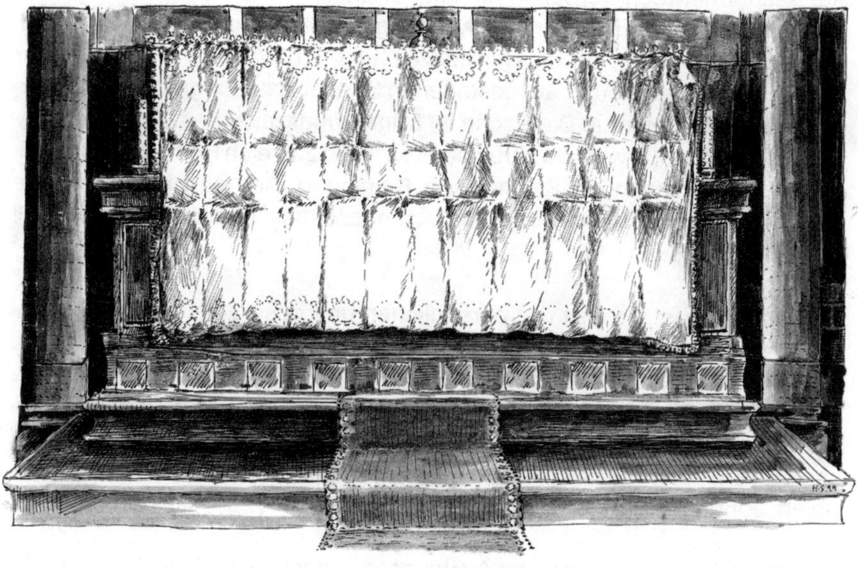

Fastenzeit

Die Fastenzeit beginnt am Aschermittwoch und dauert 40 Tage bis zum Karsamstag. Diese 40 Tage sind gleichzeitig eine Zeit des Fastens und ein Aufruf zur Buße und Umkehr. In der alten Kirche waren diese 40 Tage die Zeit der Taufvorbereitung, die dann in der Osternacht erfolgte, und eine Bußzeit, in der sich Büßer auf die Wiederaufnahme in die kirchliche Gemeinschaft am Gründonnerstag vorbereiteten.

Am Aschermittwoch werden in der katholischen Kirche die Palmzweige des letzten Palmsonntages verbrannt. Mit der geweihten Asche wird den Gläubigen ein Aschenkreuz auf die Stirn gezeichnet. Früher erhielten die aus der kirchlichen Gemeinschaft ausgestoßenen Sünder das Bußgewand und wurden mit Asche bestreut. Die Asche ist Erinnerungszeichen der Vergänglichkeit („... zum Staube wirst du zurückkehren") und zugleich Hoffnungszeichen. Asche ist aber auch ein Zeichen der Reinigung. Aus Asche wurde Seife gemacht. Altes, Verbrauchtes und Verschmutztes sollen vergehen, Neues soll werden.

Die Fastenzeit ist die Zeit der persönlichen und gesellschaftlichen Erneuerung. In der sogenannten „geschlossenen Zeit" gab es keinen Tanz, keine festliche Hochzeit. Die Zünfte hielten ihre Jahresversammlungen. Auch die Natur erneuerte sich. Am Sonntag Laetare wurden die ersten Blüten gesegnet. Daher stammt der Brauch, daß der Papst eine duftende Rose segnete und verschenkte. Die liturgische Farbe war an diesem Fastensonntag nicht violett, sondern rosa.

Das Bestreuen des Hauptes mit Asche ist seit altersher ein Zeichen der Buße (in Sack und Asche gehen) und Umkehr. Deshalb lädt die 40tägige Fastenzeit ein zu Besinnung, Umkehr und Verzicht. Die Frage ist zum einen, ob wir alles brauchen, was wir haben und verbrauchen. Die Frage ist zum anderen, wer auf unseren Verzicht und unsere Hilfe angewiesen ist. Fasten ist so ein Zeichen der Nächstenliebe.

Seit einigen Jahren ruft die evangelische Kirche in der Passionszeit zur Aktion „Sieben Wochen ohne" auf. Jeder der mitmacht, soll bis zum Ostersonntag freiwillig auf Gewohnheiten und Abhängigkeiten verzichten (beispielsweise Alkohol, Zigaretten, Süßigkeiten, Fleisch), Neid und Lieblosigkeiten sollen in dieser Zeit besonders vermieden werden. Mit „Durchhaltebriefen" und Andachten werden die Teilnehmer gestärkt. In der katholischen Kirche findet die Fastenaktion Misereror (= mich erbarmt) statt. Sie wurde 1958 von der Deutschen Bischofskonferenz ins Leben gerufen. Die katholischen Christen sorgen mit ihrer Spende dafür, daß sich die äußeren Lebensbedingungen der Menschen in der Dritten Welt ändern.

Fasten spielt, wie in fast allen Religionen, auch im Islam eine wichtige Rolle. Neben dem Aussprechen des Glaubensbekenntnisses, dem Gebet, der Armensteuer und der Pilgerfahrt nach Mekka gehört das Fasten zu dem Grundpflichten eines jeden Moslems. Im neunten Monat des islamischen Kalenders ist Ramadan, Fastenzeit.
Das Fasten beginnt in der Morgendämmerung und endet mit dem Sonnenuntergang. Während dieses Zeitraums, der bis zu 20 Stunden währen kann, verzichten die erwachsenen Moslems auf Nahrung, Getränke und Genußmitteln. Kinder und Kranke sind vom Fasten befreit. Reisende und schwangere Frauen können das Fasten aufschieben. In den Nachtstunden darf gegessen werden. Während des Fastenmonats Ramadan feiern Moslems die „Nacht der Macht“, in der nach islamischem Glauben der Koran herabgesandt wurde. Höhepunkt und Abschluß der Fastenzeit ist das „Fest des Fastenbrechens“ (Id al-Fitr). Kinder bekommen an diesem Tag vielerlei Süßigkeiten.

Die Zahl 40 ist in der Bibel eine symbolische Zahl. 40 Tage fastete Jesus in der Wüste, weilte Mose auf dem Berg Sinai, ist Elia auf dem Weg zum Berg Horeb. 40 Jahre ist das Volk Israel auf dem Weg durch die Wüste. Die Zahl 40 verweist jedesmal auf eine Zeit der Vorbereitung, des Übergangs und der Buße.

Um 1000 kam in Europa der Brauch auf, während der Fastenzeit den Altarraum durch ein großes Tuch abzutrennen und so den Blick auf den Ort der Eucharistie zu verhindern. Da dieses Tuch in der Zeit des strengen Fastens aufgehängt wurde, nannte man es „Hungertuch“. Dieses Tuch wurde erst wieder am Karmittwoch entfernt. Es sollte darauf hinweisen, daß die Gottheit Christi und die Herrlichkeit Gottes in der Leidenszeit verhüllt sind.

Seit dem 14. Jahrhundert begann man das schmucklose Tuch mit Bildern und Symbolen der Passion Christi zu schmücken. Es sollte als Bilderbibel wirken und zu Meditation Gelegenheit geben. Heute wird dieser Brauch wieder aufgenommen. Vor allem Künstler der Dritten Welt gestalten solche Hungertücher.

Der Wunsch zu fliegen

Zu einem alten weisen Mann kam eines Tages ein Kind und erkundigte sich, ob es fliegen lernen könne. „Jeder, den ich gefragt habe, hat mich ausgelacht und gesagt, fliegen können nur die Vögel, die Flügel haben, oder allenfalls die Engel im Himmel“, sagte das Kind enttäuscht.
Der alte weise Mann lächelte und erwiderte, auch der Mensch könne fliegen, wenn er nur die Vorschriften beachte.
Das Kind sah ihn ungläubig an ...
Der Weise lächelte. „Sag mir, welche Dinge dir gehören und dir viel bedeuten.“
Das Kind begann aufzuzählen: „Mein Fahrrad, mein Fernsehapparat, meine Möbel, meine Bücher, meine Kleider, meine Schallplatten, meine Kassetten, mein Aquarium, meine Briefmarkensammlung, meine ...“
„Es ist genug“, unterbrach der Weise das Kind. „Hast du auch Wünsche für morgen, wenn du erwachsen bist?“
„Viele!“ rief das Kind. „Zum Beispiel wünsche ich mir ein Auto, wenn ich größer bin, ein gemütliches Haus, einen Garten voller Blumen, ein ...“
„Es genügt“, sagte der weise Mann. „Wärst du bereit, deine Wünsche zu vergessen – nur den einen nicht, nämlich das Fliegen?“
Das Kind schwieg einen Augenblick, es legte die Stirn in Falten und dachte nach. „Nein“, sagte es dann zögernd und leise, „ich glaube nicht, daß ich auf meine Wünsche verzichten möchte. Sie gehören doch zum Leben, und alle haben sie.“
„Ja“, nickte der alte weise Mann, „alle haben sie, und keiner kann auf den Luxus dieser Welt verzichten. Deshalb, mein Kind, deshalb kann deine Seele auch nicht fliegen ...“

Wer fastet, lernt fliegen!

Hermann Mülhaupt

Mut zur Umkehr

Mahatma Gandhi berichtet aus seinem Leben: „Ich war 15 Jahre, als ich einen Diebstahl beging. Weil ich Schulden hatte, stahl ich meinem Vater ein goldenes Armband, um die Schulden zu bezahlen. Aber ich konnte die Last meiner Schuld nicht ertragen. Als ich vor ihm stand, brachte ich vor Scham den Mund nicht auf. Ich schrieb also mein Bekenntnis nieder. Als ich ihm den Zettel überreichte, zitterte ich am ganzen Körper. Mein Vater las den Zettel, schloß die Augen und dann - zerriß er ihn. ‚Es ist gut', sagte er noch. Und dann nahm er mich in die Arme. Von da an hatte ich meinen Vater noch viel lieber."

Quelle: unbekannt

Fasten ist ein Zeichen geschwisterlicher Solidarität mit den Ärmsten der Welt. Zum Fasten gehört die Gabe für die Hilflosen, für die, die nicht das Lebensnotwendige haben. Fasten ist Verzicht, beispielsweise für den „Gast am Tisch", an den die leere Schale erinnert.

Fastenzeit

Zeit der Stille und Besinnung,
Zeit der Selbstbeschränkung,
Zeit der Vorfreude auf Ostern.
Fasten, Herr, hast du
nicht an kleinlichen Opfern gemessen,
nicht am griesgrämigen Gesicht,
nicht am hungrigen Magen.
Fasten ist anders:
sich lösen aus eingefahrenen Wegen,
aus der Eintönigkeit des Immergleichen,
Abstand nehmen von eingeschliffenen Fehlern.
Fasten heißt auch:
nicht alles an den eigenen Bedürfnissen messen,
mit Herz und Verstand des anderen
denken und fühlen,
die Diktatur des Habens durchbrechen,
frei werden vom Ballast des Konsums.

Herr, laß mich in diesen Wochen
mehr zu mir selbst und näher zu dir finden.
Gib mir einem nüchternen Blick
für die Wirklichkeit des Lebens.
Hilf mir, zu leben aus dem Bewußtsein,
daß Fastenzeit herausruft:
aus dem Dunkel zum Licht,
aus der Oberflächlichkeit zu tieferem Glauben,
aus der Schuld zur Verzeihung,
aus dem Streit zum Frieden,
aus der Trauer des Karfreitags zur Freude
des Ostertages. Amen.

(gekürzt)
P. Franz Vaith

Das Fasten des Holzschnitzers

Khing, der Meisterschnitzer, schnitt einen Glockenständer aus kostbarem Holz. Als er fertig war, meinten alle, die ihn sahen, das sei das Werk der Geister, so Schönes könne einem Menschen nicht gelingen. Der Fürst von Lu fragte den Schnitzer: „Hast du ein Geheimnis?"

Khing erwiderte: „Ich bin ein Handwerker und habe kein Geheimnis. Es ist einfach so: Als ich über das Werk nachzudenken anfing, das du mir aufgetragen hattest, sammelte ich meinen Geist, dachte nicht mehr an Kleinigkeiten, die am Rande liegen.
Ich fastete, damit mein Inneres zur Ruhe käme. Nach drei Tagen strengen Fastens hatte ich Lohn und Erfolg vergessen. Nach fünf Tagen spürte ich meinen Körper nicht mehr und keines meiner Glieder.
Ich wußte nicht mehr, daß ich am Hofe Eurer Hohheit war. Alles, was mich von der Arbeit ablenken konnte, war fortgetilgt. Ich war auf den einen Punkt hin gesammelt: den Glockenständer.
Dann ging ich in den Wald und sah mir die Bäume an, wie sie gewachsen waren. Als ich dann den einzig richtigen Stamm erblickte, war die Figur des Glockenständers schon in ihm, ganz klar und rein. Ich ging an die Arbeit, und die Form des Glockenständers schälte sich wie von selbst heraus. Hätte ich nicht jenen bestimmten Baum erblickt, gäbe es diesen Glockenständer nicht. Was eigentlich geschah? Mein einziger gesammelter Gedanke traf auf die verborgene Gestalt im Holz. Aus dieser Begegnung erwuchs das Werk, das ihr den Geistern zuschreibt."

Aus: Thomas Merton, Sinfonie für einen Seevogel

Versteckte Weisheit im Fasten

Es war einmal eine junge Frau, die war sehr verzweifelt und wollte ihrem Leben ein Ende machen. Sie wollte so lange nichts mehr essen, bis der Tod käme, sie zu holen.
So ging sie zu einem alten Weisen und erzählte ihm von ihrer Absicht, bis zum Tod zu fasten. Der Weise nickte zustimmend und meinte: „Das wird ein schöner Tod werden.“ Das war alles. Die Frau wunderte sich sehr, daß er sie so gelassen in den Tod gehen ließ und daß er gar nicht versuchte, sie von ihren Plänen abzubringen. Insgeheim hatte sie wohl gehofft, daß er sie zurückhalten würde. Aber er tat nichts desgleichen.

So begann sie denn zu fasten. Und wie es meistens so geht beim Fasten: In ihrem Inneren geschahen viele schöne Veränderungen, die sie täglich aufs neue überraschten. Ihr Körper und ihre Seele wurden gereinigt und fühlten sich von Tag zu Tag reiner und wohler. Gelegentlich stieg ein Gefühl der Traurigkeit in ihr hoch, ein unerklärlicher seelischer Schmerz, aber es war eigentlich ein schöner Schmerz. Es war ein Gefühl von Liebe und Sehnsucht. So fastete sie schon über zwei Wochen und erlebte immer tiefere und angenehmere Gefühle. Nach drei Wochen war der Schmerz vorbei, und sie fühlte ihr Herz überströmen von Glück und von Sehnsucht. Es war Sehnsucht nach Leben.
Und so beschloß sie denn, wieder zu leben, doch diesmal wirklich zu leben.

Aus: Wandzeitung, Transparent. Fastenzeit 1988, Erzbistum Köln

Wer leben will wie Gott auf dieser Erde
Huub Osterhuis

Es ist in der Karwoche 1961. Der Studentenseelsorger Huub Oosterhuis feiert in der Amsterdamer Studentenekklesia mit den Studenten Gottesdienst. Im Evangelium hören sie den Text nach Johannes 12,20–33. Anschließend sprechen sie gemeinsam über die Aussagen Jesu und über seinen eigenen Tod. Sie fassen zusammen: Leben entsteht aus Sterben, nur Sterben führt zum Leben. Alles Lebendige ist dem Tod verfallen, hierbei ist es dazu bestimmt, im Sterben anderen zu dienen. Der Träger des Lebendigen ist Gott. Der gewaltsame Tod Jesu Christi ist die Liebe bis zum Letzten - eine Lebensmöglichkeit für alle Menschen, die ihm nachfolgen. Das ist die Geburtsstunde des Liedtextes „Wer leben will wie Gott auf dieser Erde".

Die Melodie dieses Liedes geht auf ein altes holländisches Volkslied von Henri de Coussemakers (1856) zurück. Schon lange sucht Huub Oosterhuis Weisen für seine Liedtexte. Immer wieder trifft er sich mit dem Sammler alter Volkslieder, Jop Pollmann. Er ist sich sicher, daß die Einführung der Landessprache mehr bedeutet als den Übergang vom Lateinischen zum Holländischen: „Die ganze Formensprache unseres Gottesdienstes ist davon betroffen, die kirchliche Architektur, die liturgische Musik und die Regie der Feier." Seine Überzeugung, daß man die alten Melodien in der Liturgie verwenden kann, ist so groß, daß er mit Jop Pollmann eine Wette eingeht. „Diese Lieder werden immer wieder gesungen werden." Jop Pollmann glaubt das nicht. Huub Oosterhuis hat recht und gewinnt die Wette.

GL 183
Verlag Herder, Freiburg

Keinen Tag soll es geben,
an dem du sagen mußt:
Niemand ist da, der mich hält.

Keinen Tag soll es geben,
an dem du sagen mußt:
Niemand ist da, der mich schützt.

Keinen Tag soll es geben,
an dem du sagen mußt:
Niemand ist da, der mich liebt.

Der Friede Gottes,
der höher ist als alle Vernunft,
bewahre dein Herz und alle deine Sinne
in Jesus Christus, unserem Herrn.

11
Passionszeit

Passionszeit

Das Wort „Passion" kommt aus dem Lateinischen und bedeutet „Leiden". Die Passionszeit erinnert an das Leiden Jesu, seine Gefangennahme und seinen Tod.

Als Passionszeit versteht man die Zeit vom 5. Fastensonntag (Judica) bis zum Auferstehungstag. Höhepunkt der Passionszeit ist die Karwoche, die heilige Woche, die in der orthodoxen Kirche „Große Woche" genannt wird. Das „kar" kommt von dem althochdeutschen Wort „kara", d.h. Sorge, Klage, Kummer. Die Karwoche beginnt mit dem Palmsonntag, der seinen Namen von den Palmzweigen hat, mit denen Jesus beim Einzug in Jerusalem als König begrüßt wurde. In Palmprozessionen wird mancherorts eine Holzfigur des auf dem Esel reitenden Herrn mitgeführt. Diese Holzfigur unterstreicht Jesus als Mann des Friedens. Zum Palmsonntag gehören Gebinde aus Palmkätzchen und anderen „Palmen" wie Buchsbaum, Immergrün, Wachholder, Haselzweigen, Stechpalmen mit roten Beeren, die mit Gebildbroten, Eiern, Früchten, Seidenbändern oder Kreuzen behängt sind. Sie werden bei der Prozession zum Zeichen der Huldigung an Christus von den Gottesdienstbesuchern getragen, und nach dem Gottesdienst mit nach Hause genommen, wo sie hinter das Hauskreuz, unter den Dachfirst oder in die Felder und Wiesen gesteckt werden mit dem Vertrauen der Menschen auf Gott, der Haus, Hof und deren Bewohner beschützen möge.
Jeder Tag in der Karwoche hat ein biblisches Thema: Montag die Salbung in Betanien; Dienstag die Ankündigung des Verrats und der Verleugnung des Petrus; Mittwoch der Verrat des Judas und das letzte Abendmahl; „Gründonnerstag" hat die Einsetzung des Abendmahls, die Gefangennahme Jesu im Garten Gethsemane, das Verhör vor dem Hohen Rat und die Verleugnung des Petrus zum Thema.
Das Wort „grün" kommt von „greinen"= weinen (mhd. gronan). Am Gründonnerstag wurde der „greinende" Büßer wieder in die Kirchengemeinschaft aufgenommen. An diesem Tag wird heute wieder der alte Sinn der Fußwaschung lebendig: Der Mächtige, in einem hohen Amt Stehende, verrichtet die Dienste eines Sklaven, d.h. er versteht seine Macht, seinen Ruhm, sein Amt als Dienst am Bruder. Katholische Bischöfe weihen an Gründonnerstag die heiligen Öle, die zur Taufe, zur Krankensalbung, zur Firmung und zur Priesterweihe benutzt werden (Chrisam-Messe). Nach dem Gloria verstummen die Glocken, die Orgel und die Schellen der Ministranten aus Gründen der Trauer. In manchen Gegenden laden die Ministranten durch „Ratschen" – „Klappern", „Rasseln" – zu den Gottesdiensten bis Ostern ein. Der Altar wird

nach der Eucharistiefeier ganz abgeräumt.
Die am Gründonnerstag gelegten Eier, die sogenannten „Antlaßeier" (mhd: antlàz = Ablaß oder Befreiung), haben ihren Namen wohl von der Befreiung der öffentlichen Büßer, die an diesem Tag erfolgte. So haben diese Eier eine besondere Segenskraft. Sie bleiben (nach dem Volksglauben) das ganze Jahr frisch.
Am Karfreitag gedenkt man, daß Jesus verspottet, geschlagen und getötet wurde und für die Menschen den Erlösungstod gestorben ist. Er steht hier auch stellvertretend für alle unterdrückten Menschen. Das Fasten an diesem Tag ist ein Trauerfasten.
Am Karfreitag pilgern viele Christen in Jerusalem über die Via dolorosa, die Straße der Schmerzen, und folgen dem Kreuzweg Jesu mit seinen 14 Stationen. In jeder katholischen Kirche ist ein solcher Kreuzweg abgebildet und lädt ein zu Besinnung und Gebet. Heute gehen viele Jugendliche in der Karwoche den „Jugendkreuzweg". Sie folgen Jesus auf seinem Kreuzweg und lassen sich dabei an das vielfache Leid in aller Welt erinnern. Karsamstag ist die Zeit der 40stündigen (!) Grabesruhe.
Karfreitagsglaube: Am Karfreitag wird mit dem Säen begonnen in der Meinung, daß auf Samen, der mit dem Herrn in die Erde kommt, ein besonderer Segen liege. Wenn es auf Karfreitag regnet, gibt es den ganzen Sommer über keinen Regen. Wer sich am Karfreitag des Wassertrinkens enthält, bekommt den ganzen Sommer über keinen Durst. Eier, Brot und Wasser sind am Karfreitag heilkräftig, das Karfreitagsbrot schimmelt erst, wenn der Geber untreu und unaufrichtig geworden ist.
Der Karsamstag war früher der „Ruhetag" des Herrn nach seinem schmerzvollen Erlösungsleiden und deshalb auch der stillste Tag des Kirchenjahres. Er ist der Tag der Grabesruhe. Jesus ist „hinabgestiegen in das Reich des Todes", er teilt die bittere Not, und jedes menschliche Sterben und jeder Tod ist „angenommen" von Christus und hineingenommen in die Gemeinschaft mit ihm.
Der Karsamstag ist Rüst-Tag, Bereitung für Ostern. Die Zeichen für Ostern, für die Osternacht in der Kirche und die Osterfeier in der Familie: die Kerzen und Laternen für das Osterlicht, der Krug und der Weihwasserkessel für das Osterwasser, der Korb für die Osterspeisen. Der Karsamstag heißt in Rußland Färbersamstag. Die ganze Familie beschäftigt sich mit dem Färben der Ostereier.

Er erniedrigte sich selbst

Ein Fürst in China - ein Mandarin - gibt ein großes Fest. Viele angesehene Bürger sind eingeladen. Die meisten Gäste kommen mit vornehmen Kutschen.

Es beginnt zu regnen. Vor der Toreinfahrt bildet sich eine große Pfütze. Ein Wagen hält direkt neben der Pfütze. Ein vornehm gekleideter, älterer Herr steigt aus, bleibt am Trittbrett hängen und fällt der Länge nach in die Pfütze. Mühsam erhebt er sich wieder. Er ist von oben bis unten beschmutzt und sehr traurig. Denn so kann er sich auf dem Fest ja nicht mehr sehen lassen.

Ein paar Gäste machen spöttische Bemerkungen. Ein Diener, der den Vorfall beobachtet hat, meldet ihn seinem Herrn, dem Mandarin.

Dieser eilt sofort hinaus und kann den beschmutzten Gast gerade noch erreichen, als dieser zurückfahren will. Der Mandarin bittet den Gast, doch zu bleiben, ihm würde der Schmutz an seinen Kleidern nichts ausmachen. Doch der Gast hat Angst vor den Blicken und dem Getuschel der Leute und lehnt ab.

Da läßt sich der Mandarin mit seinen schönen Gewändern in dieselbe Pfütze fallen, so daß auch er von oben bis unten voller Dreck ist.

Er nimmt den Gast an der Hand und zieht ihn mit sich. Sie gehen beide, beschmutzt wie sie sind, in den festlich geschmückten Saal.

Keiner wagt es, etwas über den schmutzigen Gast zu sagen! ...

Ralf Johnen, aus: Materialdienst, Rheinischer Verband für Kindergottesdienst, Hilden, Ausgabe 37, Febr. 87, Rechte beim Autor

Christus – der Pelikan

Eine afrikanische Sage erzählt: Ein Land wurde von einer großen Hungersnot befallen. Menschen und Tiere litten Not. Sie wußten nicht, wie sie ihr Leben erhalten sollten.

In diesem Land lebte auch ein Pelikan, der sich nicht so sehr um sein Leben als vielmehr um das Leben seiner Jungen sorgte. Sie forderten Tag für Tag ihre Nahrung. Der Pelikan wußte keinen Ausweg mehr. In seiner großen Not bohrte er sich mit dem Schnabel ein Loch in die Brust und gab sein Blut den Jungen zu trinken.

Als die Hungersnot vorüber war, konnten die Jungen gekräftigt ins Leben hinausfliegen. Der alte Pelikan aber starb. Er hatte sein Blut, sein Leben verschenkt an seine Jungen.

Quelle: unbekannt

Mit dem „Arma-Christi-Kreuz" (arma = lateinisch: Waffen, Werkzeuge) ist das Kreuz Christi gemeint, das von den Leidenswerkzeugen umgeben ist: der Leidenskelch; der Hahn des Apostels Petrus; der Geldbeutel des Verräters Judas; die Laterne der Gefangennahme Jesu im dunklen Garten von Gethsemane; die Geißelsäule und Geißelstricke; das Gewand Jesu, das die Soldaten unter sich auslosten; eine Dornenkrone, Hammer, Zange und Nägel; die Stange mit dem Essigschwamm, von dem Jesus getrunken hat; eine Leiter; die Lanze des Lanzenträgers Longinius, mit der die Seite Jesu geöffnet wurde.
Hier ist dieses Kreuz in Form eines Eis dargestellt, das bereits auf die Auferstehung Jesu hinweist.

Karsamstag

Karsamstag: der Tag der Stille.
Kennen wir das Gefühl der Stille noch, wir
schnellatmigen Menschen im
zwanzigsten Jahrhundert?
Es ist wie die äußere Gespanntheit
vor Beginn einer lebensgefährlichen
Operation.
Es ist wie das atemlose
Schweigen
vor einer langerwarteten Premiere.
Es ist wie die Betroffenheit,
die einen überfällt,
wenn man Entscheidendes
in seinem Leben entscheidet.
Karsamstag:
der leere Raum,
den Gottes Leben erfüllen darf.

Aus: Feste und Bräuche im Jahreskreis, Pattloch Verlag, Seite 148

Stellvertretend für ...

Maximilian Kolbe ist für Franciszek Gajowniczek 1941 im KZ Auschwitz gestorben.

Gajowniczek berichtet:

„An jenem Abend antwortete einer von uns beim Appell nicht auf seinen Aufruf. Sofort wurde im ganzen Lager Alarm gegeben. Wir von Block 14 mußten drei Stunden ‚stillgestanden' bleiben, dann ließen sie uns wegtreten. Zur Strafe bekamen wir kein Abendessen; unsere Ration wurde in den Kanal geschüttet. Am nächsten Tag wurden wir nicht an die Arbeit geschickt. Bis etwa drei Uhr mußten wir auf dem Appellplatz stehen. Die Sonne stach, und viele wurden ohnmächtig und fielen um. Nach dem Abendappell dann das Drama. Oberst Fritsch, der Lagerkommandant, kam in Begleitung des Offiziers Palitsch und ließ uns strammstehen. Ich erinnere mich noch genau an die Worte: „Da der Gefangene, der gestern geflohen ist, nicht gefunden wurde, werden zehn von euch sterben." Er schritt vor uns vorbei und schaute einen nach dem anderen genau an. Hin und wieder nannte er eine Nummer. Als er vor mir stehen blieb, begriff ich, daß es nun auch für mich aus sein würde. Er sagte nur: 5659. Ich stand in derselben Reihe wie Maximilian.
Ich glaube, ich war der letzte, der ausgesondert wurde. Einige Sekunden vergingen – alles schien zu Ende. Da trat plötzlich die Nummer 16670 aus der Reihe. Er stand vor dem Lagerkommandanten stramm und nahm die Mütze ab. Ich hörte ihn auf deutsch flüstern.
Doktor Wlodarski, der ganz nahe dabeistand, hat es mir später erzählt. „Was will dieses Polenschwein?" hatte Fritsch irritiert gefragt. „Ich bin ein katholischer Priester", hatte Kolbe geantwortet, „und bin ziemlich alt. Ich möchte seinen Platz einnehmen" – und dabei zeigte er auf mich –, „er hat Frau und Kinder." Der Oberst wußte zunächst nicht, was er antworten sollte. „Er ist ein Pfaffe", sagte er zu dem Offizier an seiner Seite und fügte dann kurz hinzu: „Akzeptiert."
Ich wurde in die Reihe zurückgescheucht, ohne auch nur ein einziges Wort an Maximilian gefunden zu haben.

Aus: Porträts engagierter Christen: Maximilian Kolbe
Hg. von: Informationszentrum Berufe der Kirche, Freiburg, genaue Quelle unbekannt

Die Kreuzschau

Eine Legende aus dem Mittelalter berichtet, wie Gott einmal Erbarmen hatte mit einem Menschen, der sich über sein schweres Kreuz beklagte. Er führte ihn in einen Raum, wo alle Kreuze der Menschen aufgestellt waren, und sagte ihm: „Wähle!“ Der Mensch machte sich auf die Suche. Da sah er ein ganz dünnes, aber dafür war es länger und größer. Er sah ein kleines, aber als er es aufheben wollte, war es schwer wie Blei. Dann sah er eins, das gefiel ihm, und er legte es auf seine Schultern. Doch da merkte er, wie das Kreuz gerade an der Stelle, wo es auf der Schulter auflag, eine scharfe Spitze hatte, die ihm wie ein Dorn ins Fleisch drang. So hatte jedes Kreuz etwas Unangenehmes. Und als er alle Kreuze durchgesehen hatte, hatte er immer noch nichts Passendes gefunden. Dann entdeckte er eins, das hatte er übersehen, so versteckt stand es. Das war nicht zu schwer, nicht zu leicht, so richtig handlich, wie geschaffen für ihn. Dieses Kreuz wollte er in Zukunft tragen. Aber als er näher hinschaute, da merkte er, daß es sein Kreuz war, das er bisher getragen hatte.

Nach: Albert von Chamisso, Die Kreuzschau

O Haupt voll Blut und Wunden
Paul Gerhardt

Paul Gerhardt mußte durch viele harte Kämpfe hindurch, Leid und Trauer um seine Lieben begleiteten ihn sein Leben lang. Schwer hatte der Dichter an der unheilbaren Krankheit seiner Gattin zu tragen.
Als Gerhardt sah, wie es mit ihr zum Letzten ging, wollte er sie gerne auf die Todesstunde vorbereiten, ohne sie zu erschrecken. Er sah, daß sie sehr schwach war. Und – man spürte förmlich das Zittern in seiner Stimme – er wollte Herrn Lorentz bitten, ihr das Abendmahl zu reichen.
Zum Empfang des Abendmahls schmückte sich Frau Gerhardt so, wie sie es sonst gewohnt war zum Abendmahl zu gehen. Sie zog weiße Gewandung an und las andächtig in ihrem Gebetbuch. Nach dem Abendmahl sagte sie zu ihrer Schwester: „Ich habe es nicht gewußt, daß mir der Tod so nahe sei, wie ich jetzt sehen muß. Aber bekümmere dich nicht! Es ist doch nichts Gutes in der Welt. Wir wollen bald wieder zusammenkommen."
Dann ließ sie alle hereinrufen, dankte jedem einzelnen für seine Liebe, legte ihrem Mann den von ihren 5 Kindern allein übriggebliebenen Sohn Paul Friedrich ans Herz. Als das Kind sie weinend bat, doch nicht zu sterben, sondern bei ihm zu bleiben, tröstete sie es mit dem schönen Garten, „da die lieben Englein und so viel guter Freunde drin wären, da wollten sie schon einander wiedersehen".
Ihr Mann fragte sie, ob sie große Angst im Herzen habe. Nein, Angst habe sie nicht, wünsche aber doch, daß der liebe Gott bald kommen und sie erlösen wolle. Dann bat sie ihn, ihr doch aus dem Gesangbuch die Sterbe- und Passionslieder vorzulesen. Und der Dichter der großen Trost- und Sterbelieder las seiner eigenen Frau die beiden letzten Strophen von „O Haupt voll Blut und Wunden" vor:

Wenn ich einmal soll scheiden, so scheide nicht von mir,
wenn ich den Tod soll leiden, so tritt du dann herfür;
wenn mir am allerbängsten wird um das Herze sein,
so reiß mich aus den Ängsten kraft deiner Angst und Pein.
Erscheine mir zum Schilde zum Trost in meinem Tod
und laß mich sehn dein Bilde in deiner Kreuzesnot.
Da will ich nach dir blicken, da will ich glaubensvoll
dich fest an mein Herz drücken. Wer so stirbt, der stirbt wohl.

EG 85, GL 17, Strophe 1

Segne der Leidenden
gebeugten Sinn,
der Menschen schwere Einsamkeit,
das ruhelose Sein,
das Leid, das keiner
einem anderen
je vertraut.

Die Not der Menschen segne,
die zur Stunde sterben.
Gib ihnen, Gott,
ein gutes Ende.

Segne die Herzen, Herr,
die bitteren.
Vor allem
gib den Kranken Linderung.
Laß auf der ganzen Erde
niemand in Seelennot.

Aus einem Segensgebet von Edith Stein

12
Ostern

Bedeutung und Brauchtum

Ostern

Ostern ist das älteste und das bedeutendste Fest der Christenheit. Die Auferstehung Jesu ist die Mitte des christlichen Glaubens. Ohne diese gäbe es nicht das Neue Testament und Menschen würden nicht von Jesus erzählen.
Ostern wird seit dem Konzil von Nizäa im Jahre 325 am ersten Sonntag nach dem Frühlingsvollmond gefeiert, also zwischen dem 22. März und dem 25. April.

Das Wort Ostern ist vermutlich abgeleitet von „ostera!“ oder „eostre“, der germanischen Göttin der Morgenröte, die zu Frühjahrsbeginn verehrt wurde. Ostern könnte aber auch von dem althochdeutschen Wort „ostra“ - Osten - abgeleitet sein, jene Himmelsrichtung also, in der die Sonne aufgeht. Christen sagen ja: Christus ist das Licht der Welt, die Sonne des Lebens.

In Frankreich heißt Ostern „pâques“, in Italien „pasque“. Hier spürt man den Zusammenhang mit dem jüdischen Passah- oder Pessach-Fest (von pessach = Verschonung). Bei diesem Fest gedenken Juden der Befreiung aus der Sklaverei in Ägypten. Sie rezitieren dabei die Auszugserzählung aus dem 2. Buch Mose (Exodus). Während der Festzeit essen Juden nur ungesäuertes Brot: Mazzen. Im Mittelpunkt des Festes steht der Seder-Abend. Es handelt sich dabei um einen häuslichen Familiengottesdienst, der nach einer strengen Ordnung gefeiert wird. Es werden Mazzen gegessen sowie Bitterkräuter, die an die bittere Sklaverei erinnern, und ein Brei aus Äpfeln, Nüssen, Rosinen, Feigen und Wein, der an den Lehm erinnert, aus dem in Ägypten Ziegel gefertigt werden mußten.

Das Osterfest läßt die Auferstehung Jesu als Fest der Befreiung von der Macht des Todes verstehen. Gott will, daß die Menschen in Freiheit leben, deshalb sollen sie auch von der Macht des Todes frei sein.

Zu den schönsten Bräuchen gehört die Feier der Osternacht. Sie besteht u.a. in einer Lichtfeier, der Taufwasserweihe und dem Taufgedächtnis bzw. der Tauferneuerung. Seit altersher wird in der Osternacht, wenn möglich, getauft. Die liturgische Feier der Auferstehung beginnt mit der Weihe des Feuers. Es soll aus dem Stein geschlagen werden, ein Hinweis auf das Hervorgehen Jesu Christi aus dem Felsengrab. Das Licht des Feuers wird weitergegeben an die Osterkerze, die - nachdem sie vorher gesegnet wurde - in den dunklen Kirchenraum getragen wird. Dort bleibt sie - festlich geschmückt - der liturgische Mittelpunkt der Osternachtsfeier. Sie ist Zeichen der wiederaufgehenden Sonne, die wärmt, erhellt und Leben schenkt, Leben in Fülle. In manchen Gegenden werden große Holzräder gefertigt, in die Sinnsprüche eingeschnitzt sind, die das Geheimnis christlicher Ostern deuten. Die Räder werden mit Stroh umwickelt und brennend zu Tal gerollt. Der Bauer sieht es gern, wenn das Flammenrad über seine Felder geht, da er sich davon Segen für den Acker verspricht.

Das Osterlamm erinnert an Christus als das Lamm Gottes, das die Sünde der Welt trägt und hinwegnimmt. Es erinnert an den Sündenbock, der am Versöhnungstag der Juden die Schuld des Volkes auferlegt bekommt und in die Wüste getrieben wird. Im alten Volksglauben genoß das „Agnus Dei“, das Lamm Gottes, noch aus anderen Gründen hohen Respekt: Es sollte vor Blitz, Feuer, Seuchen und gegen Meineid bei Gericht schützen. Die Fahne erzählt vom Sieg der Liebe Christi über alles, was das Leben niederdrückt.
Das Osterei ist ein Symbol der Fruchtbarkeit, der Wiedergeburt und der Auferstehung. So wie das Küken die Schale zerbricht, um zum selbständigen Leben zu gelangen, so überwindet Jesus in der Auferstehung die Todesmacht des Grabes, um neues Leben zu gewinnen. Die Bezeichnung „Ostereier“ erscheint erstmals 1611 in Straßburg: Zu Ostern werden die Eier grün, gelb, rot, blau und auf andere Art gefärbt. Die bevorzugte Farbe ist rot. Das Rot symbolisiert möglicherweise das blutige Sterben Jesu oder die Morgenröte des Ostertages, in der die Sonne das neue Leben ankündigt. Die Ostereier gehören zum Speisenkorb, der am Osterfest geweiht wird (Speisenweihe).

Der Osterhase ist ebenfalls ein Symbol der Fruchtbarkeit und des neuen Lebens. Da er keine Augenlider hat und beim Schlafen die Pupillen nach oben schiebt, schrieb man ihm die Eigenschaft zu, nie zu schlafen. Der Hase kann aber auch ein Hinweis auf den schwachen und verängstigten Menschen sein, der Angsthase, der verfolgt wird und sich in die Höhle zu Christus, bzw. die Kirche flüchtet. Da die Hinterläufe des Hasen länger als seine Vorderläufe sind, kann er sich nur berganlaufend retten. So soll der Mensch Christus zustreben und nicht dem Irdischen anhängen und damit dem Teufel erliegen.

In Frankreich, in der Kathedrale von Auxerre wurde der liturgische Ostertanz begangen. Der Bischof tanzte mit dem mitfeiernden Klerus im Chor oft auf dem Labyrinth, das als Mosaik in den Boden eingelassen war. Dabei warf man sich einen Ball zu. Der Ball war wohl Symbol der lebensspendenden Sonne und damit Symbol des Auferstandenen. Vielleicht war der Ball auch Zeichen der vom Todeslos befreiten, „leicht gewordenen“ Erde.

Der Papst spendet am Ostersonntag den Segen Urbi et Orbi - der Stadt Rom und dem ganzen Erdkreis.

Wie das Ei zum Osterei wurde

Katharina war eine Königstocher im Ägypterland. Sie lebte vor langer, langer Zeit in der Stadt Alexandria. Damals herrschte dort der Kaiser von Rom. Er hieß Maxentius und war der mächtigste Mensch der Welt.

Eines Tages besuchte er seine Stadt Alexandria. Er ließ Katharina zu sich kommen. Sie sollte ihm von Jesus erzählen. Er hatte nämlich erfahren, daß sie eine Christin war. Katharina kannte viele Jesusgeschichten. Der Kaiser hörte gespannt zu. Ihm gefiel das, was Jesus unter den Menschen getan hatte. Alle seine Ratgeber wunderten sich darüber. Der Kaiser hatte nämlich die Christen verfolgt. Viele waren auf seinen Befehl getötet worden.

Katharina erzählte vom Leben Jesu, von seinem Sterben und schließlich auch, daß er von den Toten auferstanden sei.
„Von den Toten auferstanden?“ fragte der Kaiser verblüfft. Katharina nickte. Da lachte der Kaiser laut und rief: „Das will ich dir nur glauben, wenn du aus einem Stein neues Leben erwecken kannt.“ Katharina ging betrübt davon. Aber dann kam ihr ein Gedanke. Sie kaufte von einem Bauern ein beinahe ausgebrütetes Entenei. Damit ging sie am nächsten Tag zum Kaiser.
„Na, willst du es versuchen?“ spottete der.
Sie hielt ihm das Ei entgegen. Die junge Ente riß einen Spalt in die Schale. Der Kaiser schaute geduldig zu, wie das kleine Tier sich aus dem Ei befreite. Der Spott wich ihm aus seinem Gesicht.
„Scheinbar tot“, sagte Katharina. „Scheinbar tot und doch Leben.“

Es heißt, daß der Kaiser sehr nachdenklich geworden sei.
So ist das Ei zum Osterei geworden als Zeichen für das, was kein Mensch begreifen kann:
Christus ist auferstanden. Wahr und wahrhaftig, er ist auferstanden.

Willi Fährmann

Eine Osterfabel

Eine Fabel erzählt das Gespräch zwischen einer Libellenlarve, die immer wieder den unwiderstehlichen Drang nach oben hat, um neue Luft zu schöpfen, und einem Blutegel, der sagt: „Hab' ich vielleicht jemals das Bedürfnis nach dem, was du Himmelsluft nennst?" „Ach", erwiderte die Libellenlarve, „ich hab' nun einmal die Sehnsucht nach oben. Ich versuchte auch schon einmal, an die Wasseroberfläche nach dem zu schauen, was darüber ist. Da sah ich einen hellen Schein, und merkwürdige Schattengestalten huschten über mich hinweg. Aber meine Augen müssen wohl nicht geeignet sein für das, was über dem Teich ist. Aber wissen möchte ich's doch!"
Der Blutegel krümmte sich vor Lachen: „O du phantasievolle Seele, du meinst, über dem Tümpel gibt es noch was? Laß doch diese Illusion. Glaub' mir als einem erfahrenen Mann: Ich hab' den ganzen Tümpel durchschwommen. Dieser Tümpel ist die Welt - und die Welt ist ein Tümpel", erwiderte der Blutegel.
Aber es dauerte nicht lange, bis sich die Libellenlarve aus dem Wasser herausschob, Flügel wuchsen ihr, goldenes Sonnenlicht und blauer Himmelsschein umspülte sie, und sie schwebte schimmernd über den niedrigen Tümpel davon.

Quelle: unbekannt

Mit dem Osterlamm, das die Auferstehungsfahne trägt, ist der Sieger, der erhöhte Herr gemeint.

„Die Rettung kommt von unserm Gott, der auf dem Thron sitzt, und von dem Lamm“ (Offb 7,10).

Ihr fragt
ihr fragt
wie ist
die auferstehung der toten?
ich weiß es nicht.

ihr fragt
wann ist
die auferstehung der toten?
ich weiß es nicht.

ihr fragt
gibts
eine auferstehung der toten?
ich weiß es nicht.

ihr fragt
gibts
keine auferstehung der toten?
ich weiß es nicht.

ich weiß
nur
wonach ihr nicht fragt:
die auferstehung derer, die leben.

ich weiß
nur
wozu Er uns ruft:
zur auferstehung heute und jetzt.

Kurt Marti, Werkauswahl in fünf Bänden. Aus: Namenszug mit Mond, Gedichte, © 1996 Verlag Nagel & Kimche AG, Zürich

Die Erfahrung von Ostern

Einst lebte ein Zimmermann, den eines Abends auf seinem Heimweg ein Freund anhielt und fragte: „Mein Bruder, warum bist du so traurig?“ „Wärst du in meiner Lage, du empfändest wie ich“, sagte der Zimmermann. Erkläre dich, sprach der Freund. „Bis morgen früh“, sagte der Zimmermann, muß ich elftausendelfhundertelf Pfund Sägemehl aus Hartholz für den König bereit haben, oder ich werde enthauptet.“

Der Freund lächelte und legte ihm den Arm um die Schulter. „Mein Freund“, sagte er, „sei leichten Herzens. Laß uns essen und trinken und den morgigen Tag vergessen. Der allmächtige Gott wird, während wir ihm Anbetung zollen, statt unserer des Kommenden eingedenk sein.“

Sie gingen also zum Hause des Zimmermanns, wo sie Weib und Kind in Tränen fanden. Den Tränen ward Einhalt getan durch Essen, Trinken, Reden, Singen, Tanzen und allsonstige Art und Weise von Gottvertrauen und Güte. Inmitten des Gelächters fing des Zimmermanns Weib zu weinen an und sagte: So sollst du denn, mein lieber Mann, in der Morgenfrühe enthauptet werden, und wir alle vergnügen uns indessen und freuen uns an der Güte des Lebens.
„So steht es also.“ „Denke an Gott“, sprach der Zimmermann, und der Gottesdienst ging weiter. Die ganze Nacht hindurch feierten sie.

Als Licht das Dunkel durchdrang und der Tag anbrach, wurde eine jeglicher schweigsam und von Angst und Kummer befallen. Die Diener des Königs kamen und klopften sacht an des Zimmermanns Haustür, und der Zimmermann sprach: „Jetzt werde ich sterben“ und öffnete die Tür.
„Zimmermann“, sagten sie, „der König ist tot. Mache ihm einen Sarg.“

Aus: Für jeden freien Tag 13

Christus ist auferstanden!

Es war in Moskau im Gefängnis der Geheimpolizei. Eine der Gefangenen - Frau von Arsenjeff - erzählt von einem Erlebnis, das sie an diesem Ort des Schreckens hatte:
„Eines Abends flüsterte mir meine junge Mitgefangene in der Zelle zu: ‚Wissen Sie, was morgen für ein Tag ist? Morgen ist Ostern!'
War das Osterfest tatsächlich schon so nahe? Ostern ist Freude für die ganze Menschheit. Nur wir waren von dieser Freude ausgeschlossen. Trostlos ging ich den Korridor entlang.
Plötzlich durchbrach ein Schrei die bedrückende Stille: ‚Christus ist auferstanden!' Wer hatte es gewagt, unseren Ostergruß zu rufen? Ich sah meine Gefährtin an. Die großen Augen leuchteten in dem blassen Gesicht. Da erklang schon die Antwort. Aus jeder Zelle ertönten die freudigen Stimmen: ‚Er ist wahrhaft auferstanden!'
Die Wächter waren sprachlos, vor Staunen versteinert. Solch eine Frechheit, wie sie meinten, war ihnen noch nicht vorgekommen. Sie stürzten sich auf das junge Mädchen und schleppten es mit sich.
Nach vier Tagen kehrte sie in meine Zelle zurück. Das Gesicht sah elend und abgemagert aus. Man hatte sie die Ostertage über in einer ungeheizten Strafzelle frieren und hungern lassen.
‚Ich habe aber doch die Osterbotschaft im Gefängnis verkündet', sagte sie zu mir mit leuchtenden Augen, ‚alles andere ist ja nicht wichtig!'"

Aus: Abbé Pierre Lefèvre (Hg.), Unser Glaube in Kurzgeschichten,
Rechte beim Autor

Christ ist erstanden, der Landvogt ist gefangen

Mitte des 15. Jahrhunderts erhielt Karl der Kühne als Pfand für geliehene 50 000 Gulden von Österreich den Schwarzwald, den Breisgau und Teile des Elsaß.

Nun setzte er nicht etwa einen milden treuhändischen Verwalter ein, sondern seinen ehrgeizigen und rücksichtslosen Freund, Peter von Hagenbach. Dieser führte das ausschweifende Leben der burgundischen Edelleute. Seine Untertanen aber behandelte er mit aller Strenge. Innerhalb kurzer Zeit machte er sich beim Volk verhaßt.

Am Ostertag 1474 zwang er die Breisacher, einen Schutzgraben um die Stadt herum auszuheben. Voller Angst und Wut überfielen sie ihn jedoch und sperrten ihn in den Torturm. Eine Schauermär machte nämlich die Runde: Der grausame Tyrann beabsichtige, den Rhein in den Graben zu lenken, um „ungehorsame" Bürger während der Arbeit darin zu ersäufen.

Als Herzog Sigismund, der Münzreiche, Ostern 1474 auf dem Weg nach Basel über Freiburg und Breisach zog, wurde er als Erlöser empfangen und gepriesen. Die Kinder, die gerade noch im Gottesdienst gesungen haben: „Christ ist erstanden", fingen auf der Gasse an zu singen:

Christ ist erstanden.
Der Landvogt ist gefangen.
Des sollen wir alle froh sein,
Sigismund soll unser Trost sein.
Kyrieleison.

Wär er nicht gefangen,
so wär es übel gangen,
seit daß er nun gefangen ist,
so hilft ihm nicht sein böse List.
Kyrieleison.

So wurde das alte Kirchenlied „Christ ist erstanden", das sich bis ins 12. Jahrhundert zurückverfolgen läßt, zu einem historischen Volkslied.

LIED

EG 99, GL 213

Unseren Ausgang segne Gott,

unseren Eingang gleichermaßen,

segne unser täglich Brot,

segne unser Tun und Lassen,

segne uns mit sel'gem Sterben

und mach uns zu Himmelserben.

Nach Ps 121,8

13
Sonntag

Der Tag des Herrn

Sonntag

Der Name „Sonntag“ war einst der Name des zweiten Tages in der spätantiken Planetenwoche. Als „dies solis“ war dieser Tag dem Sonnengott geweiht. Die Christen behielten diese Bezeichnung bei und deuteten sie vom christlichen Glauben neu: Christus, die „Sonne der Gerechtigkeit“, das „Licht der Welt“ (Joh 8,12). So ist der Sonntag auf Christus hin gesehen und gedeutet worden. Zum ersten Tag der Woche wurde der Sonntag durch die Übernahme der jüdischen Zählung der Wochentage. Für die Juden ist der Sabbattag, der Samstag, der Wochenschluß. Der darauffolgende „achte“ Tag ist der erste Tag der Arbeitswoche.

Dieser erste Tag nach dem Sabbat ist nach dem Zeugnis des Markusevangeliums jener Tag, an dem die Frauen in aller Frühe hinaus vor die Stadt Jerusalem zum Grabe Jesu gingen, um den Leichnam zu salben. Sie fanden dort jedoch nur das leere Grab und hörten die Botschaft von dem auferstandenen Herrn (Mk 16,2). Von Anfang an feierten deshalb die Christen den ersten Tag als Ostertag (1. Kor 16,2; Apg 20,7). Sie versammelten sich an diesem Tag, um miteinander den Tod und die Auferstehung Jesu zu feiern, seine Gegenwart im Abendmahl, der Eucharistie, zu erfahren, neue Kraft zu schöpfen und sich von dem Auferstandenen in den Alltag senden zu lassen. Bald nannten sie diesen ersten Tag der Woche den „Tag des Herrn“ (vgl. Offb 1,10). In den romanischen Ländern heißt deshalb bis heute der Sonntag „Herrentag“ (franz. dimanche; ital. domenica).

Auch wenn zunächst dieser Tag über 300 Jahre lang kein Ruhetag war, so war der Sonntag für die Christen doch ein Festtag, an dem Gottesdienst gefeiert und Gemeinschaft gepflegt wurde. An diesem Tag freuten sie sich über die Befreiung von der Macht des Todes durch die Auferstehung Jesu und dankten Gott dafür.

Erst im Jahre 321 n. Chr. wird der Sonntag durch ein Gesetz des römischen Kaisers Konstantin zu einem Ruhetag. Gerichtsverhandlungen und Urteilsvollstreckungen sollten an diesem Tag unterbleiben, ebenso harte Sklavenarbeit. Die Menschen sollten an diesem Tag den Gottesdienst besuchen können und zur Ruhe kommen. Es dauerte aber bis ins Mittelalter, bis sich der Sonntag als allgemeiner Ruhetag durchgesetzt hatte.

Bis heute ist der Sonntag der Ruhetag schlechthin. Dies wird in Art. 140 des Grundgesetzes garantiert. Dort heißt es in Aufnahme von Artikel 139 der Weimarer Reichsverfassung: „Der Sonntag und staatlich anerkannte Feiertage bleiben als Tage der Arbeitsruhe und der seelischen Erhebung gesetzlich garantiert." So soll der Sonntag als ein Tag geschützt werden, an dem Lehrer, Schüler, Eltern, ja, alle Menschen aufatmen und sich seelisch und körperlich erholen können. Dieser Tag ist ganz dafür reserviert, um neue Kraft, Freude und Zuversicht für den Alltag zu schöpfen. Darüber hinaus kommen Christen zusammen, um miteinander Gottesdienst zu feiern und Gemeinschaft zu pflegen, um so in Verbindung mit Christus und seiner Kirche zu bleiben.

So ist der Sonntag zum Tag des Gebetes, der Begegnung und der Erholung geworden. Dies gilt auch dann, wenn am Sonntag viele Menschen für die Gemeinschaft notwendige Dienste leisten müssen. Deshalb gilt es den Sonntag zu bewahren. Durch den Einbezug in das Wochenende und durch die geänderte säkulare Wochentagszählung ist der Sonntag zum Schlußtag der Woche geworden. Nun ist der Montag der erste Wochentag, die Woche beginnt danach mit Arbeit. Die Ruhe muß man sich erst verdienen.

Die christlichen Kirchen sehen den Sonntag jedoch anders. Für sie ist der Sonntag nach wie vor der erste Tag der Woche. In dieser Weigerung steckt das Bekenntnis, das besagt: Feier und Ruhe, Dank und Lob sind nicht der Lohn der Arbeit, sie sind ein Geschenk, das vor aller Leistung gegeben wird. Keiner muß sich den Ruhetag erst verdienen. Unser ganzes Leben ist zuerst einmal ein Geschenk, eine Gabe Gottes, erst dann eine Aufgabe. Die Arbeit an den Werktagen soll Ausdruck des Dankes für das Geschenk des Lebens sein.

Die Feier des Sonntags (und die der Hochfeste) beginnt bereits am Abend des vorausgehenden Tages. Damit betont die Ordnung der Liturgie nicht nur, was der Sonntag für die Woche bedeutet, sie lädt dazu ein, mit der „ersten Vesper" bereits den Beginn des Sonntags am Vorabend bewußt zu begehen und sich auf den Höhepunkt des Sonntags, den Gottesdienst, einzustellen.

Der Sabbat ist für den Menschen da (Mk 2,27). Diese Menschlichkeit des Sabbatgebotes ist in den christlichen Sonntag aufgenommen worden. Er ist der Tag der Freiheit im gemeinsamen Annehmen der Ruhe Gottes. Das Innehalten in unserer Arbeit, das Freiwerden für uns selbst, das „Zu-sich-Kommen" macht uns frei für Gott und die Mitmenschen.

Es wurde unter ihnen kein Sonntag

Eines Tages kamen unter einem großen Baum die Tiere zusammen, weil auch sie einen Sonntag haben wollten wie die Menschen. Der König der Tiere, der Löwe, erklärte: Das ist ganz einfach. Wenn ich eine Gazelle verspeise, dann ist für mich Sonntag. Das Pferd meinte: Mir genügt schon eine weite Koppel, daß ich stundenlang austraben kann, dann ist für mich Sonntag. Das Schwein grunzte: Eine richtige Dreckmulde und ein Sack Eicheln müssen her, dann ist für mich Sonntag. Das Faultier gähnte und bettelte: Ich brauche einen dicken Ast, um zu schlafen, wenn es bei mir Sonntag werden soll. Der Pfau stolzierte einmal um den Kreis, zeigte sein prächtiges Federkleid und stellte höflich, aber bestimmt fest: Nur ein Satz neuer Schwanzfedern, er genügt für meinen Sonntag.

So erzählten und erklärten die Tiere stundenlang, und alle Wünsche wurden erfüllt. Aber es wurde unter ihnen kein Sonntag. Da kamen die Menschen vorbei und lachten die Tiere aus:
Ja, wißt ihr denn nicht, daß es nur Sonntag wird, wenn man mit Gott wie mit einem Freund spricht?

Durch das Jahr – durch das Leben. Hausbuch der christlichen Familie. Kösel-Verlag, München 1988

Sechs Brüder und einer

Einst lebten sieben Brüder friedlich miteinander. Sechs gingen zur Arbeit, der siebte besorgte das Haus. Wenn die sechs müde von der Arbeit kamen, fanden sie das Haus aufgeräumt, das Essen bereitet und alles in bester Ordnung. Sie freuten sich darüber und lobten den siebten Bruder.

Aber allmählich wurden sie unzufrieden und sie nötigten ihren siebten Bruder, auch am frühen Morgen mit ihnen auf die Arbeit zu gehen. Als sie müde und abgespannt am Abend von der Arbeit nach Hause kamen: Kein freundlicher Lichtschein winkte ihnen entgegen. Kein Tisch war gedeckt. Kein Bruder stand an der Tür und empfing sie mit einem herzlichen Wort.

Da merkten sie, wie dumm sie gehandelt hatten. Und sie kamen sich schuldig und elend vor. Also beschlossen sie, den siebten Bruder wieder in sein Amt einzusetzen. Und das verlorene Glück der sieben Brüder kehrte mit seinem heiligen Segen zu ihnen zurück. Sie lebten miteinander einträchtig und in Frieden.

Aus: Heribert Arens, Franz Richardt, Josef Schulte, „Die Predigt vom menschenfreundlichen Gott“, Claudius Verlag, München

Im In- und Ausland kann man diese Schilder am Ortseingang finden. Gemeinsam laden die evangelische und die katholische Kirche (oder die christlichen Kirchen) zum sonntäglichen Gottesdienst ein. Besonders Fremde und Touristen, für die der sonntägliche Gottesdienst sehr wichtig ist, sind dankbar für die Gottesdiensthinweise.

Muß man jeden Sonntag in die Kirche?

Ihr sollt nicht kommen,
dem Trott der Gewohnheit folgend,
dem Zwang der Verhältnisse dienend,
dem Druck des Gebotes gebeugt:
ohne Wunsch,
ohne Willen,
ohne Freiheit,
ohne Freude.
Mit der Liebe,
die nichts für sich behält,
lade ich euch ein.
Als Bruder,
als Freund,
als der,
dem ihr alles bringen dürft,
was euch freut, was euch quält, was euch ängstigt,
was euch zornig macht, warte ich auf euch.
Als der,
der eure Hingabe fordert,
euren Einsatz verlangt,
euer Ja zum Bruder will, rufe ich euch her.
Damit ihr gesättigt
sättigen könnt,
damit ihr getröstet
Trost verschenkt,
damit ihr geliebt
zu Liebenden werdet.

Christa Peikert-Flaspöhler

Aus: „Unsre Hoffnung wirft das Netz aus“, Verlag Himmerod-Drucke, Himmerod 1987

Der verlorene Sonntag

Sonntagmorgen. Patrick war in seiner Sonntagsstadt. Aber wo ist der Sonntag? Hier und da ein Fußgänger, der vielleicht auf dem Heimweg war. Alles ist geschlossen. Die Rolläden der Geschäfte. Die Restaurants. Die Vorhänge an vielen Fenstern. Patrick ging Straße um Straße. Wo ist der Sonntag? Ich muß ihn finden. Ich muß ihn finden.

Ein Satz kam ihm in den Sinn, der er früher einmal auswendig gelernt hatte: „Sechs Tage sollst du arbeiten und all dein Werk tun. Aber der siebte Tag ist ein Ruhetag, dem Herrn, deinem Gott, geweiht ..." Wo ist dieser besondere Tag, der Gott gehört?

Allen, die ihn danach fragten, hatte Patrick gesagt: „Ich bin auf der Reise. Ich suche den Sonntag." Aber die Menschen hatten nur gelacht und gesagt: „Den brauchst du nicht zu suchen, der kommt von selbst."
„Ich weiß", sagte Patrick dann, „er steht im Kalender. Aber er soll nicht nur im Kalender sein. Er muß hier sein. Zu sehen. Zu spüren."

Wo ist der Sonntag? Vielleicht in den Wohnungen? In den Autos? Auf dem Fußballplatz? Bis jetzt hatte er den Sonntag noch nicht gesehen. Der Nachmittag verstrich. Es wurde Abend.

In der Jugendherberge drangen durch den Lärm des Speisesaals Fetzen der Radio-Nachrichten: „Herrliches Sonntagswetter ... Viel Verkehr. Neun Tote bei Straßenunfällen ... zig Verletzte ..." Der Sonntag, ein Geschenk Gottes.
Oder – gibt's den Sonntag gar nicht mehr?

Patrick verließ das Büro. Gleich rechts sah er neben einem Pfeil die Tafel „Polizei". Hier will er es auch noch versuchen.

„Guten Tag. Kann ich hier anmelden, wenn etwas verschwunden ist?"

Der Polizeibeamte nahm ein grünes Blatt aus der linken Schublade, drehte es in die Schreibmaschine. „Was ist verschwunden oder gestohlen worden?"
„Der Sonntag."
Die Schreibmaschine verstummte. „Nicht, ‚wann', sondern, waaas'?"
„Der Sonntag."
„Ich frage Sie, was ist gestohlen worden oder verschwunden?"
„Genau wie ich sage: Der Sonntag ist verschwunden. Ich bin in die Stadt

gekommen, um zu sehen, was Sonntag ist. Nirgends habe ich den Sonntag gefunden. Haben Sie ihn erlebt?"

„Nein, gestern hatte ich Dienst."
„Ich will melden, daß der Sonntag nicht mehr da ist."
„Machen Sie keine Witze. Gestern war Sonntag."
„Nicht für mich. Und nicht für Sie."
„Im Kalender stand trotzdem ‚Sonntag'."
„Aber wenn im Kalender Sonntag stand, dann mußte auch Sonntag sein", erklärte Patrick. „Wenn ich nichts davon merke, stimmt etwas nicht."
Der Beamte atmete tief ein. „Nein, das geht nicht."
„Ich bleibe bei meiner Meldung", beharrte Patrick.
Der Polizist nahm den Telefonhörer und drehte zweimal energisch an der Scheibe.

„Können Sie schnell kommen." Und ganz leise: „Ein schwieriger Fall. Ich wäre froh."

Bald darauf erschien der Chef: „Worum geht's?" Patrick erklärte seine Sache. Der Polizei-Oberbeamte machte ein ernstes Gesicht. Nach einer Weile lächelte er und sagte: „Wir nehmen es zu Protokoll. Einmal etwas anderes als immer die gestohlenen Fahrräder, Autos oder Geldbeutel." Nach zehn Minuten war die Sache erledigt. Patrick mußte das Ganze durchlesen und unterschreiben.

Welche Überraschung, als er am Abend kurz vor den Nachrichten am Radio hörte: „Eine Vermißtenmeldung der Polizei. Vermißt wird ‚Der Sonntag', früher allgemeiner Ruhe- und Feiertag der Christen; seit längerer Zeit im Lärm und Betrieb und in der Langeweile der Menschen untergegangen. Besondere Merkmale: Der Vermißte ist ursprünglich ein Geschenk des lieben Gottes. Er könnte die Menschen glücklicher machen und ihnen Stille und ein Stück Freiheit geben. Mitteilungen über den Verbleib des vermißten ‚Sonntag' sind erbeten an den nächsten Polizeiposten."
Gab das einen Sturm! Das Telefon bei der Polizei lief heiß.

Robert Tobler, Rechte beim Autor

Liebster Jesu, wir sind hier
Tobias Clausnitzer

Allmählich erlischt der Dreißigjährige Krieg, wie ein Feuer ausbrennt, wenn es keine Nahrung mehr hat. Das Land ist verwüstet, die Städte und Dörfer sind verbrannt, zerfallen, die Kirchen zerstört. Die Menschen, die vom Hunger und der Pest verschont geblieben sind, haben längst keine Hoffnung mehr, als der Frieden 1648 von den Diplomaten ausgehandelt wird.
Zur Feier des westfälischen Friedens hält am Neujahr 1649 der in Thum (Sachsen) geborene schwedische Feldprediger Tobias Clausnitzer (1618–1686) auf Anordnung des schwedischen Generals Wrangel seine Feldpredigt.

Tobias Clausnitzer wird später kurpfälzischer Kirchenrat in Weiden. Hier hat er es nicht leicht. Die kirchlichen Gebäude, die nach dem Friedensschluß den Evangelischen zufallen, werden immer wieder von katholischer Seite zurückgefordert. 1652 erreicht er eine Einigung. Jetzt kann Tobias Clausnitzer „seinen Friedensvertrag“ schließen. Während der Verhandlungen hat er wohl oft an seine Festpredigt zum westfälischen Friedensvertrag gedacht.

Von ihm stammt das beliebte Gottesdienstlied „Liebster Jesu, wir sind hier“, das er nach dem Korneliuswort aus Apg 10,33 schrieb: „Sofort habe ich nach dir geschickt, und es ist gut, daß du gekommen bist. Jetzt sind wir alle hier vor Gott zugegen, um all das anzuhören, war dir vom Herrn aufgetragen worden ist.“ Dazu notierte er: „Vor der Predigt zu singen.“

1. Lieb - ster Je - su, wir sind hier,
len - ke Sin - nen und Be - gier
dich und dein Wort an - zu - hö - ren;
auf die sü - ßen Him - mels - leh - ren,
daß die Her - zen von der Er - den
ganz zu dir ge - zo - gen wer - den.

EG 161, GL 520

Gott segne mir die Erde,
auf der ich jetzt stehe.

Gott segne mir den Weg,
auf dem ich jetzt gehe.
Gott segne mir das Ziel,
für das ich jetzt lebe.

Du immerdar und immerdar,
segne mich auch, wenn ich raste.

Segne mir das,
was mein Wille sucht,
segne mir das,
was meine Liebe braucht,
segne mir das,
worauf meine Hoffnung ruht.

Du König der Könige,
segne mir meinen Blick.

Irischer Segensspruch

14
1. Mai

1. Mai

Der fünfte Monat des Jahres ist der Weide- oder Wonnemonat. Er ist der Monat der Liebe und der Blüten. Der Name stand in den altindischen Weden „mahi" für das Große, die Erde. Eine Sprachbrücke reicht von dort über Maia (Mütterchen), die griechische Tochter des Atlas, bis zur Erdgöttin Maja, der die Römer den fünften Kalendermonat (lateinisch = maius) weihten. Karl der Große nannte den Mai „winni" oder „wunnimanod" (Weidemonat), woraus der Volksmund „Wonnemonat" machte. Der Mai ist der erste warme Monat. Nun wird das Vieh aus dem Stall auf die Alm oder Weide gebracht.

Überall werden der Frühling und die Sonne begrüßt, die die Natur erneuern. „Alles neu macht der Mai" sagt deshalb das Sprichwort.

Der Maiausflug soll „den Mai holen". Man zieht in den Wald hinaus und kehrt mit grünen Zweigen oder Sträußen aus den ersten blühenden Hecken zurück. Vielerorts ziehen vor allem die jungen Leute von Haus zu Haus und schlagen mit den Zweigen und Maigerten gegen die Haustüren und Fenster, um die Fruchtbarkeit ins Haus zu tragen. Dafür wird ihnen dann der sogenannte „Heischelohn" gegeben, der aus Kuchen und anderen Süßigkeiten besteht. In manchen Gegenden zieht man schon in der Morgendämmerung los und kommt zu Sonnenaufgang zurück.

Der Brauch, die Nacht vom 30. April auf den 1. Mai in den Feldern und Wäldern zu verbringen, dabei ein Feuer anzuzünden und laut Lieder zu singen, könnte an die Walpurgisnacht erinnern. Mit den Liedern wird die triste Winterstimmung vertrieben und auch Unheil und Böses verscheucht.

Der 1. Mai war auch Tag des Dienstbotenwechsels. Zu weiteren Maisitten zählten die Brunnenfeste und Kinderumzüge. Besondere Aufmerksamkeit galt dem lebensspendenden Wasser.

Den 1. Mai hat Papst Pius XII. zum Fest des heiligen Josefs des Arbeiters bestimmt. Damit soll der heilige Josef geehrt, aber auch die Würde der menschlichen Arbeit bewußt gemacht werden. Unter sein Schutzpatronat wurden auch die katholischen Arbeiterbewegungen gestellt.

Für die katholischen Christen ist Mai der Marienmonat. Die Schönheit der Natur wird in vielen Liedern und Gebeten auf Maria übertragen: „Es blüht der Blumen eine auf ewig grüner Au." Auch in der christlichen Kunst zeigt sich, daß Maria viele Symbole aus der Natur zugeordnet werden: das Ährenkleid, die Rose, der blühende Stab, die Lilie, die Myrte oder auch der Paradiesgarten. Im Mittelalter entstanden die täglichen Marienandachten im Monat Mai und fanden im 19. Jahrhundert allgemeine Verbreitung. In Gebeten und Liedern wird Maria um Fürbitte bei Gott angerufen. Auch Wallfahrten zu Marienwallfahrtsorten sind Ausdruck dieser vom Brauchtum umrahmten Marienverehrung.

Durch die Arbeiterbewegung und die Gewerkschaften wurde der 1. Mai vor über 100 Jahren zum „Tag der Arbeit". Anläßlich der 100-Jahr-Feier der Französischen Revolution wurde am 4. Mai 1889 in Paris beschlossen, alljährlich den 1. Mai als internationalen Kampf- und Festtag zu feiern, bei dem die Arbeit ruhen und der Achtstundentag gefordert werden sollte. Der 1. Mai wurde gewählt zum Gedenken an das Massaker, das die Polizei von Chicago am 1.5.1886 unter demonstrierenden Arbeitern angerichtet hatte. Erstmals wurde der Maifeiertag 1890 begangen. In den folgenden Jahren mußte am 1. Mai die Arbeitsruhe stets neu erkämpft werden.

Im April 1919 wurde der 1. Mai erstmals als allgemeiner Feiertag bestimmt. Der Achtstundentag konnte jedoch nicht allseits durchgesetzt werden. Am 10. April 1933 wurde er erneut zum Feiertag bestimmt, doch von den Nationalsozialisten für ihre Interessen ausgenutzt.

Heute ist der 1. Mai gesetzlich verankert. In ihren Maikundgebungen erinnern die Gewerkschaften an die ursprüngliche Bedeutung des 1. Mai. Es geht deshalb um Fragen humaner Arbeitszeiten und gerechter Löhne, um die Bekämpfung von Arbeitslosigkeit und die Solidarität der Arbeitnehmer untereinander.

Als „Tag der Arbeit" erinnert der 1. Mai an die Bedeutung der Arbeit für den Menschen. Seinen Lebensunterhalt unter menschlichen Bedingungen selbst verdienen zu können, gehört zur Würde des Menschen.

Daß man am Tag der Arbeit nicht arbeitet, hat überdies einen tiefen Sinn: Arbeit wird erst dann menschlich, wenn Menschen die Möglichkeit haben, die Arbeit auch einmal niederzulegen, Pause zu machen und aufzuatmen. Wenn jeder Tag Werktag ist, verliert das Menschsein an Lebensqualität.

Andern zu helfen nützt uns selbst

Vor langer Zeit ärgerten sich die einzelnen Körperteile sehr über den Magen. Es paßte ihnen nicht, daß sie die Nahrung zu beschaffen hatten, die dem Magen zugute kam, während dieser selbst nichts tat, als die Früchte der Arbeit zu verschlingen.
Also beschlossen sie, dem Magen keine Nahrung mehr zu liefern. Die Hände führten sie nicht mehr zum Mund, die Zähne kauten nicht mehr, der Rachen schluckte nicht mehr. Das sollte den Magen zwingen, selbst etwas zu tun. Aber sie erreichten nichts weiter, als den Körper so zu schwächen, daß sie alle vom Tode bedroht waren. Also mußten sie schließlich die Lektion lernen, daß sie in Wahrheit für ihr eigenes Wohlergehen arbeiteten, wenn sie einander halfen.

Anthony de Mello: Wer bringt das Pferd zum Fliegen?
Herder/Spektrum Bd. 4304, Verlag Herder, Freiburg, 8. Auflage 1999

Die kleine Schraube

Eine kleine Schraube sitzt in einem riesigen Panzerschiff mit tausend anderen Schrauben und hält zwei Stahlplatten zusammen. Eines Tages sagt die Schraube: „Ich will es mir ein bißchen bequem machen; das ist ja meine eigene Sache und geht niemand etwas an!"
Aber als die anderen Schrauben hören, daß da eine etwas locker werden will, da protestieren sie und rufen: „Bist du verrückt? Wenn du herausfällst, dann wird es nicht lange dauern, bis auch wir herausfallen."
Zwei größere eiserne Rippen schlagen auch Alarm: „Um Gottes willen, haltet die Platten zusammen, denn sonst ist es auch um uns geschehen." In Windeseile geht das Gerücht durch das ganze Schiff: „Die kleine Schraube hat was vor!" Alles ist entsetzt. Der riesige Körper des Schiffes ächzt und bebt in allen Fugen. Und alle Rippen, Platten und Schrauben senden eine gemeinsame Botschaft an die kleine Schraube und bitten sie, nur ja an ihrer Stelle zu bleiben, sonst werde das ganze Schiff untergehen, und keiner werde den Hafen erreichen.

Nach James Keller, Etwas für heute, Aschaffenburg 1954

In vielen Dörfern wird der Maibaum aufgestellt. Es ist meist eine Fichte, die so abgeschält wird, daß nur oben eine Krone bleibt. Symbolschilder am Baum zeigen Sinnbilder des dörflichen Lebens aus Bauernstand und Handwerk, aus Brauchtum und Tracht. Besonders in Bayern ist der Stamm als Sprossenbaum ausgestattet. Auf den Sprossen finden die Zunftzeichen ihren Platz. Zum Maibaum gehört der Maitanz, ein Reigentanz um den Baum. Wenn ein junger Mann einer Frau einen Maibaum vor die Türe stellt, dann bedeutet dies Liebe und Zuneigung.

Gebet der Katholischen Arbeiterjugend (CAJ)

Herr Jesus Christus, ich opfere dir meinen Tag,
meine Arbeit, meine Kämpfe, meine Freuden
und meine Schwierigkeiten.

Laß mich, wie auch meine Brüder und Schwestern
in der Welt der Arbeit, denken wie du, arbeiten mit
dir, leben in dir.

Gib mir die Gnade, dich mit meinem ganzen Herzen
zu lieben und dir mit allen meinen Kräften zu dienen.

Dein Reich komme in die Familien, die Fabriken,
die Werkstätten, die Büros, die Kasernen und in
alle Stätten der Bildung und Freizeit.

Gib, daß alle, die heut in Gefahr sind, in deiner
Liebe bleiben, und schenke den Verstorbenen
deinen Frieden.

Maria, Mutter der Kirche, bitte für uns.

Aus: Bei ihm sein, ein Jugendbrevier, S. 180, Eigenverlag Stift Kremsmünster

Er haßte die Fabrik

Er hatte eine Bretterwand gebaut. Die Bretterwand entfernte die Fabrik aus seinem häuslichen Blickkreis. Er haßte die Fabrik. Er haßte die Maschine, an der er arbeitete. Er haßte die Hetze nach Akkordprämien, durch die er es zu einigem Wohlstand, zu Haus und Gärtchen gebracht hatte. Er haßte seine Frau, sooft sie ihm sagte, heut nacht hast du wieder gezuckt. Er haßte sie, bis sie es nicht mehr erwähnte. Aber die Hände zuckten weiter im Schlaf, zuckten im schnellen Stakkato der Arbeit. Dann wurde er krank, nach vierzig Jahren Arbeit und Haß zum ersten Mal krank. Er lag im Bett und blickte zum Fenster hinaus. Er sah sein Gärtchen. Er sah den Abschluß des Gärtchens, die Bretterwand. Die Fabrik sah er nicht. Es ist eine Elend, sagte er nach drei Wochen zu seiner Frau. Ich sehe immer nur das Gärtchen, das ist mir zu langweilig, nehmt mal zwei Bretter aus dieser verdammten Wand, damit ich was anderes sehe. Die Frau erschrak. Sie lief zum Nachbarn. Der löste zwei Bretter aus der Wand. Der Kranke sah durch die Lücke hindurch einen Teil der Fabrik. Nach einer Woche beklagte er sich, ich sehe immer das gleiche Stück Fabrik, das lenkt mich zu wenig ab. Der Nachbar legte die Bretterwand zur Hälfte nieder. Zärtlich ruhte der Blick des Kranken auf seiner Fabrik, verfolgte das Spiel des Rauches über dem Schlot, das Ein des Menschenstromes am Morgen, das Aus am Abend. Nach 14 Tagen befahl er, die stehengebliebene Hälfte der Wand zu entfernen. Der Nachbar tat, wie er wünschte.
Als er die Büros sah, die Kantine und das gesamte Fabrikgelände, entspannte ein Lächeln die Züge des Kranken. Er starb nach einigen Tagen.

Kurt Marti: Werkauswahl in fünf Bänden, gekürzte Fassung aus: Neapel sehen, Erzählungen, © 1996 Verlag Nagel & Klimche AG, Zürich

Arbeit am Fließband

„... Und dazu hatte ich noch das Glück, nicht am Fließband zu arbeiten ... Es bedeutet das größte Leiden für einen Menschen und die traurigste Demütigung seiner Arbeit. Ich persönlich könnte das keinen Tag lang ertragen. Ich habe viele meiner Kameraden erschöpft und verrückt werden sehen. Nein, niemand kann jemals ermessen, was es bedeutet, die besten Jahre des Lebens damit zu vernichten, unentwegt einen einzigen mechanischen Handgriff zu tun. Und wenn man noch nicht so abgestumpft ist, daß es einem nicht gelingt, das Denken abzuschalten, hat man unter einer noch schlimmeren Demütigung zu leiden, nämlich der, sich völlig nutzlos zu fühlen. Man hat nichts im Leben zustande gebracht. Den Handgriff könnte auch ein Hund tun. Lieber noch ein Straßenkehrer sein, da hat man wenigstens die Befriedigung, auf ein sauberes Stück Straße zurückzusehen und sich sagen zu können – das habe ich sauber gemacht."

G.S., Automechaniker
Zit. in: J. Arias, Jesus wohnt nebenan. Düsseldorf 1977, S. 31 (gekürzt)

Wie lieblich ist der Maien
Martin Behm

40 Jahre wirkt Martin Behm als Pfarrer in seiner Heimatstadt Lauban in der Oberlausitz. Hier ist er 1557 geboren. Hier ist er auch 1622 gestorben.
1590 ist Martin Behm gerade neun Jahre im Amt des Gemeindepfarrers, da geschieht, was keiner verstehen kann. Die Sonne brennt Tag für Tag. Die Tage sind heiß, die Nächte kühlen kaum ab. Kein Regen fällt. Das Gras auf den Wiesen vertrocknet. Die Quellen versiegen, die Bäche führen kein Wasser mehr. Die Früchte auf den Bäumen verdorren, das Getreide verliert die Körner. Die Ernte fällt aus. Das Brot wird teuer. Der Hunger zieht in die Häuser ein.
Zu der Hungersnot kommt ein Erdbeben. Die Häuser werden erschüttert. Die Herzen zittern, selbst die Glocken schlagen an. Die Hungersnot währt über den Winter. Die Menschen hadern mit ihrem Schicksal. Viele werden bitter. Martin Behm betet für seine Gemeinde.
Im Frühjahr geschieht das Wunder: Der Regen fällt, die Bäume beginnen zu blühen. Voller Dank dichtet der Liedermacher: „Wie lieblich ist der Maien aus lauter Gottesgüt." Voller Lob schreibt er: „Herr, dir sei Lob und Ehre, für solche Gaben dein!" Doch auch die Sorgen sind nicht zu überhören: „Drum wollst du von uns wenden Mehltau, Frost, Reif und Schloß."
Im Rückblick auf die dunklen Zeiten der Not, im Rückblick auch auf seine Bitterkeit, bittet er auch für seinen Geist und für seine Arbeit: „Herr, laß die Sonne blicken ins finstre Herze mein" und dann „Mein Arbeit hilf vollbringen."
Martin Behm bittet mit seinem Lied, daß es nicht nur in der Natur, sondern auch in der Seele und im persönlichen Leben Mai wird.

1. Wie lieb - lich ist der Mai - en
des sich die Men - schen freu - en,
aus lau - ter Got - tes - güt,
weil al - les grünt und blüht.
Die
Tier sieht man jetzt sprin - gen mit Lust auf
grü - ner Weid, die Vög - lein hört man
sin - gen, die lo - ben Gott mit Freud.

EG 501

Bei Sonnenaufgang

Das Auge des großen Gottes,
das Auge der Herrlichkeit,
das Auge des Königs aller Mächte,
das Auge des Königs über allem, was lebt –

es strahlt über uns auf
jeden Tag, jedes Jahr.
Es strahlt über uns auf,
zärtlich, in Fülle.
Ehre sei dir, glanzvolle Sonne!
Ehre dir, Sonne,
du Auge Gottes über allem, was lebt.

Morgenlied aus Irland

15
Muttertag

Muttertag

Der Muttertag wird am zweiten Sonntag im Mai gefeiert und ist ein verhältnismäßig junges Fest profanen Ursprungs. Er hat mit dem alten Kirchenjahr nichts zu tun. „Erfunden“ wurde er 1907 von der Amerikanerin Anna Jarvis aus Philadelphia. Es hat bestimmt seinen Grund, daß der Muttertag im Marienmonat gefeiert wird.

Es war vor der Jahrhundertwende im amerikanischen Bundesstaat Virginia, als Anna Jarvis mit ihrer Mutter und der blinden Schwester Elsionore nach Philadelphia zog. Der Vater war früh verstorben, und nun es war ihre Aufgabe, für die Familie aufzukommen.

Obwohl es damals keineswegs üblich war, daß Frauen berufstätig waren, arbeitete Anna Jarvis als Angestelle bei einem Versicherungsunternehmen. Daß sie von anderen Frauen, die nicht berufstätig waren, belächelt wurde, störte sie nicht. Im Gegenteil, sie war aktiv in der Frauenbewegung tätig und setzte sich für die Gleichberechtigung der Frau ein.

Anna Jarvis heiratete nicht. Ihre Liebe galt in erster Linie ihrer Mutter.

Deshalb war es für sie ein besonders schmerzlicher Schock, als die über alles geliebte Mutter überraschend am 9. Mai 1905 starb. Anna war wie gelähmt. Sie ging nicht mehr zur Arbeit und zog sich auch aus der Frauenbewegung zurück. Fast jeden Tag verbrachte sie den größten Teil ihrer Zeit zurückgezogen in ihrer Wohnung in der North 12th Street, 2031 in Philadelphia: Mit heruntergelassenen Jalousien starrte sie im Dämmerlicht auf ein altes Bild ihrer Mutter, unfähig, an etwas anderes zu denken als an die abgöttisch verehrte Tote.

In ihren Erinnerungen kehrte Anna Jarvis zurück in ihre Kindheit in West-Virginia. Sie sah, wie die Mutter Nachbarn aus der engeren und weiteren Umgebung in ihr Haus geladen hatte: ehemalige Teilnehmer am Krieg der Nord- gegen die Südstaaten. Die idealistisch denkende Frau wollte die ehemaligen Gegner, die noch kurz zuvor erbittert gegeneinander gekämpft hatten, aussöhnen. „Tut es euren Müttern zuliebe“, sagte sie.

Immer wieder stieg dieses Ereignis aus dem Jahre 1865 vor ihren Augen auf. Anna Jarvis wiederholte immer wieder den Satz ihrer Mutter: „Tut es euren Müttern zuliebe.“ Ihre Gedanken konzentrierten sich immer stärker auf ihn, bis schließlich ein Plan daraus erwuchs. Vage zuerst, doch er nahm festere Umrisse an, je länger die um ihre Mutter trauernde Tochter darüber nachdachte.

„Freundschaftstag der Mütter“ hatte Mrs. Jarvis ihre Versöhnungsfeier vor 40 Jahren genannt; ihr zuliebe und zu ihrem ehrenden Andenken wollte nun Anna Jarvis einen ähnlichen Tag – für alle Mütter der Welt – gründen und durchsetzen. Am zweiten Sonntag im Mai war ihre Mutter gestorben: Dieser Tag sollte künftig regelmäßig „Muttertag“ sein.

Doch es dauerte noch geraume Zeit, bis Anna Jarvis ihre 1905 geborene Idee in die Tat umsetzen konnte. Mit fanatischer Ausdauer warb sie für ihre Vorstellungen. In einem zum Büro umgearbeiteten Raum ihrer Wohnung schrieb sie Tausende von Briefen an die Verantwortlichen im Lande: an Minister, Abgeordnete, Journalisten, Verbandsvorsitzende. Sie ließ Plakate und Flugblätter drucken und sie in den gesamten USA verteilen. Auf ausgedehnten Reisen hielt sie in fast allen amerikanischen Städten flammende Reden, die in dem Aufruf an die Regierungen gipfelten: „Schafft endlich einen Ehrentag der Mutter!“
Erste zustimmende Reaktionen ließen nicht auf sich warten. Am 10. Mai 1908 wurde in einer Methodistenkirche erstmals ein Muttertags-Gottesdienst abgehalten. Am 8. Mai 1914 unterschrieb Präsident Wilson einen vom amerikanischen Kongreß einstimmig beschlossenen Erlaß, nach dem jeweils der zweite Sonntag im Mai als Muttertag zu feiern sei.

Anna Jarvis genügte es jedoch nicht, den Muttertag als rein amerikanisches Fest zu sehen. Ihre Idee, einmal im Jahr der Mutter zu gedenken, sollte weltweite Verbreitung finden. Innerhalb weniger Jahre hatte Anna Jarvis Zusagen aus 43 Ländern. Heute wird der Muttertag praktisch auf der ganzen Welt gefeiert.

Nach Petra Böhm

Mutter, Mami, Mutti, Mama – so wird sie im deutschen Sprachraum genannt. Ein Blick über die Grenzen zeigt, daß das vertraute Wort Mutter in vielen, sich sonst ganz fremden Sprachen ähnlich lautet:

Chinesisch:	Moù
Holländisch:	Moeder
Litauisch:	Matyna
Englisch:	Mother
Bulgarisch:	Mayka
Portugiesisch:	Mae
Romanisch:	Mat
Französisch:	Mère
Polnisch:	Matka
Spanisch:	Madres
Tschechisch:	Matka
Italienisch:	Madre
Schwedisch:	Mor
Indisch:	Matár
Norwegisch:	Mor

Die vielen Hände der Mutter

Das Schulheft, in dem dieser Aufsatz eines Kindes aus der dritten Klasse steht, ist schon ziemlich vergilbt. Vor vierzig Jahren schrieb die zehnjährige Schülerin Christine den Aufsatz. Die Lehrerin las ihn der Klasse vor:

„Mutterhände: In der einen Hand hält meine Mutter die Pfanne und kocht. In der anderen hat sie den Staublappen und wischt den Tisch ab. Mit der anderen Hand gibt sie der Kleinsten zu trinken. Mit der anderen Hand macht sie das Essen für den Vater und alle Kinder bereit. Mit der anderen Hand gibt sie einem Bettler an der Tür zwanzig Rappen. In der anderen Hand hält sie den Rosenkranz und betet ..."

Allmählich begannen einige Mitschülerinnen zu lachen, als die Lehrerin den seltsamen Aufsatz vorlas. So hielt sie inne und fragte das Mädchen: „Aber Christine, wieviele Hände hat denn eigentlich deine Mutter?" Christine war nicht verlegen, stand auf und berichtete im Tempo einer frommen Litanei: „Meine Mutter hat ... meine Mutter hat: zwei Hände für den Vater, zwei Hände für jedes der sieben Kinder, zwei Hände für den Knecht, zwei Hände für das Vieh im Stall, zwei Hände für alle armen Leute, zwei Hände für den lieben Gott, wenn sie betet ... und dann noch zwei Hände, wenn irgend etwas nötig ist, total sechsundzwanzig Hände!"

In der Klasse wurde es auf einmal still; die Lehrerin sagte: „Und du, Christine, hast den besten Aufsatz geschrieben!"

Quelle: unbekannt

Rechnung von Michael Koller für seine Mutter:

Jeden Tag den Kübel ausgeleert	DM -,50
Dreimal wöchentlich Brot geholt	DM -,50
Viermal Geschirr abgetrocknet	DM -,30
Sechsmal der kleinen Schwester die Schuhe geputzt (mit Paste!)	DM 1,–
Elfmal Kohlen aus dem Keller geholt	DM -,80
Andere Arbeiten (Staub wischen, Blumen gießen und vieles mehr)	DM 1,30
Macht zusammen	DM 4,40

Rechnung von Frau Koller für ihren Sohn Michael:

Neun Jahre für ihn gekocht	DM 0,00
Neun Jahre für ihn gewaschen	DM 0,00
Ihn zweitausendmal gewaschen und gekämmt	DM 0,00
Achtzigmal Hosen und Hemden geflickt	DM 0,00
Hundert Nächte für ihn durchgewacht, als er krank war	DM 0,00
Macht zusammen	DM 0,00

Nach: W. Hühnermann, Die steinernen Tafeln, Rex-Verlag, Luzern

Das Gänseblümchen ist Zeichen des Müttergenesungswerkes. „Erfunden" hat dieses Zeichen 1951 Elly Heuss-Kapp, Frau des ersten Bundespräsidenten Theodor Heuss. Die Blume sollte Zeichen des Dankes für eine Spende am Muttertag sein. Aufgabe des Werkes ist es, für überarbeitete und kranke Mütter Erholung in einem Heim zu ermöglichen. Die Vielfalt der Blätter könnte die Vielzahl der Aufgaben bezeichnen, die Mütter für ihre Kinder übernehmen.

Gott – wie eine Frau

„Habe denn ich dieses ganze Volk in meinem Schoß getragen, oder habe ich es geboren, daß du zu mir sagen kannst: Nimm es an deine Brust, wie der Wärter den Säugling, und trage es in das Land, das ich seinen Vätern mit einem Eid zugesichert habe?“ (Num 11,12)

„Kann denn eine Frau ihr Kindlein vergessen, eine Mutter ihren leiblichen Sohn? Und selbst wenn sie ihn vergessen würde, ich vergesse dich nicht.“ (Jes 49,15)

„Saugt euch satt an ihrer tröstenden Brust, trinkt und labt euch an ihrem mütterlichen Reichtum! ... Ihre Kinder wird man auf den Armen tragen und auf den Knien schaukeln. Wie eine Mutter ihren Sohn tröstet, so tröste ich euch.“ (Jes 66,11–13)

„Fürwahr, meine Seele ist still und ruhig geworden wie ein kleines Kind bei seiner Mutter, wie ein kleines Kind, so ist meine Seele in mir.“(Ps. 131,2)

„Gott ist unser Vater, noch mehr, er ist uns auch Mutter.“ (Papst Johannes Paul)

Brief einer Mutter an ihr Kind

Mein lieber Sohn!

Nun ist bald wieder der Tag gekommen, an dem Du mir dankbar sein mußt. Du mußt mir Pralinen schenken oder Blumen. Du sollst mir den Frühstückstisch decken und mich den ganzen Tag über mit Deinen Aufmerksamkeiten begleiten. „Danke, liebe Mutter, daß es Dich gibt. Danke für die kummervollen Nächte an meinem Krankenbett. Danke für Deine grauen Haare und Deine faltigen Hände. Danke für all die Opfer, die Du meinetwegen gebracht hast ..."
Wie schade wäre es um Deinetwillen und um meinetwillen, würdest Du in diesem Sinne der allgemeinen Verlogenheit an diesem Tag folgen. Denn eines kann ich Dir mit Gewißheit sagen: Opfern wollte ich mich für Dich nicht - und die faltigen Hände und grauen Haare werden eines Tages auch ohne Dich kommen.
Dennoch glaube ich, daß es über den Muttertag hinaus einen viel tieferen Grund zur Dankbarkeit gibt, und dieser Dank gebührt weder Dir noch mir. Es ist der Dank und das Geschenk unseres Zusammenseins. Ich nenne es auch den Dank für eine neue Existenz. Ohne Dich wäre mein Leben leichter - durch Dich ist es sinnvoller. Ein Kind, so heißt es, muß sich in seiner Mutter widerspiegeln können. Ich empfinde es auch umgekehrt: In Dir begegne ich mir wie in einem Spiegel mit allen meinen Schwächen und Stärken. In dieser Hinsicht bist Du mir ein beharrlicher Lehrmeister, eine unablässige Herausforderung. Du bist unbequem. Meinen Stillstand duldest Du nicht. Du willst wachsen - und mit jedem Zentimeter, den Du an innerer und äußerer Größe hinzugewinnst, erkennst Du nach der ersten Freude voller Trauer, daß Du immer noch viel zu klein bist angesichts der vielen Fragen und Aufgaben, die das Leben an Dich stellt.
An Dir, lieber Sohn, bin ich gewachsen. In der äußeren Enge spüre ich die innere Weite, im Verzicht den Reichtum, im hemmungslosen Zorn die grenzenlose Liebe. In dieses Spannungsfeld hinein bist Du geboren. Kleiner Wanderer zwischen so vielen Welten. Das einzige, was ich Dir voraus habe, ist ein kurzes Stück mehr Weg. - Wofür willst Du mir am Muttertag danken? Ich gebe Dir mein Gutes, und ich gebe Dir mein Schlechtes. Es ist so viel und doch so wenig. Und so, wie Du jeden Morgen voller Mut und Tatkraft den neuen Tag wie ein neues Leben empfängst, begrüße ich die neue Chance, es heute vielleicht ein bißchen besser zu machen als gestern.

Doris Weber. Genaue Quelle unbekannt, Verlag Kindermeßbörse GbR, Hildesheim 97–1, S. 17

Meiner Mutter

Wie oft sah ich die blassen Hände nähen,
ein Stück für mich – wie liebevoll du sorgtest!

Ich sah zum Himmel deine Augen flehen,
ein Wunsch für mich – wie liebevoll du sorgtest!

Und an mein Bett kamst du mit leisen Zehen,
ein Schutz für mich – wie liebevoll du horchtest!

Längst schon dein Grab die Winde überwehen,
ein Gruß für mich – wie liebevoll du sorgtest.

Detlev von Liliencron

Maria, breit den Mantel aus
Die Schutzmantelmadonna

Maria im weit geöffneten Mantel galt insbesondere den Menschen des ausgehenden Mittelalters, die von Pest, Hunger und Krieg gegeißelt waren, als tröstliche Zuflucht vor irdischer, aber auch göttlich erklärter Unbill.

Doch schon am Kreuz stellte Jesus den Jünger, den er liebte, unter den Schutz seiner Mutter. Dieser Schutzgedanke verbindet sich mit der Erinnerung an alte Rechtsbräuche: „Mantelflucht" bedeutete, daß ein Übeltäter begnadigt wurde, dem es gelang, unter den Mantel einer fürstlichen Frau zu fliehen. Auch die Annahme an Kindes Statt wurde durch Einhüllen in den Mantel rechtskräftig („Mantelkindschaft").

Das Motiv der Schutzmantelmadonna als Symbol unermeßlicher Barmherzigkeit hat eine lange Tradition in Gebet und Legende, in Malerei und Plastik. Im Lied wurde es aufgegriffen in einem der schönsten deutschen Marienlieder des 17. Jahrhunderts, das besonders im süddeutschen Raum erklingt: „Maria, breit den Mantel aus ..."

Melodie und Text mit 29 Strophen erscheinen 1640 bei dem angesehenen Innsbrucker Musikverleger Michael Wagner in einem Heft mit vier Marienliedern. Vertrauensvoll wird Maria, die Mutter, angerufen, etwa als Zuflucht der bedrängten Menschheit in aller Gefahr und als Beschützerin von Leib und Seele.

In der heutigen Textfassung wird die Bitte entfaltet: Der Schutzmantel Mariens soll die betende und singende Gemeinde, die weite Welt, alle Menschen decken. Allezeit und vor allen Feinden soll der Christenheit dieser Schutz geschenkt werden.

GL 595, Strophe 1

Gott,
unsere Mutter,
die dich überall
und zu jeder Zeit
hört und sieht,

schütze dich,
wende Sorge
und Not von dir ab

und lasse dich
in ihrem Frieden leben.

16
Christi Himmelfahrt

Christi Himmelfahrt

40 Tage nach Ostern und 9 Tage vor Pfingsten, immer an einem Donnerstag, feiern die christlichen Kirchen Christi Himmelfahrt. Sie halten sich dabei an die Berichte des Evangelisten Lukas, wonach der auferstandene Jesus nach Ostern 40 Tage lang den Jüngern erschienen und am 40. Tag in den Himmel aufgefahren ist (Apg 1,3–11).
40 Tage bezeichnet die Bibel immer als eine bedeutsame Zeit. So fastete Jesus 40 Tage in der Wüste, Mose verbrachte 40 Tage auf dem Berg Sinai, um die Gebote Gottes aufzuschreiben, und Elia wanderte in 40 Tagen und 40 Nächten zum Berg Horeb, dem Berg seiner Begegnung mit Gott. 40 Tage und Nächte regnete es bei der Sintflut. Die Zahl 40 ist auch eine symbolische Zahl in der Bibel und bezeichnet die Vollkommenheit.
Die Himmelfahrt Jesu besagt: Jesus ist zu vollkommener Gemeinschaft mit Gott gelangt. „Er sitzt zur Rechten Gottes, des allmächtigen Vaters." Er ist der Herr der Welt und das Haupt der Kirche.
Das Fest Christi Himmelfahrt als eigenständiges Fest gibt es seit 390. Für die ersten Christen war die Festzeit von Ostern bis Pfingsten ein einziges unzertrennbares Festgeheimnis. Sie feierten den Tod Jesu, seine Auferstehung, seine Himmelfahrt und die Geistsendung als eine Einheit. Erst mit der Zeit erfuhren sie den Auferstandenen in vielfältiger Weise: als den, der den Geist sendet; als den, der jetzt schon im Reich Gottes ist. Ein sehr alter Brauch sind die Wallfahrten am Fest der Himmelfahrt Jesu. Sie sind ein Bild unseres Lebensweges: auf dem Weg zu Gott zu sein.
Ein weiterer Himmelfahrtsbrauch ist das gelegentlich noch geübte Hochziehen einer Heilandsfigur zu einer Luke in der Kirchendecke. Der „Auffahrt-Christus" wird gesegnet und schwebt empor - sich langsam um die eigene Achse drehend - die Hand segnend ausgestreckt. Dieser in der Pfalz berichtete Brauch ist von theologischer Tiefe: Der Herr wird den Blicken der Gläubigen entzogen. Dazu kommt der Brauch, daß aus der Luke, durch die der Herr entschwand, geschnitzte Engel, an Seilen auf- und niedertanzend, die Himmelfahrt begleiten. Häufig wurden früher anschließend Oblaten, Mandeln und Rosinen auf die Kirchgänger herabgeschüttet. Mancherorts läßt man eine hölzerne Heilig-Geist-Taube zum Pfingstfest herabschweben: Der Herr ist in neuer Seinsweise unter uns.
Bekannt sind die sehr vielen Wallfahrten am Himmelfahrtstag besonders in der Eifel und im süddeutschen Raum. Wallfahrten wie auch Pilgerreisen waren immer schon ein Symbol für das „Unterwegssein" des Menschen bis ans Ende seines Lebens, letzthin zu Gott. Sich auf den Weg machen heißt, auf etwas sinnen, seinen Sinn er-gehen, seinen Sinn erfahren wollen. Das Lied

„Wir sind nur Gast auf Erden und wandern ohne Ruh mit mancherlei Beschwerden der ewigen Heimat zu“ nimmt diesen Weg-Gedanken auf.
Deshalb gehören zum Brauchtum des Himmelfahrtstages Flurritte und Bittgänge, auch Öschprozessionen genannt (sog. „Schauerprozessionen“). Dabei wird um Schutz vor Gewitter und Hagelschlag und um eine gute Ernte gebetet. Die Prozessionen mahnen den ohnmächtigen Menschen, sich demütig und vertrauensvoll an den Geber alles Guten zu wenden.
Wer an diesem Tag aus dem Himmelfahrtsblümchen (Gnaphalium dioicum) ein Kränzchen bindet und im Hause aufhängt, schützt es gegen Blitzschlag.
Wird eine Prozession oder ein Spaziergang am Himmelfahrtstag durch Regen oder Gewitter gestört, so hat der fromme Volksglaube eine naheliegende Erklärung: An diesem Tag muß der Himmel ja weit geöffnet sein, damit Christus in ihn hineinfliegen kann.
Bei der Gestaltung des Himmelfahrtstages wurden heidnische Bräuche umgedeutet. Daß man am Himmelfahrtstag auch um Schutz vor Gewitter bittet, hat neben den jahresüblichen Gewittern auch mit dem Donnerstag zu tun, auf den dieser Feiertag immer fällt. Donnerstag war der „Thors-“ oder „Donartag“ und somit dem germanischen Gott des Gewitters gewidmet. Daß man an diesem Tag nicht arbeitet, hat also auch mit dem Gewittertag zu tun, an dem man nicht von einem Blitz getroffen werden sollte.
Der Himmelfahrtstag hat in den vergangenen Jahrzehnten eine starke Verweltlichung erfahren. Er ist zum „Vatertag“ geworden, der mit einer feuchtfröhlichen Herrenpartie begangen wird. Ein Rest des Himmelfahrtsfestes ist dabei jedoch übriggeblieben. Die Väter ziehen hinaus ins Grüne, oft mit Fahrrädern. So begehen sie ihre „Flurprozession“.
Der „Vatertag“ könnte einmal Gelegenheit sein, über die Väterlichkeit Gottes nachzudenken; ähnlich wie am Muttertag über die Mütterlichkeit Gottes nachgedacht wird. Gott ist ja nach dem Zeugnis der Bibel „wie ein guter Vater“. Im Gebet „Vater unser“ dürfen wir Gott als Vater anrufen. Wer einmal herausfinden will, was einen „guten Vater“ kennzeichnet, sollte einmal in die Bibel schauen. Eines wird schnell klar: Gott als Vater liebt seine Kinder. Er nimmt sich viel Zeit für sie und bringt viel Geduld auf.

Leb wohl, lieber Dachs

Der Dachs war verläßlich, zuverlässig und immer hilfsbereit. Er war auch schon sehr alt, und er wußte fast alles. Er wußte auch, daß er bald sterben würde. Der Dachs fürchtete sich nicht vor dem Tod. Sterben bedeutet nur, daß er seinen Körper zurückließ. Und das machte dem Dachs nicht viel aus. Seine einzige Sorge war, wie seine Freunde seinen Tod aufnehmen würden.

Er aß sein Abendbrot und setzte sich dann an den Schreibtisch, um einen Brief zu schreiben. Als er fertig war, ließ er sich im Schaukelstuhl neben dem Kamin nieder. Er schaukelte sanft hin und her und war bald eingeschlafen. Und er hatte einen seltsamen, doch wundervollen Traum.

Vor ihm öffnete sich ein langer Tunnel. Der Dachs lief. Seine Beine trugen ihn kräftig und sicher dem Tunnel entgegen. Er brauchte keinen Spazierstock mehr. Er lief leicht und behende, schneller und immer schneller durch den langen Gang, bis seine Pfoten den Boden gar nicht mehr berührten. Er fühlte sich frei. Es war, als wäre es aus seinem Körper herausgefallen.

Am folgenden Tag versammelten sich seine Freunde vor dem Eingang zum Dachsbau. Sie machten sich Sorgen, weil der Dachs nicht wie sonst herausgekommen war, um ihnen einen guten Morgen zu wünschen. Der Fuchs eröffnete ihnen die traurige Nachricht. Er sagte, daß der Dachs tot sei. Dann las er ihnen den Brief vor. Darin stand nur: „Bin durch den ‚langen Tunnel' gegangen. Lebt wohl. Dachs."

Alle Tiere hatten den Dachs lieb gehabt, und alle waren sehr betrübt. Sie fühlten sich allein und verlassen und furchtbar unglücklich. Es begann zu schneien. Der Schnee begrub das Land unter sich, aber er konnte die Traurigkeit nicht begraben, die die Freunde des Dachses erfüllte. Der Dachs war immer zur Stelle gewesen, wenn ihn einer brauchte. Die Tiere wußten nicht, wie sie jetzt ohne ihn zurechtkommen sollten.

Als es anfing, Frühling zu werden, besuchten die Tiere einander oft und redeten von der Zeit, als Dachs noch lebte. Der Maulwurf konnte besonders gut mit der Schere umgehen. Und nun erzählte er, wie Dachs ihn einst gelehrt hatte, aus einem zusammengefalteten Bogen Papier eine Maulwurfskette auszuschneiden. Er erinnerte sich, wie sehr er sich gefreut hatte, als ihm sein Meisterstück gelungen war: eine ganze lange Kette von Maulwürfen, die sich an den Pfoten hielten.

Der Frosch war ein glänzender Schlittschuhläufer. Er erinnerte sich, wie Dachs ihm geholfen hatte, die ersten Schritte auf dem Eis zu tun. Dachs hatte ihn behutsam über das Eis geführt, bis er sich sicher genug fühlte, um allein darüberhin zu flitzen.

Der Fuchs dachte an die Zeit, als er ein junges Füchslein war. Und wie es ihm nicht gelingen wollte, einen ordentlichen Krawattenknoten zu binden. Schließlich hatte ihm Dachs gezeigt, wie man es machte. „Man nimmt als erstes das breite Ende und schlingt es rechts über links und hintenherum um das dünne Ende und dann noch einmal ganz herum, dann steckt man es von oben durch die Schlinge, und während man das hintere Ende mit der einen Pfote festhält, zieht man mit der anderen den Knoten bis zum Hals hinauf."

Der Dachs hatte Frau Kaninchen sein Spezialrezept für Lebkuchen gegeben und ihr gezeigt, wie man Lebkuchenkaninchen backte. Als sie von ihrer ersten Backstunde bei Dachs erzählte, konnte sie beinah den köstlichen Duft frisch gebackener Lebkuchen schnuppern.

Jedes der Tiere bewahrte eine besondere Erinnerung an den Dachs – irgend etwas, was er sie gelehrt hatte und was sie jetzt ausnehmend gut konnten. Dachs hatte jedem von ihnen ein Abschiedsgeschenk hinterlassen, das sie wie einen Schatz hüteten. Mit ihren verschiedenen Gaben konnten sie alle einander helfen.

Mit dem letzten Schnee schmolz auch die Traurigkeit der Tiere dahin. Sooft der Name des Dachses fiel, kam einem von ihnen eine neue Schmunzelgeschichte in den Sinn. Eines warmen Frühlingstages wanderte der Maulwurf über den Hügel, wo er den Dachs zum letzten Mal gesehen hatte. Hier wollte er dem Freund für sein Abschiedsgeschenk danken. „Danke Dachs", sagte er leise. Er war überzeugt, daß ihn der Dachs hörte. Und vielleicht war es auch so.

Susan Varley: Leb wohl, lieber Dachs. Deutsch von Ingrid Weiselbaumer, Annette Betz Verlag, 1984 (stark verkürzt)

40 Tage nach Ostern und 9 Tage vor Pfingsten, jeweils an einem Donnerstag, feiern die christlichen Kirchen Christi Himmelfahrt. Die Zahl 40 ist in der Bibel eine symbolische Zahl und bezeichnet die Vollkommenheit. Ihre Bedeutung beruht auf den Berichten des Evangelisten Lukas, wonach der auferstandene Jesus nach Ostern 40 Tage lang den Jüngern erschienen und am 40. Tag in den Himmel aufgefahren ist (Apg. 1,3–11). Andere Beispiele für die Spanne von 40 Tagen sind:
Jesus fastete 40 Tage in der Wüste, Mose verbrachte 40 Tage auf dem Berg Sinai um die Gebote Gottes aufzuschreiben und Elia wanderte in 40 Tagen und 40 Nächten zum Berg Horeb, dem Berg seiner Begegnung mit Gott. 40 Tage und Nächte regnete es bei der Sintflut.

Die Seligpreisungen

Selig, die arm sind vor Gott; denn ihnen gehört das Himmelreich.

Selig die Trauernden; denn sie werden getröstet werden.

Selig, die keine Gewalt anwenden; denn sie werden das Land erben.

Selig, die hungern und dürsten nach der Gerechtigkeit; denn sie werden satt werden.

Selig die Barmherzigen; denn sie werden Erbarmen finden.

Selig, die ein reines Herz haben; denn sie werden Gott schauen.

Selig, die Frieden stiften; denn sie werden Söhne Gottes genannt werden.

Selig, die um der Gerechtigkeit willen verfolgt werden, denn ihnen gehört das Himmelreich.

Selig seid ihr, wenn ihr um meinetwillen beschimpft und verfolgt und auf alle mögliche Weise verleumdet werdet. Freut euch und jubelt: Euer Lohn im Himmel wird groß sein. (Mt 5,3–12)

Die Geschichte vom Luftballon

Als wir Kinder waren, da war es noch etwas Besonderes, wenn am Sonntagnachmittag in der Rödelheimer Gartenwirtschaft unser Vater uns bei dem Mann mit der großen Luftballontraube einen bunten runden Luftballon kaufte - einen von denen, die man an der Kordel ganz fest halten mußte, weil sie sonst fortflogen. Wie hielt ich den fest! Ich ließ ihn tanzen, ich tätschelte ihn mit der Hand, ich zog ihn rennend hinter mir her und spürte den Widerstand in der Luft.

Aber ich wußte zugleich: Einmal werde ich ihn fliegen lassen. Einmal kommt der Moment, da ist es noch wichtiger, als ihn zu haben, daß er fliegt, steigt, in den Himmel hinein. Das kann er nur, wenn ich ihn loslasse.

So ließ ich ihn denn irgendwann plötzlich los. Und er stieg.

Alle legten den Kopf zurück, mit großen Augen und offenem Mund, und sahen ihn steigen. Sie riefen: „Schau da, ein Luftballon!“ Bald war er kaum noch zu sehen. Wir mußten uns zeigen, wo er flog.

Dann war er weg. Meine Hände waren leer. Ich fühlte die Trennung. Aber ich weinte nicht. Ich war sogar glücklich.
Ich muß damals so etwas empfunden haben, wie daß ich jetzt selber mit einem Stück von mir in der Unendlichkeit der Welt aufgegangen war. Hätte mir jemand gesagt: „Er wird langsam schlaff werden, sinkt dann wieder herunter und verfängt sich in einem Baum oder in einer Telegraphenleitung, oder er platzt, und dann liegen die Gummifetzen auf der Straße“ - ich hätte solche Gedanken nicht zugelassen. Ich hätte sie sofort wieder verdrängt. Obwohl ich ihn nicht mehr hatte, besaß ich ihn jetzt, wo er in die Unerreichbarkeit eingegangen war, anders und inniger als zuvor.

Norbert Lohfink SJ

Himmel und Hölle

Ich, Rabbi Mendel, wünschte mir, Himmel und Hölle kennenzulernen. Da erschien der Prophet Elias und führte mich in die Hölle. Da war ein großer, langer Tisch, an dem die Menschen saßen. Ein großes Feuer brannte im Raum, der sonst leer und kahl war. Auf dem Tisch standen dampfende Suppenschüsseln, aus denen die Menschen zu essen versuchten. Aber was ich jetzt sah, war entsetzlich. Die Menschen hatten meterlange Löffel und waren nicht in der Lage, diesen Löffel an den Mund zu führen. So verschütteten sie die Suppe, stießen die Suppenschüsseln um, es herrschte ein entsetzliches Chaos. Aber sie wurden nicht satt, und die Begierde verbrannte ihr Herz. Genug! Genug!! rief ich da und bat den Propheten, mich schnell von diesem Ort wegzuführen und mir den Himmel zu zeigen. Der Prophet führte mich hin in Sekundenschnelle.

Aber welch ein Erstaunen ergriff mich! Ich sah wieder einen großen Raum! Ein Feuer brannte auch hier! Ein großer, langer Tisch stand da, an dem die Menschen saßen. Auf dem Tisch dampfende Suppenschüsseln - aber statt das Unmögliche zu versuchen, mit diesen Löffeln selbst zu essen, speisten sie sich gegenseitig. So wurden alle satt, sie verschütteten nichts, und ihre Herzen schwangen in Harmonie und Frieden.

Jetzt wußte ich den Unterschied zwischen Himmel und Hölle. Ergriffen dankte ich dem Propheten, der die Verzauberung löste, und ich fand mich wieder im stillen Gedenken.

Kalenderblatt

Christ fuhr gen Himmel
Johann Leisentrit

Es ist die Zeit der Gegenreformation. Das Bistum Meißen wird evangelisch und Johann Leisentrit (1527–1584) wird zum Bistumsadministrator ernannt. Durch das Verlangen mehrerer lausitzischer Katholiken gedrängt, vielleicht auch in der Hoffnung, dadurch manche Protestanten zur Kirche zurückzuführen, wendet sich Leisentrit an Papst Pius V., um von ihm die erlaubnis zur Gestaltung der Messe in deutscher Sprache zu erhalten. Er glaubt außerdem festzustellen, daß die meisten deshalb zum Protestantismus übergehen, weil dort die Liturgie in der Landessprache abgehalten wird. Der Papst erteilt ihm die Erlaubnis nicht. Vielmehr befiehlt er dem Administrator Leisentrit, den Leuten dieses Verlangen auszureden.
Das ist ein schwerer Schlag für Leisentrit, brachte er doch bereits das erste katholische Ritualbuch Deutschlands heraus, welches eine ganze Sakramentenspendung in deutscher Sprache enthielt. Diesem Taufbuch folgte später ein Traubüchlein.

Das alte Himmelfahrtslied „Christ fuhr gen Himmel" ist das älteste deutsche Himmelfahrtslied. Es ist eine Nachbildung der Osterleise „Christ ist erstanden" und gehört wie die meisten Leisen (Leis = alter kirchlicher Bittgesang) zu den ersten gottesdienstlichen Gesängen in der Muttersprache. So ist es kein Zufall, daß die 2. Strophe von Leisentrit stammt, der so mit seinem kurzen Text Heimatrecht in die Liturgie bringt. Zu finden ist sie in dem 1567 von Leisentrit herausgegebenen Gesangbuch „Geistliche Lieder und Psalmen".

Christ fuhr gen Him - mel. Was sandt er uns her -
nie - der? Den Trö-ster, den Hei - li - gen Geist, zu
Trost der gan-zen Chri-sten-heit. Ky - ri - e - leis.
Christ fuhr mit Schal - len von sei - nen Jün-gern
al - len. Er seg-net' sie mit sei - ner Hand und
sand-te sie in al - le Land. Ky - ri - e - leis.
Hal - le - lu - ja, Hal - le - lu - ja, Hal - le -
lu - ja! Des solln wir al - le froh sein,
Christ will un - ser Trost sein. Ky - ri - e - leis.

EG 120, GL 228

Gott behüte dich;
behüte dein Leben
wie ein Hirt die Schafe.

Gott beschütze dich;
schütze deinen Weg
wie eine Schutzhütte den Wanderer.

Gott bewahre dich;
bewahre deine Freude
wie der Himmel eine Wahrheit.

Gott steh dir bei
in allen deinen Nöten;
so standhaft wie ein Berg.

17
Pfingsten

Pfingsten

Das Wort Pfingsten kommt von dem griechischen Wort Pentekoste und heißt „der 50. Tag". Nach 7 mal 7 Tagen wurde die Osterzeit festlich abgeschlossen. Die Zeit der leiblichen Gegenwart des Auferstandenen auf Erden ist nach der Himmelfahrt vorüber.
Am 50. Tag nach Ostern wurde über die Jünger in Jerusalem der versprochene Geist ausgegossen. Er überkam sie wie ein gewaltiger Sturmwind und wie ein unwiderstehliches Feuer und befähigte sie, die frohe Botschaft von dem auferstandenen Herrn zu erzählen.
Das alttestamentliche Wort „ruach" bedeutet Wind, Sturm, Atem, Lebenshauch. Die Symbolik des Windes, Sturmes, Atems macht das Wirken des Geistes deutlich: belebend, befruchtend, erwärmend, aber auch niederreißend und zerstörend.

Pfingsten gilt als der Geburtstag und das Geburtsfest der Kirche Jesu Christi. Sie ist immer dort zu finden, wo der Geist Jesu, der Geist der Liebe, der Gemeinschaft und der Versöhnung herrscht. Dieser „Heilige" Geist gibt den Nachfolgern Jesu Mut, Kraft und Phantasie, auch heute so von Jesus zu erzählen, daß die Hörer „begeistert" sind und vom Geist Gottes erfaßt werden. An diesem Tag wird vielfach in der katholischen Kirche das Sakrament der Firmung gespendet.

Sieben Wochen nach Pessach feiern Juden Schawuot, das Wochenfest (5. Mose 16,9, Deuteronomium). Ursprünglich ein Erntedankfest, ist es seit spätjüdischer Zeit das Fest, an dem die Juden an den Bundesschluß Gottes mit seinem Volk und die Übergabe der 10 Gebote am Berg Sinai (2. Mose, Exodus 19;20) denken. Schawuot ist eines der drei großen Wallfahrtsfeste, das die Pilger nach Jerusalem führte.

Zum Pfingstfest gehört die Geschichte vom Turmbau zu Babel (1. Mose 11, Genesis). Der Heilige Geist hebt die Sprachenverwirrung auf und führt dazu, daß Menschen sich wieder verstehen und eine brüderliche und geschwisterliche Gemeinschaft bilden.
Das Pfingstfest ist voller Symbole: das Feuer, der Sturmwind, die Taube. Die Taube, Symbol des Geistes Gottes, des Heiligen Geistes, erinnert an die Taufe Jesu und an Noah, der eine Taube aussandte, um herauszufinden, ob die Sintflut vorüber war.

Früher war es üblich, am Pfingsttag den Heiligen Geist in Gestalt einer Taube aus dem „Heilig-Geist-Loch“ herabschweben zu lassen und sie in großen Bögen über den Köpfen der Kirchenbesucher kreisen zu lassen. Der Taube wurde Weihrauch dargebracht, ein Heilig-Geist-Lied gesungen, dann schwebte die Taube langsam zum Himmel zurück. Anschließend wurden Gaben herabgeworfen, welche wohl die sieben Gaben des Heiligen Geistes versinnbildlichen sollten.

Da Ostern und Pfingsten die beiden Tauftermine der alten Kirche waren, wurde in der alten Kirche an Pfingsten auch das Pfingstwasser geweiht. Übriggeblieben sind nur noch die Wasserbräuche: Tänze um die Brunnen, junge Burschen, die sich Gaben erheischen (Pfingstheischler), werden mit Wasser überschüttet. Auch soll man an Pfingsten eine Quelle besuchen, was mit dem Neubeginn des Lebens zusammenhängt.

In manchen Gegenden ist das Pfingstfeuer bekannt. Die Glut des Geistes, der wir nicht standhalten können, die Nacht und Kälte zerbricht – die aber auch zerstören und vernichten kann –, wird vor Augen geführt. Und wenn das Feuer sich mit dem Wind verschwistert, so stieben Funken und entfachen überall neues Feuer.

An manchen Orten ist der gemeinsame Pfingstausflug Brauch geworden. Man geht hinaus in die Natur und bricht so wie das Volk Israel auf, das an Schawuot nach Jerusalem hinauf zog. Viele evangelische Gemeinden feiern an Pfingsten einen Gottesdienst im Grünen.

Mit Pfingsten ist ein vielfältiges Brauchtum verbunden, das mit dem Frühjahr zusammenhängt. Das Verstellen von Sachen und Schabernak in der Nacht von Pfingstsonntag auf -montag leitet sich von einem Abwehrzauber her. Häuser werden geweißt, Pfingstmeien werden an Türen und Fenstern angebracht.

Da an Pfingsten das Vieh zum ersten Mal ausgetrieben wird, ist es das Fest der Hirten. Der säumige Hirte wurde in Birkenzweige gehüllt und Pfingstschläfer genannt. Das erste Tier war mit Blumenkränzen geschmückt, eben der Pfingstochse.
Das Pfingstfest selbst wurde in personifizierter Form dargestellt. In Laub, Birkenreiser und Ginster gehüllte Maskengestalten traten auf als Pfingstlümmel, Pfingstbutz, Pfingstvogel, Pfingstquack.
Der Pfingstritt am Pfingstmontag soll den Saaten Nutzen bringen.

Im Viertelland

Das Land ist rund wie ein Pfannkuchen. Und weil es aus vier verschiedenen Vierteln besteht, heißt es das Viertelland. In einem Viertel ist alles grün: die Häuser, die Straßen, die Autos, die Telefone, die Erwachsenen und auch die Kinder. Im zweiten Viertel ist alles rot. Im dritten Viertel ist alles gelb. Im vierten Viertel ist alles blau.
Wenn die Kinder geboren werden, sind sie bunt. Im ganzen Land ist das so. Aber die Erwachsenen schauen sie aus ihren grünen, roten, gelben oder blauen Augen an und streicheln sie mit ihren grünen, roten, gelben oder blauen Händen, bis sie endlich auch nur noch eine Farbe haben. Die richtige Farbe. Und das geht meistens sehr schnell.
Im Viertelland brauchen die Kinder nicht zur Schule zu gehen. Sie lernen das Wesentliche. In Grün lernen sie, daß grün richtig ist, in Rot, daß rot richtig ist, in Gelb, daß gelb und in Blau, daß blau richtig ist.
So laufen in Rot Tag und Nacht Spruchbänder. „Grün, gelb und blau ist gelogen!" kann man da lesen. „Nur rot ist wahr!" Und dann erklingt das Erdbeermarmeladenlied. Das ist die Nationalhymne.
In Gelb schreit der Lautsprecher: „Rot, blau und grün ist doof! Und gelb bleibt gelb!" Dann singen die Kinder den Zitronenblues.
In Blau hängen überall Plakate. „Blau", steht darauf, „blau, blau, blau!" Die Kinder müssen hier den Pflaumentango tanzen.
In Grün steht ein Roboterredner im Park. „Seid grün!" ruft er. „Und wenn ihr rot, gelb oder blau hört, so glaubt es nicht!"
„Gelben Tag", begrüßen die Kinder einander in Gelb. Manchmal sitzen sie auch und träumen. Natürlich träumen sie gelb, denn etwas anderes wissen sie ja nicht. Und wenn sie ihre gelben Augen wieder öffnen, sind sie immer ein bißchen unzufrieden. Aber sie können nicht herausfinden, warum.
Wenn es in Rot dunkel wird und die roten Lampen in den Häusern brennen, sitzen die Kinder, schauen in sich hinein und fühlen sich. Und alles, was sie fühlen, ist rot. Manchmal ist ihnen, als fehle ihnen etwas. Aber sie sprechen nicht darüber.
In Blau machen sie es so: „Himmel", sagt ein Kind, und alle anderen rufen dann: „Blau!"„Rauch!"„Blau!"„Tinte!"„Blau!"
Und immer so weiter. Bis sie müde werden. Dann halten sie sich an den Händen und denken sich was. Blaue Apfelsinen, blauen Schnee, blaue Musik, blaue Pferde.
In Grün freuen sich die Kinder am meisten über das Kaktusspringen. Denn wenn eines nicht hoch genug springen kann, hat es die Stacheln im Po. Sie setzen sich auf die grünen Gartenzäune und wünschen grüne Wünsche.
Nur Erbs bringt es eines Tages fertig, sich einen roten Punkt zu wünschen.

Es ist ein winzig kleiner, roter Punkt. Aber trotzdem ist es ein Glück, daß die Polizei es nicht weiß.
Die Polizisten haben die Aufgabe, jeden Morgen um sechs die Kreidestrichgrenzen neu nachzuziehen. Dann gehen sie nach Hause wie die anderen Leute auch und beten ihr Tischgebet: „Lieber, gelber Gott“, beten sie in Gelb, „wir danken dir, daß wir gelb sind. Beschütze uns.“ Und alle beten nur für sich selbst.
Eines Tages geschieht etwas Überraschendes: Mitten in Grün wächst eine gelbe Rose. Es ist eine schöne Rose, aber die Leute verziehen so angeekelt das Gesicht, als sei sie ein Mistkäfer. Und es dauert nicht lange, da haben fünfunddreißig Polizisten die Rose mit fünfunddreißig grünen Spaten niedergeschlagen.
Das ist der Tag, an dem Erbs seinen Löffel in den Spinat fallen läßt. Der Spinat spritzt meterweit in der Gegend herum. Aber das macht nichts, denn das Zimmer ist ja sowieso grün. Und die Eltern auch. Nur der Teller zerspringt.
Dann geschieht weiter gar nichts mehr. Jedenfalls sieht und hört man nichts Besonderes. Aber in den Kindern vom Viertelland ist eine Unruhe. In allen Kindern - seit der Teller zersprungen ist.
Da laufen die Kinder aus Rot zum Mittelpunkt des Landes, wo sich die Grenzen treffen, die Kinder aus Blau gehen dahin, die aus Gelb und die aus Grün. Sie blicken einander an und sind stumm.
Bis Erbs etwas tut. Er spuckt nämlich auf die Kreidestrichgrenze. Dann scharrt er ein bißchen mit dem Fuß in der Spucke herum, und die Kreide ist weg.
Sofort machen alle anderen Kinder mit, bis es keine Grenzen mehr gibt. Und dann lachen sie und fassen einander vorsichtig an. Die grünen die gelben, die gelben die blauen, die blauen die roten, die grünen die blauen, ja, und immer so weiter, bis jedes jeden angefaßt hat. Sie fangen an, miteinander zu spielen, und sie vergessen, was der Lautsprecher, die Plakate, der Roboter und die Schriftbänder sagten.
Ganz langsam aber geschieht es, daß sie aufhören, nur eine Farbe zu haben. Die Kinder werden bunt. Die grünen kriegen zu Grün noch Rot, Blau und Gelb hinzu, die gelben Grün, Rot und Blau, die blauen Rot, Gelb und Grün und die roten Gelb, Grün und Blau.
Und nachdem nun jedes Kind jede Farbe hat, kann es auch in jeder Farbe denken, fühlen, träumen und wünschen. Jedes versteht das andere, und allen gehört das ganze Land. Nie zuvor waren sie so fröhlich.
Die Erwachsenen machen große Augen. Aber weil bunte Kinder richtiger sind als einfarbige, können sie nichts dagegen tun. Ja, manche Eltern wünschen plötzlich selbst, bunt zu werden. Einige bemühen sich so sehr, daß sie tatsächlich ein paar kleine, andersfarbige Tupfen kriegen. Zum Beispiel die Eltern von Erbs.
Aber wirklich bunt sind nur die Kinder.
Gina Ruck-Pauquèt

Die älteste Darstellung der Taube stammt aus dem 4. Jahrtausend aus der Gegend des heutigen Iran. Hier galt sie als Tier der Seele. In der Antike insgesamt und im Judentum ist die Taube auch Sinnbild der Sanftmut und der Liebe. Im Christentum ist sie ein Sinnbild für den Heiligen Geist.
Die Taube mit dem Olivenzweig im Schnabel wurde zu einem Symbol für Versöhnung und Frieden. Der Ölzweig galt in der Antike als Zeichen des Friedens.

Gebet

Du, der du genannt wirst:
Gott der Liebe, Gott der Menschen,

wir kreisen nur noch um uns selbst,
wenn wir in der Stimme der Menschen,
in der Sprache der Ereignisse,
im Gespräch mit deiner Schöpfung,
die uns umgibt,
nicht mehr deine Stimme,
dein Wort, deine Sprache heraus-
hören, wenn wir nicht mehr Antwort
geben, wenn wir die Sprache des
Gebetes verlernen.

Wir spüren, wie wir langsam taub
werden für die leise Sprache, die
mitschwingt in allem, was uns
anspricht, Tag für Tag.
Und bevor unser Gespür dafür
ganz erloschen ist, rufen wir zu dir:

Laß Menschen da sein,
die uns einladen, die Oberflächlichkeit
hinter uns zu lassen;
die uns ermutigen zu
uneigennütziger Liebe;
laß Menschen da sein,
in denen dein Geist lebendig ist;
laß Menschen das sein,
die uns begeistern,
daß unser Mund sich öffnet,
unsere Stimme sich löst,
um dich zu loben,
um dir zu singen
ein Lied der Freude:
Halleluja!

Diethard Zils

Brief an Adolf Hitler

Weihnachten 1941

Mein lieber Freund!

Daß ich Sie mit Freund anrede, ist keine Förmlichkeit. Ich habe keine Feinde. Meine Lebensaufgabe bestand während 33 Jahren darin, um Freundschaft der gesamten Menschheit zu werben und alle Menschen miteinander zu befreunden, ohne Unterschied der Rasse, der Farbe und des Glaubens.
Wir bezweifeln durchaus nicht Ihre Unerschrockenheit und Ihre Liebe zu Ihrem Vaterland. Auch glauben wir nicht, daß Sie das Ungeheuer sind, als das Ihre Gegner Sie hinstellen. Aber Ihre eigenen Schriften und Reden sowie diejenigen Ihrer Freunde und Bewunderer lassen keinen Zweifel darüber, daß viele Ihrer Handlungen widernatürlich sind und nicht der menschlichen Würde entsprechen. Besonders Menschen wie ich, die an eine allgemeine Verbrüderung der Menschheit glauben, denken so. Ich habe dabei die Demütigung der Tschechoslowakei, den Raub Polens und die Verschlingung Dänemarks im Auge. Ich weiß wohl, daß nach Ihrer Auffassung derartige Gewalttaten lobenswerte Handlungen darstellen. Wir dagegen haben von Kind auf gelernt, sie als die Würde der Menschheit verletzend anzusehen. Daher können wir auch Ihren Waffen keinen Sieg wünschen. Und dabei befinden wir uns in einer ganz ähnlichen Lage wie Sie. Unsere Empörung gegen die britische Herrschaft ist eine unbewaffnete. Aber ganz gleich, ob wir die Engländer bekehren oder nicht, wir sind fest entschlossen, ihrer Herrschaft ein Ende zu machen durch gewaltlose Nichtmitarbeit. Das ist eine Methode, die in ihrer Art unbesiegbar ist. Sie beruht auf dem Wissen, daß kein Eroberer sein Ziel erreichen kann ohne ein gewisses Maß freiwilliger oder erzwungener Mitarbeit seitens des Opfers.
In der Absage an die Gewalt haben wir eine Kraft ausfindig gemacht, die, wenn sie organisiert ist, der Vereinigung selbst der stärksten Gewalt der Welt zweifellos widerstehen kann. Bei der gewaltlosen Technik, wie ich sie bezeichne, gibt es nicht so etwas wie Niederlage. Es geht dabei um Sein oder Nichtsein ohne Töten und Verwunden. Sie kann praktisch ohne alles Geld ausgeübt werden und ohne jede Hilfe durch die Wissenschaft der Zerstörung, die Sie zu solcher Vollendung gebracht haben. Deshalb beschwöre ich Sie im Namen der Menschlichkeit: „Halten Sie ein mit dem Krieg!" Sie werden dadurch nichts aufgeben, wenn Sie alle Zwistigkeiten zwischen Ihnen und Großbritannien einem unter Ihrer Mitwirkung zusammengesetzten internationalen Gerichtshof vorlegen. Dadurch, daß Sie im Krieg Erfolge erzielen, haben Sie noch nicht bewiesen, daß Sie auch im Recht sind ...

Mahatma Gandhi: Halten Sie ein mit dem Krieg! Quelle unbekannt

Die Ausschüttung des Heiligen Geistes

Also lieber Xandi, Pfingsten ist das Fest der Ausschüttung des Heiligen Geistes, das kann ich dir nur so erklären: Also Katzen verstehen einander ja selbst, wenn sie schlafen und sicherlich auch, wenn sie getrennt schlafen - und alles ohne Wörter. Die Menschen dagegen haben zwar ganz viele Worte und können auch laut schreien, einer lauter als der andere, weswegen es auch so laut ist überall in der Gegend, aber das heißt nicht, dass sie sich nun verstehen, verstehst du?! Sie reden und reden und reden und jeder versteht nur Bahnhof. So war das auch mit den Fans von Jesus, und das machte ihn zur Rechten Gottes traurig.
Nun stand links von Gott die Kanne mit dem Heiligen Geist, das ist sozusagen ein Schnaps für Nicht-Trinker, und diese Kanne haben die beiden, Papa und Sohn, in eine unsichtbare Leitung gegossen, die durch alle Köpfe aller Menschen führt. Und dadurch verstand plötzlich jeder Mensch jeden Menschen, aber nur für einen einzigen Tag, denn so viel war da nicht in der Kanne drin, daß man in Ewigkeit den Heiligen Geist durch all die Dummköpfe fliessen lassen kann. Die Menschen sollten nur einmal fühlen, wie's ist, wenn man sich versteht. Klar? Im Namen des Vaters, des Sohnes und des Heiligen Geistes. Amen

Horst Janssen

Aus: Evangelisches Missionswerk in Deutschland (Hg.), Pfingsten hier und anderswo, 1998

Nun bitten wir den Heiligen Geist
Berthold von Regensburg

Der Franziskaner Berthold von Regensburg (1220–1272) ist ein gewaltiger Redner seiner Generation. Als wieder einmal viele Menschen seiner Botschaft lauschen, führt er das Lied „Nun bitten wir den Heiligen Geist“ ein mit den Worten: „Es ist ein sehr nützlicher Sang; ihr sollt ihn je länger, je lieber singen und sollt ihn alle mit ganzer Andacht und mit innigem Herzen zu Gott empor singen und rufen. Es war ein sehr guter Fund und ein nützlicher Fund, und es war ein weiser Mann, der das Lied gedichtet hat.“
Die dem Lied zugrunde liegende alte deutsche Pfingststrophe ist schon im 12. Jahrhundert gebräuchlich. Luther, der sie einen feinen schönen Gesang nennt, nimmt sie unverändert aus dem geistlichen Volksgesänge auf und dichtet drei Strophen neu hinzu. Für das Gotteslob dichtete Maria Luise Thurmeir die Strophen 2–4 und Michael Vehe die Strophe 5.

Religiöse und profane Strophen wechseln ab, wenn Jugendliche ausgelassen durch die Straßen ziehen und Eier, aber auch Brot, Wein, Geld und sonstige Gaben „erheischen“ (= erbetteln), um sie dann im Dorfwirtshaus „auf den Kopf zu hauen“. Dabei werden sie mit Wasser überschüttet. Bekommen sie keine Gaben, dann singen sie:

Gebt uns ein Pfingstei,
sonst schlagen wir die Tür entzwei;
fein Rose Blümelein, fein Rose Blümelein;
wacker ist das Mädchen,
Kyrieleis.

Wollt ihr uns die Eier nicht geben,
so soll der Fuchs die Hühner nehmen;
fein Rose Blümelein, fein Rose Blümelein;
wacker ist das Mädchen,
Kyrieleis.

oder:
D’Wasservögel muß ma
giaß’n,
sonst taat’s die uns verdriaß’n,
Kyrieleis.

EG 124, GL 248, Strophe 1

Es segne dich
Gott, der Vater;
er sei der Raum,
in dem du lebst.

Es segne dich
Jesus Christus, der Sohn;
er sei der Weg,
auf dem du gehst.

Es segne dich Gott,
der Heilige Geist;
er sei das Licht,
das dich zur Wahrheit führt.

Mündlich überliefert

18
Fronleichnam

Fronleichnam

Zu den Höhepunkten der Feiern des Kirchenjahres zählt für die katholischen Christen das mit einer prächtigen Prozession begangene Fronleichnamsfest (fron = Herr, lich-nam = lebendiger Leib). Zusammengelesen bedeutet es „Leib des Herrn". In der Liturgie heißt dieses Fest heute „Hochfest des Leibes und Blutes Christi". Inhalt dieses Festes ist die Erinnerung an die Einsetzung des Sakramentes der Eucharistie durch Jesus beim letzten Abendmahl. Zum Festtag wählte man in Parallele zum Gründonnerstag, dem Einsetzungstag der Eucharistie, einen Donnerstag.

Das Fronleichnamsfest ist Ausdruck der Verehrung des „letzten Abendmahles und dessen, was dabei geschehen ist". Gleichzeitig wird an diesem Tag das Sakrament der Eucharistie besonders als Sakrament der Gemeinschaft, die von Christus (= von diesem Brot) her lebt - Christus unter uns als die bleibende Mitte kirchlichen Lebens - gefeiert. Das Bekenntnis zur Gegenwart Christi im Sakrament ist an diesem Tag mit dem besonderen Dank für Gottes Schöpfung und der Bitte um den Segen Gottes für alle Menschen, für Städte, Dörfer, Felder, Wald und Wiesen verbunden.

Das Fronleichnamsfest ist ein junges Fest. Es wurde auf Initiative der Klosterfrau Juliana 1247 in Lüttich gefeiert. Papst Urban V. schrieb das Fest im Jahre 1264 für die gesamte Kirche vor, und in Köln fand schon 1277 die erste Fronleichnamsprozession statt.

Prozessionen gab es schon seit Urzeiten. Die Juden des Alten Testamentes zogen gemeinsam zu den örtlichen Heiligtümern, später dreimal im Jahr zum Tempel nach Jerusalem. In feierlicher Prozession trägt David die Bundeslade nach Jerusalem. Das Neue an der Fronleichnamsprozession war, daß man den Herrn in der eucharistischen Gestalt des Brotes mittrug. Zunächst trug man das Allerheiligste verdeckt in einem Gefäß mit einem Velum umhüllt. Aber im Lauf der Zeit meldete sich das Bedürfnis, die Hostie zu sehen. Und so entwickelte sich die Monstranz (= Zeigegerät). Vorbild dafür waren die kostbaren Reliquienbehälter, die es schon länger zum Tragen in Prozessionen gab.

Im 17. Jahrhundert wurde es allgemein Sitte, das Allerheiligste unter einem Baldachin zu tragen. Für Beschaffenheit und Instandhaltung des „Himmels" war der Rat verantwortlich. In der Spätgotik, vor allem aber im Barock kam es zu Auswüchsen. Neben den Gestalten des Alten und Neuen Testamentes waren Engel und Teufel beliebte Darstellungen. So wurde in Freiburg die Fronleichnamsprozession von geschwänzten Teufeln eröffnet und beschlossen. In einer Münchener Prozession wurde die Hölle dargestellt. Derb-komische Teufelsgestalten saßen auf einem Wagen und bewarfen die Zuschauer mit

Mist. Der heilige Georg stach auf einen mit Ochsenblut gefüllten Papierdrachen derart ein, daß das Blut nur so herumspritzte. Das forderte heftige Kritik heraus, und die Bischöfe griffen durch Verbote und Anordnungen ein.
Zunächst war die Prozession wohl ein Umzug durch die Stadt, schon früh verbunden mit einem abschließenden Segen. Man verband einen Brauch der Flurprozession mit der großen Prozession an Fronleichnam, indem man an den vier Stationen die Anfänge der vier Evangelien sang. Diese Anfänge standen für das ganze Evangelium, das in alle vier Himmelsrichtungen verkündet wird. Mit der Zeit wurde an jeder Station auch der sakramentale Segen gespendet.
Die Fronleichnamsprozession zeichnet sich auch heute noch in vielen Orten durch ihren festlichen Charakter aus. Bei der feierlichen Prozession, bei der die Monstranz mit der Hostie durch die Straßen getragen wird, geht es nicht um eine Schau-Prozession, sondern gläubige Christen begleiten Christus in die Welt und bezeugen dadurch, daß Jesus Christus in der Gestalt von Brot und Wein wahrhaft gegenwärtig ist. (In Zeiten der Bedrängnis drückte diese Prozession auch Protest und Zeugnis gegen Unglauben, Unrecht und Verfolgung aus.) Dabei streuen Erstkommunikanten Blumen; es wird gebetet und gesungen. Manchmal werden auch Bilder mitgeführt, die Ereignisse aus dem Leben Jesu, aus dem Alten Testament und aus dem Leben der Heiligen darstellen. Da und dort werden auch entsprechende Inhalte szenisch dargestellt (sog. lebende Bilder). Des weiteren ziehen Fahnenträger und Musikkapellen in der Prozession mit, die früher an vier Altären Halt machten, heute oft auch an weniger Stationen. Hier wird gebetet, jeweils aus dem Evangelium vorgelesen und Fürbitten werden vorgetragen. Damit soll ausgedrückt werden, daß die Botschaft des Evangeliums der ganzen Welt gilt und der Segen Gottes für das ganze Leben Bedeutung hat. Deswegen wird bei der Prozession auch an den Stations-Altären und am Ende der Feier der eucharistische Segen mit der Monstranz durch den Priester oder den Bischof gespendet. Die Altäre sind an diesem Tag mit großer Blumenpracht geschmückt und von Blumenteppichen umgeben. Viele Häuser und Straßen sind ebenfalls mit Blumen und Zweigen geschmückt, manchmal auch mit Kreuzen, Heiligenbildern und christlichen Symbolen. Am Schluß kehrt die Prozession in die Kirche zurück. Anschließend findet sich die Gemeinde zu einem Essen zusammen. Auch das entspricht der Symbolkraft des Festes: Feier der Mahlgemeinschaft mit Jesus Christus. In Christus ist die ganze Schöpfung geheiligt – auch der Ausschnitt, in dem sich mein Alltag abspielt.
In manchen Gegenden nehmen die Teilnehmer der Prozession einige Zweige der Birken, welche die Altäre schmückten, oder einige Altarblumen mit nach Hause, um sie dort aufzuhängen. Manche bringen sie auch Kranken mit in der Hoffnung, daß Segen von ihnen ausgeht.

Tarzisius

In Rom wurde die christliche Gemeinde verfolgt und viele Christen wurden getötet. Deshalb feierten die Gläubigen die heilige Messe in den Katakomben.

Die nächtliche Opferfeier war zu Ende. Nachdem der alte Priester den Segen gegeben hatte, wandte er sich den Gläubigen zu und sagte: „Ich habe zuverlässige Nachricht, daß viele unserer gefangenen Brüder und Schwestern morgen den wilden Tieren im kaiserlichen Zirkus vorgeworfen werden sollen. Damit ihnen aber die Kraft zum Sterben nicht fehle, sollen sie noch einmal die heilige Kommunion empfangen. Da ich aber den Heiden bekannt bin, muß einer von euch das heilige Brot zu den Gefangenen tragen." Ohne zu zögern, meldete sich sofort eine Anzahl von Christen. Ein zwölfjähriger Junge drängte sich vor.

„Vater, laß mich Jesus tragen!" rief er begeistert. Der Priester schaute den Jungen lächelnd an und schüttelte den Kopf:

„Du bist noch zu jung, Tarzisius!"

„Bei keinem ist Jesus sicherer als bei mir", widersprach der Junge eifrig. „Wer soll schon bei einem Kind das Geheimnis unseres Glaubens vermuten? Ich schwöre, daß ich mich eher totschlagen lasse, als ihn den Heiden zu überliefern."

„In Gottes Namen denn", seufzte der Priester. Dann legte er dem Jungen eine kleine Silberkapsel, die an einer seidenen Schnur hing, um den Hals. Tarzisius verbarg die Kapsel unter seinem Gewand auf der Brust. Mit der rechten Hand umklammerte er fest das Heiligtum.

Es ist schon hell, als Tarzisius durch die Straßen Roms geht. Er will beten, aber sein Mund weiß kaum ein Wort zu formen, so voll ist sein Herz vor Freude. Ganz in Gedanken versunken ist Tarzisius zum Platz des Kaisers eingebogen. Da fühlt er sich plötzlich am Arm gepackt.

„He, Tarzisius, was ist mit dir?" schreit ihm sein Mitschüler Claudius zu. „Ich habe dich schon dreimal gerufen. Du träumst wohl mit offenen Augen?"

„Was willst du denn vor mir?"

„Na, mitspielen sollst du!"

„Ich kann jetzt nicht", erwiderte Tarzisius. „Ich habe etwas Eiliges, Wichtiges zu tun."

„So, was denn?" fragt Claudius ärgerlich. „Was hältst du eigentlich immer unter deinem Rock fest? He? Darf man das vielleicht auch mal sehen?"

„Er scheint etwas gestohlen zu haben", ruft einer dazwischen.

„Quatsch, Tarzisius stiehlt nicht", brummt Claudius. „Aber ich will wissen, was du hast. Her damit!"

„Her damit!“ schreien nun alle.
„Ich zeig’ es euch nicht!“ sagt Tarzisius. „Und nun laßt mich gehen!“
Da aber fallen sie über ihn her, versuchen, ihm die Hand aus dem Gewand zu zerren. Verzweifelt wehrt er sich. Längst ist die Seidenschnur gerissen, aber eisern klammern sich die Finger um die Silberkapsel. Wütend schlagen die Jungen auf ihn ein. Sie treten ihn mit Füßen, stoßen ihn zu Boden. Aber Tarzisius läßt nicht los. Erwachsene kommen hinzu, werden selbst neugierig, was der Junge da verbirgt.
Da plötzlich ruft jemand: „Ihr Narren, wißt ihr, was der bei sich trägt? Das ist ein Christ, der seinen Gott bei sich hat.“
„Ein Christ! Ein Christ!“ schreien nun zehn, zwanzig Stimmen. „Ein Christ, der seinen Gott bei sich trägt!“ Die anderen wollen sehen, was er bei sich hat. Und wenn sie ihn totschlagen sollten! Was liegt daran? Der Kaiser erschlägt die Christen zu Tausenden. Von allen Seiten prasseln Schläge auf Tarzisius nieder. Er stöhnt auf vor Schmerz. Aber seine Hand läßt nicht los.
In dem Augenblick bricht ein römischer Offizier sich Bahn durch den Haufen. „Schämt ihr euch nicht, ein wehrloses Kind zu überfallen? Wollt ihr Römer sein oder feige Hunde?“ „Das ist ein Christ, der sein Geheimnis bei sich trägt!“ verteidigt sich einer der Umstehenden.
Der Offizier beugt sich zu dem Jungen nieder. „Tarzisius!“ ruft er, aufs tiefste ergriffen. Er ist selbst Christ und kennt den Jungen aus den Zusammenkünften in den Katakomben. Da schlägt der Junge noch einmal die Augen auf, schaut den Offizier an und haucht mühsam: „Ich habe ihn nicht überliefert! Ich ... hab’ ihn ... geschützt mit meinem Leben.“ Behutsam trägt der Offizier Tarzisius in das Haus eines Christen. In der Hand hält er immer noch die silberne Kapsel. Hier nimmt der Offizier ihm die Silberkapsel aus der Hand. Er beugt sich über den kleinen Märtyrer und sagt. „Hörst du mich Tarzisius? Hast du noch einen Wunsch?“ Da richtet sich Tarzisius mit letzter Kraft noch einmal auf. Er möchte was sagen und bringt doch kein Wort heraus. Der Offizier liest von seinen Lippen die Worte: „Gib mir den Heiland!“ Da öffnet der Offizier mit großer Ehrfurcht die silberne Kapsel und reicht ihm die heilige Kommunion: „Der Leib unseres Herrn Jesus Christus bewahre deine Seele zum ewigen Leben!“
„Amen!“ hauchen die Lippen des Tarzisius. Da strahlen die Augen des Gemarterten vor Freude. Unendliches Glück erfüllt ihn. Die Liebe Gottes nimmt den jungen Märtyrer auf.
Der Offizier kniet vor dem Toten nieder und betet mit lauter Stimme: „Heiliger Märtyrer Tarzisius, bitte für uns!“

Aus: Wilhelm Hünermann, Der leuchtende Tag, Matthias-Grünewald-Verlag, Mainz, 32. Auflage 1995, stark verkürzt und verändert

Zur Zeit der Christenverfolgung feierten die Gläubigen die heilige Messe in unterirdischen Grabanlagen, in den Katakomben. Dies ist ein Geheimzeichen der ersten Christen aus der Domitilla-Katakombe bei Rom.

Ichthys bedeutet:

I > Jesus
CH > Christus
TH > Gottes
Y > Sohn
S > Erlöser

F R O N L E I C H N A M –
Wir tragen Jesus Christus
durch unsere Straßen, weil
dort der Platz ist, wo er
heute noch lebt und wirkt.

F R O N L E I C H N A M –
Wir sind Christen, die nicht
für sich das Brot des Herrn
behalten wollen, sondern es
austeilen an alle.

F R O N L E I C H N A M –
Wir zeigen unserer Welt, daß
wir an die Macht der Hingabe
mehr glauben als an die Macht
und Gewalt der Machthaber.

F R O N L E I C H N A M –
Wir feiern den lebendigen
Leib des Herrn, der alles
Tote mit Leben erwecken
kann und auch in uns die
Kraft des Weizenkorns
gelegt hat:
IM TOD IST DAS LEBEN.

Josef Mahler: Fronleichnamsprozession, Hüfingen 27

Das Brot

Die Liebe zwischen einem Mann und seiner Frau ist längst an den toten Punkt gekommen. Seitdem er nichts mehr verdient und sie nichts mehr zu essen hat, ist das vollends der Fall. Leer und hungrig sind sie. Ewig hungrig sitzen sie sich, wenn er abends heimkommt, gegenüber. Und er sagt: „Gib Brot“, sie: „Gib Geld.“ Sie denkt, wenn er doch endlich ginge. Aber er geht nicht. Er geht auch an dem Abend nicht, als sie ihn anschreit, daß er nichts tauge. Er geht in die Küche und sie meint, er esse das letzte Stück Brot. Als sie in die Küche kommt und triumphierend „Hat es dir geschmeckt?“ sagt, liegt das Brot noch da, ist in Streifen geschnitten und schön hergerichtet. Das ist für sie so gewaltsam und plötzlich, so wie ein Blitz einen Nachthimmel zerreißt oder wie man durch eine Finsternis plötzlich Licht sieht. „Komm, du mußt etwas essen“, sagt er. „Ich habe keinen Hunger mehr, ich werde nie mehr Hunger haben“, erwidert sie und schiebt ihm den Kanten hin.

Sie sehen sich an und stehen sich eine Weile regungslos gegenüber. Sie starren sich in die Gesichter, wie Schiffbrüchige nach ihrer Rettung die Sonne anstarren, die Erde und den fernen Himmel. Und sie beginnen sich zu verstehen. Sie sieht dann, wie er das Brot bricht. Sie sieht, wie er den halben Kanten in den Mund schiebt. Sie nimmt den anderen Kanten und ißt und lächelt wieder.

F. A. Kloth, Rechte beim Autor

Das unbegreifliche Wunder

Zu einem Priester kam ein Mann, der sich über den Glauben lustig machen wollte, und fragte: „Wie ist es möglich, daß aus Brot und Wein Fleisch und Blut Christi werden?"

Der Priester antwortete: „Wenn schon dein Körper die Nahrung, die du zu dir nimmst, in Fleisch und Blut umsetzen, verwandeln kann, warum soll Gott nicht auch das andere vermögen?"

Der Mann gab sich nicht geschlagen: „Wie kann denn in einer so kleinen Hostie der ganze Christus zugegen sein?"

Der Priester gab zur Antwort: „Eine Landschaft, die vor dir liegt, ist so groß, und dein Auge doch so klein. Und doch ist das Bild der großen Landschaft in deinem Auge. Warum soll es dann nicht möglich sein, daß in der kleinen Brotgestalt der ganze Christus zugegen ist?"

Noch eine dritte Frage stellte der andere: „Wie kann derselbe Christus gleichzeitig in allen euren Kirchen zugegen sein?"

Da nahm der Priester einen Spiegel und ließ ihn hineinschauen. Dann warf er den Spiegel zu Boden und sagte: „Auch in jedem einzelnen Stückchen kannst du dein Bild jetzt gleichzeitig sehen!"

Nach: P. Eismann/J. Wiggers (Hg), Vorlesebuch zum kath. Katechismus, Band 2, München 1955, S. 322

Lobe, Zion, deine Hirten
Thomas von Aquin

Im 12., besonders aber im 13. Jahrhundert ist das Anschauen der konsekrierten Hostie eine weitverbreitete Frömmigkeitsübung. Der Meßbesuch besteht mancherorts nur darin, zur „Wandlung" und zum „Anschauen" der Hostie zu kommen. Das Fronleichnamsfest als eigenes Fest zu Ehren der Eucharistie ist die Folge dieser Volksfrömmigkeit.

Papst Urban IV., vor seiner Papstwahl für einige Zeit Archidiakon in Lüttich, ist beeindruckt von den eucharistischen Feierlicheiten in Belgien. Er bittet den großen Dominikaner Thomas von Aquin, die ganze liturgische Gestaltung des neu einzusetzenden Fronleichnamsfestes und dessen Oktav zu schaffen. Als Urban IV. 1264 das Fest für die ganze Kirche einführt, ist die Liturgie für die Messe und das Offizium an dem Festtag und während der Oktav schon fertig.

Neben Antiphonen und Gebeten ist die Sequenz Lauda Zion, Lobe Zion, besonders eindrucksvoll. Sie ist nicht nur aufgrund ihrer Dichtkunst bemerkenswert, sondern auch wegen ihres theologischen Inhalts; einzelne Strophen finden sich leicht in der Eucharistielehre des Thomas wieder. Das ist nicht verwunderlich. Die Theologie ist bei Thomas immer hineingenommen in die Kontemplation, in die Anbetung. Das Studium ist geheiligt durch das stets vorausgeschickte Gebet, das ihm, wie er selbst versichert, mehr Erleuchtung gibt als bloß menschliche Anstrengung. Sein Leben in Stille und Beschaulichkeit fällt seinen Mitbrüdern auf. Sie nennen ihn scherzhaft den „stummen Ochsen".

Sein Lehrer, Albert der Große, sehr beeindruckt von den Fähigkeiten des stillen Schülers Thomas, sagt: „Ihr nennt ihn den stummen Ochsen, aber er wird noch ein solches Brüllen vernehmen lassen, daß es durch die ganze Welt widerhallt." Und das tut es heute noch.

GL 887
Verlag Herder, Freiburg

Christus bewahre mich,
Christus beschütze mich,
Christus nimm mich auf in deine Wohnstatt.

Christus gib mir Kraft,
Christus heilige mich,
Christus rette mich vor der ewigen Verdammnis.

Im Leben, im Tod steh du mir bei.
Und segne mich.
Das hoffe ich.

Aus Irland

19
Maria

Die Mutter Jesu und ihre Feste

Maria

Im Monat Mai denken katholische Christen in besonderer Weise an Maria, die Mutter Jesu, die Mutter Gottes. Darüber hinaus feiern sie viele Marienfeste im Kirchenjahr:

Am 25. März, neun Monate vor dem Fest der Geburt des Herrn, feiert die katholische Kirche die „Verkündigung des Herrn". Maria „empfängt" Jesus, den wahrhaft Neuen aus Gottes Geist. Es ist der Tag, an dem der Engel zu Maria gesandt wurde und ihr verkündete, daß sie Mutter Gottes werden sollte. Maria hat mit Ja geantwortet und wird so zum Vorbild des Glaubens, eine Entsprechung zu Abraham, dem Vater des Glaubens im Alten Testament (Lk 1,26–28).

Am 2. Juli eines jeden Jahres feiern katholische Christen „Mariä Heimsuchung", die Begegnung Marias mit ihrer Verwandten Elisabeth, der Mutter Johannes des Täufers (Lk 1,39–55). In der Begegnung der beiden schwangeren Frauen werden die Kindheitsgeschichten des Vorläufers und des Messias miteinander verbunden. Die jüngere Frau Maria wird von der älteren Elisabeth in ihrer Aufgabe bestärkt. So ist die „Heimsuchung" eine Bestätigung der Verkündigung:
Selig ist die, die geglaubt hat ... (Lk 1,5) Da spricht Maria das Magnificat, ein Loblied auf Gott, der für die Menschen eine gute Geschichte will, der zerstreut, die im Herzen voll Hochmut sind, die Niedrigen aber erhöht. Hier erinnert das Magnificat an die Bergpredigt. Für viele ist es zu einem Lied der Befreiung geworden, die Gott schenkt, zu einem Ausdruck seines „Eintretens für die Armen".

Ein weiteres Marienfest ist „Mariä Geburt" am 8. August. Nur von drei Personen feiert die katholische Kirche den Tag der Geburt: von Jesus, von Maria und von Johannes dem Täufer. Die Geburt eines Kindes ist immer ein großes und bestaunenswertes Ereignis. Das trifft sicherlich in besonderer Weise auch auf Maria zu. In der Muttergotteslitanei wird sie „Du Morgenstern" genannt. Der Morgenstern kündet den Tag an und ist nach dunkler Nach ein tröstliches Zeichen: Der Sieg des Lichtes über die Dunkelheit. Darum ist Mariä Geburt eines der ältesten Marienfeste, weil ihre Geburt „Freude" in die ganze Welt gebracht hat. „Erhebet eure Häupter, die Erlösung ist nahe."

Das Fest „Mariä Namen" wurde 1683 von Papst Innozenz XI. zum Dank für den Sieg über die Türken bei Wien eingeführt. Im römischen Kalender von

1970 wurde dieses Fest gestrichen, da es eine Doppelung zum Fest Mariä Geburt darstellt. Im deutschen Sprachgebrauch ist es erhalten geblieben.

Der Name Maria (hebräisch Marjam, Myriam) wird verschieden gedeutet. Die erste, uns bekannte Person mit diesem Namen ist Mirjam, die Schwester des Mose (Ex 15,20). Es ist möglich, daß der Name ägyptisch ist; dann könnte er bedeuten: „die von Gott (Jahwe) Geliebte, Bevorzugte“. Weitere Deutungen sind „Herrin, Schöne, Meeresstern“.

Am 15. August feiern die katholischen Christen die Aufnahme Mariens in den Himmel. Es ist eines der ältesten Feste und wurde bald nach dem Konzil von Ephesus (432) in den Kalender aufgenommen. Die katholische Kirche lehrt, daß Gott Maria mit Leib und Seele zu sich aufgenommen hat. Das eröffnet für katholische Christen neue Ausblicke. Am Beispiel Mariens sehen sie, daß für alle das kommen wird, was für Maria schon Wirklichkeit ist.

Schon seit dem frühen Mittelalter findet an diesem Fest die Kräuterweihe statt. Nicht nur der Mensch mit Leib und Seele, sondern die ganze Schöpfung nimmt an der Erlösung teil. Ein Strauß wird gebunden mit Heilkräutern, Zwiebeln, Möhren mit ihrem Kraut und einer Königskerze in der Mitte. Die Heilkraft der Kräuter soll durch die Fürbitte der Kirche dem ganzen Menschen zum Heil dienen.

Weitere Marienfeste sind: 1. Januar - Hochfest der Gottes-Mutter Maria, 22. August - Mariä Königin, 15. September - Die sieben Schmerzen Mariens, 7. Oktober - Rosenkranzfest, 8. Dezember - Mariä Erwählung.

Die Marienverehrung greift tief in das religiöse und profane Volksleben ein. Maria ist Schutzpatronin von Ländern (bes. Polen, Ungarn, Bayern), von Städten und der Seefahrer. Kirchen (Freiburger Münster), Hospitäler, Heime, Schulen, Straßen und Plätze sind nach ihr benannt, auch Brunnen und Quellen. Marienstatuen findet man auf öffentlichen Plätzen und Häusern. Maria ist häufiger Taufname, bei Jungen wird er sogar einem anderen Namen beigefügt. Zahlreiche Ordensgemeinschaften benennen sich nach Maria und üben besonders die Verehrung der Gottesmutter.

Die liebe Frau der Indios, die Hoffnung gibt

Es war zur Zeit, als das heutige Mexiko von den Spaniern erobert wurde. Die Spanier waren Christen und wollten die Indios, die ihre eigenen Götter verehrten, zu Christen machen. Die Spanier waren grausam, nahmen den Indios ihr Land und ihre Schätze weg, zerstörten ihre kostbaren Tempel und töteten viele Menschen. Da konnten die Indios nicht glauben, daß der Gott dieser Menschen ein guter Gott sei.

Einer von den Indios war Juan Diego. Eines Tages streifte er durch die Berge, als etwas Seltsames geschah. Juan Diego hörte einen Gesang wie von vielen wundersamen Vögeln. Ihr Gesang entzückte ihn und erfüllte sein Herz mit tiefer Freude. Plötzlich sah er auf der Spitze eines Berges eine Frau von großer Schönheit. Ihre Kleider glänzten wie die Sonne, und die Berge warfen ihre Strahlen golden zurück. Er sah, wie ein Regenbogen das ganze Land umspannte, so daß alle Pflanzen aussahen, als ob sie goldene Blätter und Dornen hätten. Die Frau sprach zu Juan Diego. Sie bat ihn, zum christlichen Bischof zu gehen. Er sollte ihm sagen, Maria, die Mutter des wahren Gottes, wünsche, daß an diesem Ort eine Kirche gebaut werden solle. In ihm wolle Maria, die Mutter der Indios, allen Bewohnern dieses Landes ihre Liebe und ihren Schutz schenken. Sie wolle ihre Klagen anhören und ihnen in ihrem Leid nahe sein.

Als Juan Diego das alles dem Bischof erzählte, glaubte ihm dieser kein Wort. Traurig ging der Indio fort. Da bat Maria ihn, an einer Stelle der Wüste, wo nichts wachsen konnte, Rosen zu pflücken. Juan Diego ging in die Wüste, entdeckte die Rosen und pflückte sie. Er trug sie in seinem Mantel zum Bischof. Dort schlug er seinen Mantel auf, und die Rosen fielen zu Boden. Da war dem Bischof, als ob er auf dem Mantel das Bild Marias erblickte. Nun ließ der Bischof die Kirche an dem genannten Ort, der Guadelupe hieß, bauen. Hier spürten die Indios in ihrem Herzen die Liebe Marias zu ihnen; ihr vertrauten sie, ihrer „Lieben Frau von Guadelupe". Hier fanden sie auch die Kraft, Christen zu werden. Seit dieser Zeit kommen die Indios immer wieder nach Guadelupe und beten vor dem Bildnis Marias. Dort schauen sie Maria an, wie sie auf einer schwarzen Mondsichel steht, mit einem blauen Sternenmantel bekleidet. Ihr Haar ist schwarz wie ihre Augen, braun ihre Haut – wie eine Indiofrau schaut sie aus. Auch heute herrschen noch immer Armut und Unterdrückung, und die Indios holen sich Kraft bei Maria, um dagegen anzugehen. Da knien sie vor ihrer „Lieben Frau", die sie hoffen läßt, daß ihr Leben einmal besser wird.

Nach einer Legende; Quelle unbekannt

Das Lächeln der Madonna

Ein armes Mädchen, das früh zur Waise geworden war, hatte bei guten Bauersleuten Aufnahme und bescheidenen Unterhalt gefunden. Jeden Morgen hatte es den Blumenkohl auf den Markt zu tragen und nachdem es ihn an den Gemüsehändler abgesetzt hatte, ging es jedesmal in die nahe Klosterkirche. Dort verneigte es sich andächtig vor dem Bilde der seligen Jungfrau und legte zwei oder drei Blätter seines Blumenkohls als Weihegabe der Madonna zu Füßen; denn es hatte nichts anderes, um es ihr darzubringen.
Die Mönche merkten mit Verwunderung die sonderbare Spende, die ihnen fast wie eine Mißachtung vorkam, und eines Tages bestellten sie das Kind zu sich, um es zu fragen, warum es das tue.
Das Mädchen erwiderte: „Weil ich die himmlische Mutter so lieb habe – meine irdische Mutter habe ich verloren." „Aber kannst du ihr das nicht auf eine andere Weise bezeugen, kannst du nicht beten?" Das Kind verneinte es. Da sagten die Patres, es solle jeden Morgen ins Kloster kommen, damit sie es beten lehrten. Und so geschah es; das Kind lernte in kurzer Zeit lesen und schreiben, dazu etwas Katechismus und einige Gebete. Aber nun brachte es keine Kohlblätter mehr zum Bilde der Madonna, denn es schämte sich dessen. Dabei wurde das Kind mit jedem Tag trauriger, so daß es den Mönchen auffiel, und sie fragten es, warum es nicht mehr so froh sei wie früher. „Ach", erwiderte das Mädchen, „weil mich meine himmlische Mutter nicht mehr so liebhat wie früher." „Und woher weißt du das?" „Ich weiß es, ich weiß es ganz sicher", sagte das Kind.
„Und seit wann hat du bemerkt, daß sie dich nicht mehr so lieb hat wie früher?"„Seit ich soviel gelernt habe", entgegnete das Kind. „Aber wie?" forschten die Patres weiter, „wendet sich etwa die Himmelsmutter von dir ab, wenn du zu ihr betest oder wenn ihr Kinder ein Lied zu ihren Ehren singt?" „Nein, das nicht", rief das Kind. „Warum also meinst du, daß sie dich früher lieber hatte?" „Weil sie früher, als ich ihr nur meine Kohlblättchen bringen konnte, mir jedesmal zulächelte, und jetzt lächelt sie nicht mehr!"

Spanische Legende

Zu Maria gehört seit altersher die rote Rose. Diese ist ein Sinnbild der Liebe und der Zuneigung. Der ausströmende Duft kann als verzehrende Liebe verstanden werden. Das Rot der Rose weist auf das vergossene Blut Christi hin. Die Passionsgeschichte erschließt die Dornen als Zeichen für Schmerz und Leid, die gerade auch diejenigen hinnehmen müssen, die Liebe üben. Maria hört von Simeon, daß das Leben ihres Sohnes ihr große Schmerzen bereiten wird. Die Dornen sind jedoch noch mehr. An der schön anzusehenden und gerne gepflückten Blume sind sie ein widerständiges Element, wie es im Magnificat anklingt.

Magnificat

Meine Seele preist die Größe des Herrn,
und mein Geist jubelt über Gott,
meinen Retter.
Denn auf die Niedrigkeit seiner Magd hat er geschaut.
Siehe, von nun an
preisen mich selig alle Geschlechter.
Denn der Mächtige hat Großes an mir getan,
und sein Name ist heilig.
Er erbarmt sich von Geschlecht zu Geschlecht
über alle, die ihn fürchten.
Er vollbringt mit seinem Arm machtvolle Taten:
Er zerstreut, die im
Herzen voll Hochmut sind;
er stürzt die Mächtigen vom Thron und erhöht die Niedrigen.
Die Hungernden beschenkt er mit seinen Gaben
und läßt die Reichen leer ausgehen.
Er nimmt sich seines Knechtes Israel an
und denkt an sein Erbarmen,
das er unseren Vätern verheißen hat,
Abraham und seinen Nachkommen
auf ewig.
(Lk 1, 47–55)

Der Rosenaltar zu Breisach

Er ist der schönste Altar Unserer Lieben Frau in den Ländern rheinauf und rheinab.

Der Künstler, Hans Liefrink (Meister H. L.), war als junger Herrgottsschnitzer und Wandergesell nach Breisach gekommen. Hier hatte er sich eine kleine Werkstatt eingerichtet und fertigte mit kunstreicher Hand Hausaltäre und Heiligenfiguren.

Erwachsene und Kinder kamen zu ihm an die Schnitzbank und schauten ihm bei seiner Arbeit zu. Auch Margarete, die Tochter des Ratsherrn und Tuchfabrikanten, kam eines Tages, einen neuen Josef für die Krippe zu bestellen. Sie blieb lange stehen und schaute dem jungen Meister verwundert zu, wie er die Gestalten aus dem rohen Lindenholzklotz herauszauberte. Da geschah es, daß sie einander liebgewannen.

Bald war das Weihnachtsfest herangekommen, und der Bildschnitzer schenkte Margarete einen Rosenkranz, dessen einzelne Röschen er mit viel Geduld aus duftendem Rosenholz geschnitzt hatte. Sie war stolz in ihrer Freude und ihre Tante, die Fürstäbtissin von St. Ottilien, fand, daß es weit und breit nichts Innigeres gäbe; der strenge Vater aber war erbost und verbot ihr die Liebe zu dem armen Schnitzer.

Um diese Zeit hatte der Rat der Stadt Breisach beschlossen, im Münster der Muttergottes einen neuen Altar aufzustellen. Viele Meister bewarben sich, denn neben der Ehre sollte die Arbeit auch gut entlohnt werden. Der Plan des armen Schnitzers Hans Liefrink gefiel dem hohen Rat am besten, und ihm wurde diese außerordentliche Arbeit zugesprochen.

Nun glaubte er, sein Glück mit Margarete sei gesichert. So trat er ohne Scheu vor den reichen Tucher hin und hielt um die Hand der Tochter an. Sie betete derweil zu Maria für einen Sinneswandel des Vaters. Dem Kaufmann aber war die Werbung des armen Schnitzers nicht recht, und um ihn loszuwerden, ersann er eine List: Er lobte ihn zwar wegen seines Auftrages, aber um sein Schwiegersohn zu werden, müsse er einen Altar bauen, der höher sei als das Münster selbst und doch hineingehe. Hans Liefrink dankte und sagte zu.

Als er an die Arbeit ging, da zweifelte er schier an der unmöglichen Aufgabe, wenn er nicht nachts einen Traum gehabt hätte. Die Himmelskönigin kam zu ihm hernieder, hatte einen Mantel um, der war mit Sternen besät, und trug eine goldene Krone, sie sah von Gesicht seiner Liebsten täuschend ähnlich, war aber von einem Rosenbogen umgeben, dessen Zweige sehr hoch wucherten und in ihren höchsten Spitzen sich neigten, um Raum unter dem Himmel zu finden.

Da war der Plan des Künstlers fertig. Er schuf den Altar, dessen Rosenstock schier höher ist als das Münster selbst und doch in das Gotteshaus ging. Und das Gesicht der Muttergottes trug die Züge seiner Braut. Noch vor Ablauf eines Jahres war der Altar fertig. Die Menschen sprachen viel von seiner herrlichen Arbeit. Als der Altar am zweiten Weihnachtstag in der Kirche feierlich enthüllt wurde, die Leute das Wunderwerk bestaunten und der Vater die leibhaftigen Züge seiner Tochter erkannte, stand der stolze Kaufherr gerührt auf und führte seine Tochter dem Meister H. L. als Braut zu.

Aus: Marienlegenden, Helga Marie Linsbauer, Pattloch 1987. Weltbild Verlag GmbH, Augsburg S. 71–72 (gekürzt)

Von einem frommen Mönch

Ein frommer Mönch war Küster in einem Kloster und liebte die Muttergottes vor allen anderen so sehr, daß er oftmals nächtelang in der Kirche blieb, um zu beten. Er verlangte oft sehr, Unsere Liebe Frau einmal zu sehen. In einer Nacht, da er über seinem Gebet eingeschlafen war und in der Kirche lag, erschien Maria in solchem Glanz, daß er nicht hineinschauen konnte. Der Bruder war hoch beglückt und sprach: „O gebenedeite Maria, wie gern möchte ich eure Füße küssen." Aber Maria sagte: „Nein, lieber Freund, du sollst nicht mit deinem Mund, mit dem du so lange zu mir gebetet hast, bei Tag und Nacht, die Füße küssen. Du sollst mich halsen mit deinen Armen und freundlich küssen auf meinen Mund." Der Bruder war über alle Maßen zufrieden, umhalste die Muttergottes und küßte sie mit großer Andacht auf ihren Mund.

Helga Marie Linsbauer, Marienlegenden, Pattloch Verlag, S. 164

Wunderschön prächtige
Maria Theresia und Maria, die Gottesmutter

Wir schreiben das 18. Jahrhundert. Maria Theresia ist Kaiserin von Österreich und Königin von Ungarn und Böhmen. Sie befindet sich in einem von ihr unternommenen Feldzug, als ihr Volk die 7. Strophe des Liedes „Wunderschön prächtige“ eigens für ihre Monarchin abändert.

In diesem Jammerthal
rufen wir allzumal
zu dir, o Jungfrau,
aus Elend und Noth:
Verlaß nicht die Diener dein,
die dir ergeben sein.
Verlaß, ach! uns alle,
verlaß uns nicht!
Uns alle leite
und für uns streite;
führe, regiere, verschaffe, daß all
wir einstens eingehn
zum himmlischen Saal.

Nun dann, o große Frau,
mildest mein Herz beschau,
wie dieses zärtlich ist,
seufzet und bitt:
Verlaß die Kaiserin,
dein treue Dienerin,
deine Theresiam verlasse doch nicht!
Die Waffen leite
mit ihro Streite,
führe, regiere und stärke ihr Heer;
der lieben Christenheit
Frieden bescher.

Mit dieser Strophe erbitten die Untertanen für die Kaiserin den besonderen Schutz der Gottesmutter. Sie bringen ihr großen Respekt entgegen, daß sie sich im Kreis großer Männer als Frau auf dem Thron behauptet und sich für den Frieden einsetzt. Und sie lieben und verehren ihre Kaiserin, die aller Mutter sein will und in der Liebe zu ihren Untertanen ihren einzigen Lohn und ihr einziges Glück sucht. So mißbilligt sie aufs schärfste die vielfache, oft unerträgliche Bedrückung der Bauern von seiten ihrer Dominien und ist bestrebt, Reformen durchzuführen. Besonders aber die Frauen und Mütter identifizieren sich mit ihr, da sie sehr viele Kinder hatte. Von den sechzehn starben drei, und im Alter von 42 Jahren verliert sie ihren geliebten Mann. Doch unendlich tapfer trägt sie all diese Schicksalsschläge. Trost in ihrem unermeßlichen Schmerz findet sie in der Hinwendung zu Gott und Maria, der Mutter Gottes. Dieses weitverbreitete Marienlied mag am Ende des 17. Jahrhunderts entstanden sein und ist die Umbildung eines Gedichts von Laurentius v. Schnüffis, das schon 1692 gedruckt ist und so beginnt: Sonnenschön prächtige, überaus mächtige himmlische Frau!

1. Wun - der-schön präch - ti - ge, ho - he und
der ich mich e - wig-lich wei - he herz -
mäch - ti - ge, lieb - reich hold - se - li - ge
in - nig-lich, Leib dir und See - le zu
himm - li - sche Frau,
ei - gen ver - trau.
Gut, Blut und
Le - ben will ich dir ge - ben; al - les, was
im - mer ich hab, was ich bin,
geb ich mit Freu-den, Ma - ri - a, dir hin.

GL 892

Verwandle in Segen,

was uns ängstet und beschwert.

Wie die Früchte des Feldes gedeihen

unter der Sonne, Wind und Wolken,

laß auch uns reifen für deine Ernte.

Wir bitten um den hellen Schein deines Angesichtes

über die Menschen, die wir lieb haben,

und über die Menschen, die uns zu tragen geben.

Dein sind wir im Licht

und im Dunkel der Zeit.

Du segnest unseren Ausgang und Eingang.

20
Johannistag

Johannis

Der Gedenktag von Johannes dem Täufer ist am 24. Juni. Dieser Tag gilt als sein Geburtstag, während der 29. August als sein Sterbetag angesehen wird. Die Datierung des Geburtstages ergibt sich zum einen aus Lukas 1,36, wonach Johannes sechs Monate älter ist als Jesus. Sie ergibt sich zum anderen aus dem Bemühen, das Mittsommerfest der Germanen, Kelten und Slawen christlich zu überlagern und neu zu deuten.
Das Mittsommerfest wird zu jenem Zeitpunkt begangen, an dem die Sonne ihren höchsten Punkt erreicht hat und die Kräfte des Lichts ihre höchste Intensität haben. Danach beginnt das Dunkle wieder voranzuschreiten.
Zentraler Brauch des Johannistages ist das Johannisfeuer, das in der Nacht vom 23. auf den 24. Juni auf den Höhen der Berge, am Stadt- oder Dorfrand oder in den Städten entzündet wird. Junge Leute pflegen dabei durch die Flammen zu springen, was Unheil überwinden und von Krankheiten reinigen soll.
Dieses „Sonnwendfeuer“ wurde christlich von Johannes 3,30, her verstanden. Dort sagt Johannes der Täufer von sich selbst und Jesus: „Er muß wachsen, ich aber muß abnehmen.“ Das Licht von Johannes muß abnehmen, damit Christus, die unbesiegbare Sonne, ab der Mittwinterwende an Weihnachten zunehmen kann.
Seit altersher hat die christliche Kirche in diesem Johanneswort einen Hinweis auf die sommerlich blühende Natur gesehen. Sie gleicht einem hellleuchtenden Gestirn, dessen Glanz jedoch untergehen wird und von einem aufgehenden helleren Stern abgelöst werden wird. So kommt an diesem Tag beides zusammen: die Freude an dem blühenden frischen Leben und die Trauer über die unaufhaltsame Vernichtung dieses Lebens, die jedoch durch das neue Leben überwunden wird.
Das Ineinander von Freude und Trauer wird am sinnfälligsten an dem Friedhofs-Blumenfest, das vor allem in Franken begangen wird. Am Johannistag geht man auf den Friedhof, gedenkt der Toten und schmückt die Gräber mit den in dieser Jahreszeit üppig blühenden und rasch verwelkenden roten Rosen.
Das vielfältige Brauchtum des Johannistages zeigt immer wieder zwei Seiten: die Freude über das blühende Leben und die Angst vor Vergänglichkeit und Tod. So wird an diesem Tag aus sieben oder neun Pflanzen (Johanniskraut, Bärlapp, Rittersporn, Rosen, Kornblumen, Lilien, Eichenlaub, Klatschmohn, Beifuß, Farnkraut) der Johannisstrauß gebunden und in der Stube aufgehängt. Er ist ein Zeichen des Sommers und soll Haus und Hof vor Bösem schützen.

Johannes der Täufer ist im Neuen Testament der Vorläufer und Wegbereiter von Jesus. Johannes sagt: „Nach mir kommt einer, der ist stärker als ich. Ich habe euch nur mit Wasser getauft, er aber wird euch mit dem Heiligen Geist taufen“ (Markus 1,7.8). Johannes ist ein Prophet. Er verkündet das unmittelbar bevorstehende Zorngericht Gottes und ruft die Menschen auf, ihr Leben radikal zu ändern. Er tritt in der Wüste auf. Dort sollen die Menschen hinkommen und noch einmal neu anfangen.

Sein Auftreten und Aussehen ist das eines Beduinen. Er trägt ein Kleid aus Kamelhaar und einen ledernen Gürtel um die Hüften. Seine Ernährung ist kärglich. Er ißt Heuschrecken - in Salzwasser gekocht und auf Kohlen geröstet -, dazu wilden Honig. Anders als Jesus ist Johannes ein Asket (vgl. Mt 11,18.19). In vielem erinnert er an Elia, den Propheten aus dem Alten Testament.

Seine Predigt ist hart: Bringt Frucht hervor, die eure Umkehr zeigt ... Schon ist die Axt an die Wurzel der Bäume gelegt: Jeder Baum, der keine gute Frucht hervorbringt, wird umgehauen und ins Feuer geworfen (Mt 3, 8.10).
Wer seine Sünden bekennt und sein Leben ändert, wird von Johannes im Jordan getauft. Die Taufe wird den Getauften bei dem Gerichtstag Gottes schützen.

Die Reaktion auf diese Predigt ist gewaltig. Viele Menschen lassen sich taufen. Auch Jesus läßt sich von Johannes im Jordan untertauchen (Mt 3,13-17). Das Wort taufen kommt von tauchen.

Weil Johannes Herodes wegen dessen Eheschließung mit seiner eigenen Schwägerin öffentlich kritisiert, wird er von diesem festgenommen und ins Gefängnis geworfen. Als bei einem Festmahl seine (Stief-) Tochter Salome den Kopf des Johannes wünscht, läßt Herodes Johannes enthaupten (Mk 6,14-29). Er wird von seinen Jüngern bestattet. Auch nach seinem gewaltsamen Tod haben die Jünger von Johannes seine Predigt weitererzählt und auch getauft (Apg 19,1-7).

Neben dem Geburtstag des Täufers am 24. Juni gedenken die christlichen Kirchen auch seiner Enthauptung am 29. August und seiner Empfängnis am 23. September - neun Monate vor seiner Geburt.
Johannes der Täufer ist bis heute ein Aufruf, sich selbst ehrlich ins Gesicht zu sehen, seinen Lebensstil zu prüfen und an seiner Änderung zu arbeiten.

Johannes der Täufer

Längs des Jordanflusses wachsen Bäume und Sträucher. In einer Lichtung, nahe beim Ufer des Flusses, steht Johannes. Um ihn herum drängen sich Frauen und Männer. Sie sind von Jerusalem und aus vielen anderen Städten und Dörfern in die Einöde heruntergekommen.

Jeden Tag kommen neue Menschen. Und immer wieder sagt Johannes zu ihnen das gleiche. „Seht ihr den Maulbeerfeigenbaum dort am Ufer?" fragt er. „Der Baum ist am Verfaulen. Er ist morsch. Er trägt keine Früchte mehr."
Johannes schaut die Menge mit durchdringendem Blick an.
„Genau so ist es mit euch!" ruft er.
„Gott will seine Herrschaft aufrichten. Aber dazu kann er keine verdorbenen Menschen brauchen. Schon hat er die Axt angelegt, um die unnützen Bäume an der Wurzel abzuschlagen und sie ins Feuer zu werfen. Das Gericht ist nahe. Der Messias kommt bald. Wer für ihn und Gottes neue Gemeinschaft bereit sein will, der muß jetzt sein Leben ändern.

Und zum Zeichen dafür taufe ich ihn mit Wasser. Aber der Messias, der nach mir kommt, ist viel mächtiger als ich. Ich bin nicht einmal gut genug, ihm die Riemen an den Sandalen zu binden. Wie ein Bauer nach dem Dreschen die Spreu und den Weizen mit einer Schaufel in die Luft wirft, und wie der Wind dann die Spreu hinwegweht, so wird der Messias die guten und die schlechten Menschen voneinander trennen. Die Schlechten werden im Feuer verbrannt. Die Guten aber dürfen in Gottes Herrlichkeit leben."

„Gut ist, wer Gottes Gebote beachtet und über sein Gesetz Tag und Nacht nachdenkt!" ruft ein Mann. Er steht in einer Gruppe von Männern, die zur Bruderschaft der Pharisäer gehören. „Und gut ist", ruft der Mann von neuem, „wer zum auserwählten Volk Israel gehört und ein Nachkomme von Abraham ist."

Johannes wendet den Kopf. Seine langen Haare, die ihm über die Schulter fallen, wirbeln herum. „Da irrst du dich gewaltig!" sagt er zum Pharisäer. „Gott schaut nicht darauf, ob ein Mensch zum Volk Abrahams gehört. Gott schaut darauf, ob ein Mensch gute Früchte bringt. Zeigt also durch euer Leben, daß ihr Gottes Gebote wirklich ernst nehmt. Wer jetzt ein neues Leben anfangen will, der soll zu mir kommen."

Ein paar von den Leuten gehen zu Johannes. Andere schließen sich ihnen zögernd an. Johannes geht mit ihnen auf einem schmalen Pfad zwischen den

Sträuchern zum Fluß hinunter. In den Kleidern steigen sie ins Wasser, bis es ihnen an die Hüfte reicht. Jetzt schreitet Johannes von einem zum andern. Er legt jedem die Hand auf den Kopf, taucht ihn unter und zieht ihn wieder nach oben. Dann gehen alle schweigsam wieder zurück zum Ufer. Den Getauften ist es leicht ums Herz. Einige weinen vor Freude.

Urheberrechte: Werner Laubi
Titel: Johannes
Quelle: Werner Laubi, Geschichten zur Bibel 4, © Patmos Verlag, Düsseldorf

Johannes, der Mann vor und neben Jesus, und vor allem sein ausgestreckter Finger in dem Kreuzigungsbild von Matthias Grünewald ist zum Sinnbild christlicher Theologie geworden. Christliches Reden von Gott ist zuerst und vor allen Dingen Hinweis auf Jesus Christus, den Menschen, in dem Gott sich selbst zur Anschauung gebracht hat.

Der Lobgesang des Zacharias (Benedictus)

Johannes kündigt den verheißenen Retter und damit Befreiung an.
Er ist Vorläufer des Herrn. Er bereitet Christus den Weg.
Sein Vater Zacharias aber wurde ergriffen vom Heiligen Geist
und sprach in prophetischer Rede:
Der Herr sei gepriesen. Israels Gott,
er hat sein Volk besucht und es befreit:
Ins Haus seines Knechts David hat er den Retter gesandt,
der stark wie ein Widderhorn ist.
Verkündet hat er, von Urzeiten an,
durch den heiligen Mund des Propheten:

Ich werde euch retten vor euren Feinden.
Ich will euch bewahren, wenn ihr Haß nach euch greift.
Ich werde mich eurer Väter erbarmen
und den heiligen Bund und den Schwur nicht vergessen,
den ich Abraham schwor, eurem Vater:
euch aus der Hand der Feinde zu retten,
damit ihr mir dient ohne Furcht,
fromm und gerecht, ein Leben lang,
vor meinem Angesicht.

Du, aber, Kind, sollst „Prophet des Höchsten" genannt sein,
weil du dem Herrn vorausgehen willst,
um ihm die Wege zu ebnen
und seinem Volk zu verkünden:

Es gibt Rettung, die Schuld wird vergeben, Gott ist barmherzig. Sein Licht, aufgehend wie die Sonne am Himmel, hat uns berührt. Es leuchtet auch denen, die in der Dunkelheit sind und im Schatten des Todes - und lenkt unsere Schritte zum Frieden.

Ein neues Gesicht

In einem großen Land lebte einmal ein Kaufmann. Er kaufte allerhand Dinge, große und kleine, und verkaufte sie wieder mit einem sehr guten Gewinn. Er kaufte Fabriken und Flüsse, Wälder und Stadtviertel, Bergwerke und Schiffe. Wenn Leute sonst nichts zu verkaufen hatten, kaufte er ihnen ihre Zeit ab, d.h. er ließ sie gegen Lohn für sich arbeiten und kaufte so ihre Muskeln oder ihr Gehirn. Er kaufte den Griff ihrer Arme für sein laufendes Band, den Tritt ihrer Füße für seine Essen, ihre Zeichnungen, ihre Schrift in seine Kontobücher. Er war ein sehr großer Kaufmann und wurde ein immer größerer Kaufmann. Er war weit und breit sehr geachtet und wurde immer geachteter. Aber auf einmal bekam er eine arge Krankheit.

Eines Tages wollte er wieder einmal etwas kaufen, diesmal ein paar Zinngruben in Mexiko. Eigentlich wollte er sie nicht selber kaufen, sondern einige andere Leute sollten sie für ihn kaufen, damit er sie verkaufen konnte. Er wollte nämlich diese Leute betrügen.

Er verabredete sich mit ihnen in einem Bankhaus. Dort verhandelten sie mehrere Stunden miteinander, indem sie dicke Zigarren rauchten und dazu Zahlen aufschrieben.

Der große Kaufmann erzählte seinen Geschäftsfreunden, wieviel Geld sie bei diesem Geschäft verdienen könnten, und da er ein so geachteter Kaufmann war und nett und freundlich aussah, wie eben ein älterer, rosiger Kaufmann mit weißen Haaren und blanken Augen, glaubten sie ihm auch, wenigstens anfangs. Aber dann passierte etwas sehr Merkwürdiges.

Er merkte plötzlich, daß die Herren ihn ganz eigentümlich ansahen, und dann rückten sie sogar ein wenig von ihm weg, während er sprach. Er sah an sich hinunter, ob an seinem Anzug etwas nicht in Ordnung war, aber sein Anzug war ganz in Ordnung. Er wußte gar nicht, was los war. Die Herren standen mit einem Mal auf, und jetzt sahen ihre Gesichter ordentlich erschrocken aus, und sie sahen deutlich ihn an, und zwar wie etwas Schreckliches, vor dem man Angst hat. Und doch sprach er nicht anders als sonst, nett und freundlich, wie ein großer, geachteter Kaufmann.

Warum also hörte ihm niemand mehr zu, und warum gingen sie denn ohne jede Entschuldigung einfach hinaus und ließen ihn sitzen? Denn das taten sie. Er stand ebenfalls auf, nahm seinen Hut und ging hinunter, um in sein Auto zu steigen. Da sah er noch, wie der Chauffeur furchtbar erschrak, als er ihn sah.

Zu Hause eilte er sogleich zu einem Spiegel. Da sah er etwas Schreckliches: Aus dem Spiegel entgegen blickte ihm das Gesicht eines Tigers. Er hatte ein neues Gesicht bekommen: Er sah aus wie ein Tiger.

Bert Brecht
Aus: Gesammelte Werke, Bd. 11 (Prosa 1), Frankfurt am Main, S. 205 f. 1967, „Ein neues Gesicht“

Geh aus mein Herz und suche Freud
Paul Gerhardt

Paul Gerhardt, der Pfarrer und Liederdichter, sitzt in seinem Garten. Er betrachtet die bunten Blumen, beobachtet die lustigen Vögel und schaut den fleißigen Bienen nach. Er ist müde, aber seine Augen freuen sich an der Pracht. Deshalb ist sein Herz fröhlich. Ein Nachbar kommt zu ihm:
„Nun, Herr Pastor, seid Ihr schon fertig mit dem Studium der Bibel?"
„Nein, ich bin noch nicht fertig." „Warum macht Ihr dann nicht weiter?" „Ich mache doch weiter!" „Das verstehe ich nicht", sagt der Nachbar.
„Doch, ich lese gerade jetzt in der Bibel weiter." „Ihr macht Scherze mit mir, Paul Gerhardt." „Erkennst du nicht, wie alles, was du in unserem Garten siehst, von Gott erzählt?" „Ich höre nichts und sehe nichts." „Doch, schau nur genau hin, und höre genau hin. Alles kommt von Gott. Gott läßt das Gras wachsen und die Vögel fliegen. Er läßt den Storch sein Nest bauen. Das Licht - ohne das wir nichts sehen können - ist Gottes Kleid. Alles ist sorgfältig aufeinander abgestimmt. Alles paßt zusammen. Das Wasser kommt vom Himmel, damit die Pflanzen nicht verdursten müssen. Die Quellen brechen aus dem Boden, damit Tiere zu trinken haben. Der Weizen wächst aus dem Boden, damit die Menschen Getreide und Brot haben."
Der Nachbar schaut sich um. Er macht ein dummes Gesicht. Paul Gerhardt lacht. „Ich habe gerade einen Psalm in der Bibel gelesen. Psalm 104, ein wunderschöner Psalm. Ich liebe diesen Psalm sehr."
„Und was steht da drin?" Paul Gerhardt kennt den Psalm auswendig: „,Lobe den Herrn, meine Seele! Mein Gott, du bist sehr herrlich, du bist schön und prächtig geschmückt. Licht ist dein Kleid, das du anhast. Du breitest den Himmel aus wie einen Teppich. Du fährst auf den Wolken wie auf einem Wagen und kommst daher auf den Fittichen des Windes ... Du lässest Wasser in den Tälern quellen, daß sie zwischen den Bergen dahinfahren, daß alle Tiere des Feldes trinken und das Wild seinen Durst lösche ... Du feuchtest die Berge von oben her, du machst das Land voll Früchte, die du schaffest. Du lässest Gras wachsen für das Vieh und Saat zu Nutz der Menschen!
Willst du noch mehr hören? Schau doch hin, schau in den Garten, da siehst du alles, was der Psalm sagt. Wenn ich meinen Garten anschaue, höre ich diese Worte." Der Nachbar nickt. Allmählich versteht er. „Ja, ich glaube, jetzt höre ich es auch."
„Ach ja", seufzt da Paul Gerhardt laut. „Für mich ist dieser Garten sogar ein Bild vom Himmel - so schön ist es im Himmel - und sogar noch ein bißchen mehr."

EG 503, Strophe 1

Bewahre uns, Gott, behüte uns, Gott,

sei mit uns auf unseren Wegen.

Sei Quelle und Brot in Wüstennot,

sei um uns mit deinem Segen.

Aus EG 171

21
Fest der Erzengel Michael, Gabriel und Rafael

Michaelis

Am 29. September ist Michaelstag. Dieser Tag erinnert an die Engel Gottes, ganz besonders aber an den Erzengel Michael. In der katholischen Kirche gedenkt man an diesem Tag der drei Erzengel Michael, Gabriel und Rafael. Das Wort „Erz"-Engel weist sie als Fürsten der Engel aus. Sie gehören zu den sieben Thronengeln, die Zugang haben zu Gottes Herrlichkeit und ihm die Gebete der Menschen überbringen (Dan 7,20 ff.; Offb 8,2). Die Namen der sieben Erzengel können sehr stark variieren. Neben Michael, Rafael und Gabriel wird immer wieder auch Uriel genannt.

Die Erzengel umkreisen mit den Cherubim, Seraphim, den Thronen, Herrschaften, Mächten und Gewalten den himmlischen Thron Gottes und singen miteinander das Trishagion: „Heilig, heilig, heilig ist der Herr Zebaoth, alle Lande sind seiner Ehre voll."

Die Namen der Erzengel sind kleine Glaubensbekenntnisse. Michael heißt „Wer ist wie Gott?" Sinngemäß ist zu ergänzen „Keiner ist so wie er". Gabriel heißt „Gott ist stark", Rafael „Gott heilt". Uriel heißt „Gott ist Licht".

Engel sind in der Bibel Boten Gottes. Sie überbringen Gottes helfende Botschaft und bringen die verschiedenen Seiten Gottes zur Erfahrung. Engel machen Mut, bringen neue Lebenskraft, geben neue Hoffnung, wecken Verantwortung und weisen auf den richtigen Weg. Engel lassen spüren: Ich bin nicht allein. Da kümmert sich jemand um mich. Engel lassen spüren, daß Gott nahe ist.

Der Erzengel Michael ist nach Offb 12 Anführer der himmlischen Heerscharen. Er führt den Kampf gegen den bösen Drachen mit Namen Teufel und Satan. An Michael wird deutlich, daß Engel gegen das Böse kämpfen und vor dem Bösen schützen. Um den Beistand Michaels bittet Martin Luther jeweils am Ende seines Morgen- und Abendsegens. „Dein heiliger Engel sei mit mir, daß der böse Feind keine Macht an mir finde." Michael ist der Engel des Beistandes in der Not. Er beschützt diejenigen, die zu Gott gehören. Michael ist aber auch der Engel des Gerichts. Beim Jüngsten Tag wiegt er das Leben der Menschen mit einer Waage und scheidet dann mit seinem Schwert diejenigen, die gottentsprechend gelebt haben, von denen, die sich von ihm abgewendet haben. Michael gilt als der ritterliche Schutzpatron der Deutschen (der deutsche Michel).

Gabriel überbringt nach Elisabeth auch Maria die Botschaft, daß sie ein Kind gebären wird (Lk 1). Ihr Kind wird der Sohn Gottes sein, der der ganzen Welt den Frieden bringt. Gabriel ist der Engel der Lebenskraft. Immer wenn er begegnet, verspricht er neues Leben und den Beginn einer neuen Zeit. Sein Gruß ist „Fürchte dich nicht!" Oder „Friede sei mit dir."

Rafael ist der Schutzengel des jungen Tobias. Er begleitet diesen auf dem ungewissen Weg in die Fremde, er schützt und berät ihn und bringt schließlich alles zu einem guten Ende. Rafael ist der Engel der Begleitung. Immer dort, wo Menschen durch Gefahren sicher geleitet werden, sind Schutzengel dabei.

Uriel gehört zu den Engeln, die die Auferstehung verkünden. Er bläst beim Jüngsten Gericht die Posaune der Totenauferstehung. Dann öffnen sich die Gräber, und die Menschen werden mit den Werken ihres Lebens konfrontiert.

Bei den Germanen war der 29. September der Tag der Herbstgerichtsbarkeit (Herbstthing). Er leitete die „Gemeinwoche" ein, die am Ende der Sommer- und Erntezeit mit einem Opferfest schloß.

Michaelis oder der Tag der Erzengel Michael, Rafael und Gabriel wird heute nur noch wenig begangen. Dies war früher anders, wie man dem Michaelislied von Melanchthon abspürt: „Heut singt die liebe Christenheit/ Gott Lob und Dank in Ewigkeit/ für seine Engelscharen,/ die uns in Angst, Not und Gefahr/ auf viele Weisen wunderbar behüten und bewahren." (EG 143) Zum Brauchtum des Micheltages gehörten die Michelgans und das Michelfeuer, das anzeigt, daß jetzt die Winterdunkelheit naherückt. Am Micheltag wurde nicht gearbeitet. Der Bauer lud die Mägde und Knechte zum Essen ein.

In einer Zeit, in der Engel wieder mehr Aufmerksamkeit finden, lädt dieser Tag ein, über Engel und die unterschiedlichen Erfahrungsweisen Gottes nachzudenken.

Am ersten Sonntag nach Michaelis wird das Erntedankfest gefeiert.

Michael kämpft gegen den Drachen

Die sieben Erzengel hatten ursprünglich einen Anführer: Satanael oder Luzifer. Er war der Fürst dieser Welt und war zum Stellvertreter Gottes und zum Sachwalter der ganzen Schöpfung berufen. Eines Tages verkündigte Gott, daß er den Menschen nach seinem Ebenbild erschaffen will und daß sein Sohn dereinst in das Menschenreich eingehen und Menschengestalt annehmen soll. Da empörte sich Satanael, zweifelte an der Weisheit Gottes und begann, Gottes Ur- und Abbild, seinen Sohn, zu hassen. Er verweigerte Gott den Gehorsam, rief die Engelscharen zum Abfall gegen Gott auf und machte sich selber zum Herrn. Ein Drittel der Engel ließ sich verführen.

Da beschloß Gott, Santanael/Luzifer und die aufrührerischen Engel aus dem Himmel zu verstoßen. An der Stelle von Satananel machte er den Engel Micha zum Anführer der himmlischen Heerscharen und zum Beschützer des Volkes Gottes. Er fügte seinem Namen das Wort El, Gott, hinzu und verlieh ihm so den Namen Michael. Satanael nahm er das El weg, so daß dieser nur noch Satan hieß. Im Himmel begann ein wilder Kampf. Er wogte hin und her. Doch schließlich gelang es Michael, den bösen Engel, den Drachen, aus dem Himmel hinauszuwerfen und auf die Erde hinunter - und in unser Leben hineinzustoßen.

Das machte aber den Satan nur noch wütender. Er rennt jetzt auf der Erde hin und her und versucht alles, die Menschen von Gott abzubringen und die Herrschaft zu gewinnen. Ganz besonders hat er es auf die abgesehen, die an Jesus Christus, den Sohn Gottes, glauben. Er will alles durcheinanderbringen, die Welt, das persönliche Leben, ja, sogar die Seele. Immer wenn der Satan, der Diabolos, der Teufel, auftritt, geht alles drunter und drüber, es gibt Unglück, es gibt Enttäuschung und Tränen, und Menschen beginnen an Gott zu zweifeln. Auch Gott tut sich schwer mit dem Teufelsbraten. Es ist wie im Himmel. Gott muß gegen diesen Satan kämpfen. Deshalb schickt er immer wieder den Erzengel Michael auf die Erde, um Menschen zu helfen, mit dem Teufel fertig zu werden. Allein schaffen sie es nicht, aber auch sie werden gebraucht. Es gibt jedesmal einen Kampf, und es sieht immer wieder so aus, als müßten Gott und seine Engel verlieren. Es geht hin und her.

Aber wenn Gott es geschafft hat, im Himmel den Satan hinauszuwerfen, dann wird er es auch auf der Erde schaffen, so daß Himmel und Erde endlich so werden, wie Gott sie gewollt hat.

Der Schutzengel

Es war einmal eine Frau, die war böse, sehr böse und starb. Sie hinterließ nicht eine einzige Spur einer guten Tat. Sie wurde von den Teufeln ergriffen und in den Feuersee geworfen.
Aber ihr Schutzengel stand da und dachte darüber nach: Könnte ich mich nur dessen erinnern, daß sie irgend etwas Gutes getan hat, so daß ich es Gott sagen könnte. Es fiel ihm etwas ein, und er sprach zu Gott: „Sie hat in ihrem Gemüsegarten eine kleine Zwiebelpflanze ausgerissen und sie einer Bettlerin geschenkt."
Und Gott antwortete ihm: „Nimm diese kleine Zwiebelpflanze und reiche sie ihr zum See hinab, die mag sie anpacken und sich daran herausziehen. Und wenn du sie aus dem See herauszuziehen vermagst, so mag sie ins Paradies eingehen, wenn aber das Zwiebelkraut abreißt, so soll die Frau da bleiben, wo sie sich jetzt befindet."
Der Engel lief zu der Frau, reichte ihr die kleine Zwiebelpflanze hin und sagte: „Da, Frau, faß an und zieh dich daran heraus."
Und er fing an, sie vorsichtig an sich heranzuziehen; und beinahe hatte er sie herausgezogen; aber als die übrigen Sünder in dem See sahen, daß man jene herauszog, da hängten sie sich alle an sie, damit sie zugleich mit ihr herausgezogen würden. Die Frau aber wurde böse und begann mit den Fußen nach ihnen zu schlagen. „Ich soll herausgezogen werden und nicht ihr, es ist mein Zwiebelchen und nicht eures."
Sowie sie das ausgesprochen hatte, riß das Zwiebelkraut ab. Und die Frau fiel in den See zurück, und da brennt sie bis auf den heutigen Tag. Der Engel aber fing zu weinen an und ging fort.

F. Dostojewski, Gebrüder Karamasow

Engel sind nach dem Licht die ersten Geschöpfe Gottes. So sagt es eine jüdische Tradition. Es gibt ganze Engelhierarchien. Zu ihnen gehören die Cherubim und die Seraphim, aber auch die Mächte und die Gewalten, selbst die „Thronen“ und die „Reichen“, und dann natürlich die Erzengel und die Engel. Sie alle repräsentieren verschiedene Aspekte Gottes und bringen sie zur Erfahrung: Michael die Gerechtigkeit, Gabriel die Lebenskraft, Rafael wie bei Tobias (Bild) die Begleitung, andere die Weisheit und die Macht.

Engel

Es müssen nicht Männer mit Flügeln sein,
die Engel.
Sie gehen leise, sie müssen nicht schrein,
oft sind sie alt und häßlich und klein,
die Engel.

Sie haben kein Schwert, kein weißes Gewand,
die Engel.
Vielleicht ist einer, der gibt dir die Hand
oder er wohnt neben dir, Wand an Wand,
der Engel.

Den Hungernden hat er das Brot gebracht,
der Engel.
Dem Kranken hat er das Bett gemacht,
und er hört, wenn du ihn rufst bei Nacht, der Engel.
Er steht im Weg, und er sagt: Nein,
der Engel,
groß wie ein Pfahl und wie ein Stein –
es müssen nicht Männer mit Flügeln sein,
die Engel.

Aus: Rudolf Otto Wiemer, Der Engel des Herrn Bileam, Deutscher Theater Verlag GmbH, Weinheim

Der Racheengel

Die Engel waren vor dem Angesicht Gottes versammelt und hörten, was Rafael berichtete, der eben von der Erde zurückkam. Er wußte leider nur wenig Gutes zu vermelden; nichts als Missetat, Sünde und Verkehrtheit hatte er bei den Menschen angetroffen.

Wie er also sprach, meinte einer der jüngeren Engel: „O Herr, deine Langmut ist unerschöpflich. Ich hätte an deiner Statt schon lange das Menschengeschlecht vertilgt."
Der Herr blickte auf und sprach milde: „Ich will deinen Rat annehmen. Gehe hin und rotte die Menschheit aus mit Feuer und Schwert. Nimm eine Geißel, ein Schwert und einen Feuerbrand und fahre unter die Menschen, daß nicht eine Seele übrigbleibe."

Der Engel stieg zur Erde hernieder und kam an eine armselige Hütte, die Tür hielt nicht mehr in den Angeln, die Fenster waren zerschlagen, und durch die leeren Öffnungen blies ein eiskalter Wind. Als der Engel näher trat, hörte er herzzerreißendes Wimmern. Drinnen gewahrte er ein abgehärmtes Weib, das war in Lumpen gehüllt und drückte ein paar halbnackte Kinder an die Brust. Mutter und Kinder zitterten vor Frost. Als die Frau des Engels ansichtig wurde, da schrie sie laut auf und rief:
„Oh, dich hat Gott uns gesandt. Gib, daß wir uns ein wenig wärmen können, sonst müssen wir alle elendiglich umkommen."

Der Engel war von Mitleid ergriffen und legte, ohne zu wissen, was er tat, seinen Feuerbrand auf den kalten, zerfallenen Herd. Mit einem Male wurde es köstlich warm in dem Raume, und ein süßer Duft von Weihrauch und Myrrhe ging von dem Herde aus; die Brandfackel aber löste sich auf in glühende Kohle. Die Frau fiel dem Engel zu Füßen und wollte den Saum seines Kleides küssen. Er aber entwich aus der Hütte.
Und wie er weiterging, da kam er an einen großen Strom. Der Sturm heulte über das Wasser. Das Wasser tobte und rauschte. All den Lärm jedoch übertönte ein gellender Hilfeschrei. Der Engel eilte vorwärts der Stimme nach, und er sah einen Menschen, der nahe am Ufer mit den Wogen kämpfte, doch das Ufer nicht erreichen konnte. Von Mitleid getrieben, streckte der Gerichtsengel seine Geißel in den Strom hinaus; der Unglückliche konnte das Ende der Geißel erfassen und sich daran zum Ufer ziehen. Aber sich hinaufzuschwingen hatte er nicht mehr die Kraft. So mußte denn der Retter ihm die Hand reichen. Es gelang ihm, den Ertrinkenden in Sicherheit zu bringen, aber die Geißel fiel dabei in den Strom und versank sogleich.

Seine Straße führte ihn an ein festes Schloß mit vergitterten Fenstern; ein alter Mann stand davor, weinte, jammerte und rang die Hände. Da fragte der Engel: „Warum weinst du?" Der Alte antwortete mit vielen Tränen: „Hinter dieser Mauer liegt mein einziger Sohn im Gefängnis. Der Unglückliche hat sich gegen einen Oberen aufgelehnt. Sein bester Freund wurde mißhandelt von dem Oberen, da übermannte ihn der Zorn, er schalt wider den Oberen und erhob gegen ihn die Hand. Dafür soll er nun im ewigen Kerker schmachten."

Der Engel war von innigem Mitleid ergriffen, doch wußte er nicht, was er tun sollte. Der unglückliche Vater aber fuhr fort: „Oh, du bist uns gewiß vom Himmel gesandt; du wirst ihn mit deinem Schwert befreien." Und es erfaßte den Engel so, daß er sich nicht besinnen konnte; er holte aus und schlug gegen die Eisenstange. Sein Schwert schnitt das Eisen wie Sägespäne durch, aber zerschellte dann wie Glas an den Quadern der Mauer. Und aus dem Fenster stieg ein bleicher, abgezehrter, schöner Jüngling.

Vater und Sohn lagen sich in den Armen. Dem Engel schwoll vor Liebe und Erbarmen das Herz, er wies den beiden die Straße in ein freies Land. Dann aber ging er seines Weges fürbaß. Wie er aber so wanderte, fiel ihm ein, daß er die Geißel, sein Schwert und die Fackel verloren hatte. Und er erschrak heftig und kehrte mit bangendem Herzen vor Gottes Antlitz zurück. Er erwartete einen Tadel und schwere Strafe, er warf sich vor dem Angesicht des Herrn nieder, demütigte sich und sprach: „Verzeihe mir, Herr, ich habe deinen Befehl schlecht ausgeführt." Aber der Herr erwiderte lächelnd: „Hast du meine Langmut jetzt begreifen gelernt?"

Gerhard Ouckams Knoop, Die heilige Spur. J. F. Steinkopf Verlag, Stuttgart 1956 (gekürzt)

Von guten Mächten wunderbar geborgen
Dietrich Bonhoeffer

Der Text dieses Liedes stammt von Dietrich Bonhoeffer. Er schreibt dieses Gedicht an der Jahreswende von 1944 auf 1945.
Es ist einem Brief beigefügt, den Dietrich am 28. Dezember aus dem Gestapo-Gefängnis in Berlin an seine Mutter schreibt, die am 30.12.1944 70 Jahre alt wird. Hinter ihm liegt das Weihnachtsfest mit seinen Kerzen.
Dietrich Bonhoeffer ist nun seit 20 Monaten im Gefängnis. Er hätte viel Grund gehabt, von „bösen Mächten" zu sprechen. Doch bevor er davon spricht, was ihn bedrückt, spricht er von dem, was zuerst - und zuletzt zu sagen ist: Es gibt gute Mächte, Engel, die einen jeden treu und still umgeben, behüten und wunderbar trösten.
Das alte Jahr ist schlimm gewesen. Der Aufstand gegen Hitler scheiterte. Auch sein Bruder Klaus sowie Freunde sind verhaftet worden. Auf Berlin fallen jede Nacht die Bomben der Alliierten, die die Gefangenen in ihren Einzelzellen erleben müssen.
Nach dem Scheitern des Widerstandes am 20. Juli 1944 muß Bonhoeffer mit dem Schlimmsten, dem Tod, rechnen. Doch er rechnet mit der vagen Möglichkeit, aus dem Gefängnis entlassen zu werden und seine Mutter, aber auch seine Verlobte, Maria von Wedemeyer, wiederzusehen. Aber das ist nicht seine letzte Hoffnung. Seine letzte Hoffnung richtet sich auf Gottes gute Mächte, auf Gott selbst. Seine letzten Worten sind deshalb: „Von guten Mächten wunderbar geborgen, erwarten wir getrost, was kommen mag. Gott ist mit uns am Abend und am Morgen und ganz gewiß an jedem neuen Tag."

EG 65 (aber besser: Melodie von Siegfried Fietz)

Gott schütze das Haus,
die Feuerstelle, die Tiere,
jeden, der unter diesem Dach verweilt.
Wenn mein Weib im Schlafe ruht,
sei Uriel zu meinem Füßen,
Ariel zu meiner Linken,
Rafael zu meiner Rechten,
Gabriel schütze mein Haupt.

Herr, laß Frieden sein
zwischen den Nachbarn,
Frieden zwischen den Sippen,
Frieden zwischen den Liebenden.
Vergiß uns nicht, wenn du deine Knechte zählst.
Führe uns durch Weltendunkel
väterlich zum Licht des neuen Tages.

22
Erntedankfest

Erntedank

Das Erntedankfest wird in der Regel am ersten Sonntag im Oktober gefeiert. Das Fest ist so alt wie die Menschheit selbst. In ihm bringen die Menschen ihr Wissen zum Ausdruck, daß ihr Leben von Saat und Ernte abhängig ist. Alle Menschen leben von Gaben, die sie bekommen und ganz selbstverständlich annehmen. Dazu gehören auch das Wasser und die Luft. Alle diese Gaben geben dem Leben Halt und Geborgenheit. Das Erntedankfest will den Blick auf diese Gaben lenken, sie als gute Gaben des Schöpfergottes verständlich machen sowie zu Dank und Lob aufrufen.
Zum Brauchtum des Erntedankfestes gehört der mit Feld- und Gartenfrüchten (Getreidegarben, Brot, Trauben u.a.) geschmückte Altar, die nach dem Fest an Altersheime oder Waisenhäuser verschenkt werden. Daneben gibt es den aus Ähren geflochtenen Erntekranz, der den Kreislauf der Natur symbolisiert, sowie die aus Ähren gefertigte Erntekrone, die die Würde und Hoheit des Schöpfergottes bezeichnen soll. Mancherorts wird ein Ernteteppich aus all dem geflochten, was Feld und Wald gegeben haben.

Immer dann, wenn Menschen zu Tisch beten, danken sie Gott für die Gaben der Schöpfung. Das Tischgebet ist also ein tägliches Erntedankfest. Im dankbaren Genießen von Gottes guten Gaben kommt das Erntedankfest zu seiner Erfüllung.

Am Erntedanktag könnte man einmal das Brot selber backen und mit einem Kreuz bezeichnen. Aber man könnte auch eine Schale mit Früchten auf den Frühstückstisch stellen und über ihre Herkunft nachdenken. Sind sie auch Gottes Gaben?
Zum Erntedanktag gehört auch die Rückschau auf die Erfahrungen mit der Natur und mit der Hände Arbeit. Zur Einsicht kommt, daß Gottes Gaben menschliches Planen und Handeln brauchen, um zum „Lebens-Mittel" zu werden, das Menschen stärkt und tröstet. Gerade am Brot wird deutlich, daß göttliches und menschliches Handeln zusammenwirken müssen, damit Gottes gute Gaben ihr Ziel finden. Das Erntedankfest könnte deshalb auch Anlaß sein, über menschliche Arbeit nachzudenken und auch für die Gaben des Denkens und Handelns zu danken.

Zentrales Thema des Erntedankfestes ist neben dem Dank für Gottes gute Gaben der verantwortliche Umgang mit der Schöpfung. Dazu gehört auch das Nachdenken über den Gegensatz von Überfluß und Hunger sowie die Überlegungen, was man gegen Arbeitslosigkeit tun kann. Weil Arbeit nicht selbstverständlich ist, könnte man das Erntedankfest auch mit einem „Arbeitsdankfest“ verbinden. So käme an diesem Tag nicht nur die Landwirtschaft, sondern auch industrielle Arbeit und Dienstleistung in den Blick.

In die Monate September/Oktober fällt das jüdische Laubhüttenfest (Sukkot). Es war ursprünglich ein Herbst- und Weinlesefest. Es dauert acht Tage und erinnert an den Auszug aus Ägypten. In diesen acht Tagen sollen Juden in einer Hütte (Sukka) wohnen, „damit eure Nachkommen wissen, wie ich die Kinder Israel habe in Hütten wohnen lassen, als ich sie aus Ägypten führte.“ Heute noch errichten viele Juden auf ihrem Balkon, im Garten oder im Hof Hütten, deren Dach mit Zweigen bedeckt wird - jedoch nicht zu dicht, so daß bei Tag die Sonne und bei Nacht die Sterne durchscheinen können.
Muslime feiern kein vergleichbares Fest.

Danke

Markus ging zum Kaufladen, um ein Brot zu kaufen. „Danke für das Brot“, sagte Markus zu der Verkäuferin. „Danke nicht mir“, sagte die Verkäuferin. „Ich habe das Brot nur aufbewahrt, bis du es gekauft hast. Du mußt dem danken, der mir das Brot gebracht hat.“ Darum sagte Markus danke zu dem Lieferanten. „Danke nicht mir“, sagte der Lieferant. „Ich habe das Brot nur in meinem Wagen zum Geschäft hingebracht. Du mußt dem danken, der das Brot gebacken hat.“ Darum sagte Markus danke zu dem Bäcker. „Danke nicht mir“, sagte der Bäcker. „Ich habe nur das Brot aus Mehl gebacken. Du mußt dem danken, der mir das Mehl gegeben hat.“
Darum sagte Markus danke zu dem Müller. „Danke nicht mir“, sagte der Müller. „Ich habe nur das Mehl aus den Weizenkörnern gemahlen. Du mußt dem danken, der mir das Korn zum Mahlen gebracht hat.“ Darum sagte Markus danke zu den Spediteuren. „Danke nicht uns“, sagten die Spediteure. „Wir haben nur das Korn transportiert. Du muß dem danken, der uns das Korn gegeben hat.“ Darum sagte Markus danke zu dem Getreidespeicher. „Danke nicht mir“, sagte der Getreidespeicher. „Ich habe nur das Korn verwahrt, bis es gebraucht wurde. Du mußt dem danken, der mir das Korn gegeben hat.“ Darum sagte Markus danke zu dem Bauern. „Danke nicht mir“, sagte der Bauer. „Ich habe das Korn nur gesät und geerntet. Du mußt denen danken, aus denen das Korn gewachsen ist.“ Darum sagte Markus danke zu den Samenkörnern. „Danke nicht uns“, sagten die Samenkörner. „Wir brauchten andere Dinge die uns heranwachsen ließen. Du mußt ihnen danken.“ Darum sagte Markus danke zu der Erde, dem Regen und der Sonne. „Danke nicht uns“, sagten alle. „Du mußt dem danken, der uns gemacht hat. “ Darum sagte Markus Danke zu Gott. Markus betete so: „Danke, Gott, für die Erde, den Regen und die Sonne und für den Samen, der wächst, und für den Bauern. Danke, Gott, daß du den Menschen hilfst, Getreidespeicher zu bauen. Danke für die Spediteure und für den Müller. Danke, Gott, für den Bäcker und für den Lieferanten und für die Verkäuferin. Danke, Gott, für das Brot. Amen.“

Patricia und Victor Smeltzer: Danke für das Brot, Oncken Verlag, Wuppertal und Kassel, 2. Auflage 1982

Zu Tisch beten

„Was heißt: zu Tisch beten?“ fragte das Kind. „Das erste“, sagte der Lehrer, „ist: sehen, was da steht!“ „Oh, das ist einfach“, sagte das Kind, „das tut doch jeder.“ „Keineswegs. Viele Menschen gehen vom Tisch und wissen nicht, mit welcher Liebe eine Mahlzeit bereitet wurde. Sie beachten auch kaum den schön gedeckten Tisch. Können sie da Gott danken, wo sie doch die guten Dinge gar nicht wahrnehmen?“ „Also, sehen, was da steht, sagst du. Was kommt danach?“ „Was wohl? Jetzt mußt du es dir schmecken lassen!“ „Ist das etwas Besonderes?“ „Muß es etwas Besonderes sein? Die einfachsten Dinge sind oft die schwersten. Viele Menschen essen ohne Freude.“
„Gehört noch etwas zum Tischgebet?“
„Oh ja! Der Dank an alle, die das Mahl bereitet haben.“ „Wie soll ich danken?“ „Mit Freundlichkeit bei Tisch. Mit Achtung beim Essen. Mit einem ‚Dankeschön!‘ an die Eltern. Dies alles aber fassen wir zusammen, wenn wir ‚Gott‘ sagen.“

Was wir haben, woll'n wir teilen,
nichts gehört uns ganz allein.
Hilf uns Not und Hunger heilen
und für andre da zu sein.

Aus: Hubertus Halbfas, Religionsbuch für das 2. Schuljahr, © Patmos Verlag, Düsseldorf

Brot ist mehr als Brot. Brot, das ist das Zusammenspiel von göttlichen Gaben und menschlicher Arbeit. Gott schenkt Gräser, die Früchte tragen. Er läßt sie wachsen und gedeihen. Damit aber aus den Körnern Brot wird, müssen Menschen den Ackerboden bebauen und bewahren. Sie müssen düngen und ernten. Sie müssen Mühlen erfinden, das Korn mahlen und aus dem Mehl Brot in Öfen backen.
Brot erzählt, daß alles Leben von Vorgaben abhängig ist, aber ohne Denken und Handeln des Menschen nicht gelingen kann. Das Brot erzählt, wie der Mensch recht Mensch ist: im dankbaren Annehmen der guten Gaben Gottes, in der bedachten Bearbeitung dieser Gaben und in der Sättigung von Menschen, die Hunger haben.

Tischgebete

Bevor wir essen, Herr,
denken wir an die, die Hunger haben
und nicht satt werden.

Hunger nach Essen und Trinken,
Hunger nach Gerechtigkeit,
Hunger nach Liebe,
Hunger nach Hoffnung.

Stille du ihren Hunger, wie du heute mittag unseren Hunger stillst.

Laß uns dabei mithelfen und zeige uns, was wir tun können.
Deine Hände, großer Gott, halten unsre liebe Erde, du gibst das Leben, gibst den Tod, schenkst uns Wasser, schenkst uns Brot, gib auch, daß wir dankbar werden.

Hilf, daß in der weiten Welt Kinder nicht aus Hunger sterben. Fruchtbar mache jedes Feld, ordne alles Gut und Geld, keinen Menschen laß verderben.

Meine Großmutter

Für uns Kinder war die Großmutter eine gewichtige Persönlichkeit. Und dabei war sie der Statur nach ein zierliches Persönchen.
Ob es um Probleme in der Schule ging, ob es sich um Freuden und Leiden einer Kinderseele handelte, ob Alltag oder Sonntag: Die Großmutter war immer für uns da, mit dem passenden Wort, mit der helfenden Tat.
Vieles davon habe ich leider vergessen. Eines aber wird mir in Erinnerung bleiben: Immer bevor die Großmutter einen Laib Brot anschnitt, zeichnete sie das Kreuzzeichen darauf. Feierlich. Andächtig.
Diese Geste bedeutet mir viel. Sie erzählte anschaulich über die Kostbarkeit des Brotes. Und sie gibt einen eindringlichen Hinweis auf Segen und Dank, mehr als wortreiche Vorträge oder kluge Abhandlungen in dicken Büchern.
Unsere Großmutter ist längst von uns gegangen. Ihre Geste aber lebt in unserer Familie weiter. Und damit etwas von dieser großen Frau, die doch eigentlich ein zierliches Persönchen war.

Peter Friebe, Fundort unbekannt

Jeder bekäme genug, wenn ...

Eine Frau hat sich ihr ganzes Leben für ihre zwölf Kinder eingesetzt. Zu einem Festtag lädt sie alle ihre Kinder ein. Sie backt einen großen Kuchen, in den sie alles hineintut, was sie an Zutaten hat. Aber auch all ihren Einsatz und ihre Liebe, mit der sie alle Kinder in gleicher Weise liebt. Dann setzt sie den Kuchen ihren Kindern vor und sagt: „Teilt ihn unter euch." Dann geht sie hinaus. Sofort nehmen sich die beiden Stärksten dreiviertel des Kuchens. Die anderen streiten sich um den Rest und geraten sich dabei in die Haare. An die beiden Stärksten aber wagt sich keiner heran. Als die Mutter wieder ins Zimmer kommt, wird sie traurig. Der Kuchen reichte für alle. Jeder bekäme genug. Jeder bekäme genug von der Liebe, wenn ...

Nach Bischof A. Fragoso

Gefährten oder Tod

Ein Weiser mit Namen Choni ging einmal über Land und sah einen Mann, der einen Johannisbrotbaum pflanzte. Er blieb bei ihm stehen und sah ihm zu und fragte: „Wann wird das Bäumchen wohl Früchte tragen?"
Der Mann erwiderte: „In siebzig Jahren."
Da sprach der Weise: „Du Tor, denkst du in siebzig Jahren noch zu leben und die Früchte deiner Arbeit zu genießen? Pflanze lieber einen Baum, der früher Früchte trägt, daß du dich ihrer erfreust in deinem Leben."
Der Mann aber hatte sein Werk vollendet und sah freudig darauf, und er antwortete: „Rabbi, als ich zur Welt kam, da fand ich Johannisbrotbäume und aß von ihnen, ohne daß ich sie gepflanzt hatte. Denn das hatten meine Väter getan. Habe ich nun genossen, wo ich nicht gearbeitet habe, so will ich einen Baum pflanzen für meine Kinder oder Enkel, daß sie davon genießen. Wir Menschen mögen nur bestehen, wenn einer dem andern die Hand reicht. Siehe, ich bin ein einfacher Mann, aber wir haben ein Sprichwort: Gefährten oder Tod."

Jüdische Legende

Else Schubert-Christaller: Gefährten oder Tod, aus: In deinen Toren, Jerusalem, Eugen Salzer Verlag, Heilbronn 1987, S. 9

Der neue kategorische Imperativ

Ein Imperativ, der auf den neuen Typ menschlichen Handelns paßt und an den neuen Typ von Handlungssubjekt gerichtet ist, würde etwa so lauten: „Handle so, daß die Wirkungen deiner Handlung verträglich sind mit der Permanenz echten menschlichen Lebens auf Erden"; oder negativ ausgedrückt: „Handle so, daß die Wirkungen deiner Handlung nicht zerstörerisch sind für die künftige Möglichkeit solchen Lebens"; oder einfach: „Gefährde nicht die Bedingungen für den indefiniten Fortbestand der Menschheit auf Erden"; oder, wieder positiv gewendet: „Schließe in deine gegenwärtige Wahl die zukünftige Integrität des Menschen als Mit-Gegenstand deines Wollens ein."

Hans Jonas, deutsch-amerikanischer Philosoph

Wir pflügen und wir streuen
Matthias Claudius

Der Bauer Paul Erdmann feiert die fünfzigste Wiederkehr des Tages, an dem er sein Erbe antrat und den Hof übernahm. Das ganze Dorf feiert mit. Auch der Edelmann des Ortes hat sich eingefunden. Er hat seine Familie und Gäste mitgebracht. Als Paul, der Hausherr, zu Tisch betet, sagt einer der Gäste: „Bei uns in Frankreich betet keiner zu dem guten Gott."

Die Bemerkung löst heftige Gespräche aus. Es geht um die neue Zeit, um die Aufklärung, die Gott leugnet, es geht um die Forderung, Klöster und Orden abzuschaffen, aber auch die modernen Fabriken. Vor allem aber geht es um die Adeligen, die überhaupt nicht mehr edel sind, sondern nur noch an ihre eigenen Interessen denken. Den Grundherrn des Dorfes können sie nicht gemeint haben, denn dieser ist ehrlich, gerecht und glaubt fest an Gott.

Nach dem Gebet wird aufgetischt, was das Haus zu bieten hat. Den Leuten geht es gut. Wohl sitzen sie getrennt, die Adeligen da, die Bauern dort. Doch sie sind alle unter Paul Erdmanns Dach. Während des Essens steht Paul Erdmann auf und prostet dem Herrn des Dorfes zu und ruft aus: „Der gnädige Herr soll leben. Und auch wer rechtschaffen ist und Gott fürchtet." Alle stimmen in den Toast ein: „Der gnädige Herr soll leben. Und auch wer rechtschaffen ist und Gott fürchtet." Und sie setzen hinzu. „Freude und Segen über von Hochheim und jeden wahren Edelmann." Da steht der Herr von Hochheim auf und bittet um ein Lied, das Bauernlied. Und die Bauern singen dieses Lied. Sie singen es ihrem Herrn zu. Der merkt, was sie singen. Sie halten an der Grundherrschaft noch fest, doch sie wenden sich gegen Willkür, aber auch gegen Revolution. Ein rechter Herr ist nur, der den Herrn der Welt und den Schöpfer aller Dinge anerkennt und sein Handeln nach seinem Willen ausrichtet.

Unter den Gästen ist Matthias Claudius, der Dichter. Er schreibt das Bauernlied auf und merkt sich die Melodie. 1782 veröffentlicht er den Text des Liedes gemeinsam mit dem Lied: „Der Mond ist aufgegangen."

1. Wir pflü-gen, und wir streu - en den
Sa-men auf das Land, doch Wachs-tum und Ge -
dei - hen steht in des Him-mels Hand:
der tut mit lei-sem We - hen sich mild und
heim-lich auf und träuft, wenn heim wir
ge - hen, Wuchs und Ge-dei - hen drauf.
Kehrvers
Al - le gu - te Ga - be kommt her von
Gott dem Herrn, drum dankt ihm, dankt, drum
dankt ihm, dankt und hofft auf ihn!

EG 508

Der Herr segne deine Hände,
daß sie halten können, ohne zur Fessel zu werden,
daß ihnen innewohne die Kraft zu trösten und zu segnen.

Der Herr segne deine Augen,
daß sie Bedürftige wahrnehmen
und andere unter deinem Blick sich geborgen wissen.

Der Herr segne deine Ohren,
daß sie hellhörig werden für die Stimme der Not,
aber sich schließen für den Lärm und das Geschwätz.

Der Herr segne deinen Mund,
daß nichts von ihm ausgehe, was verletzt und zerstört,
sondern daß er heilende Worte spreche.

Der Herr segne dein Herz,
daß es reich sei an Verzeihen
und zur Wohnstatt des Geistes werde.

So segne uns der Vater, der Sohn und der Heilige Geist.

23
Reformationsfest

Das Reformationsfest

Am 31. Oktober eines jeden Jahres feiert die evangelische Kirche das Reformationsfest. Dieser Tag soll an die 95 Thesen erinnern, die Martin Luther am 31. Oktober 1517 an gelehrte Kollegen und an Kardinal Albrecht von Mainz mit einem Brief sandte. Der Erzählung nach soll er sie an demselben Tage auch an die Eingangstüre der Schloßkirche in Wittenberg angeschlagen haben.
In seinen 95 Thesen wendet sich der 34jährige Mönch und Theologieprofessor Dr. Martin Luther (1483–1546) unter anderem auch gegen den Ablaßhandel in der damaligen römischen Kirche, die den Menschen für eine Geldspende Vergebung der Sündenstrafen versprach. Es ging ihm zunächst jedoch nicht um den Ablaß selbst, sondern um dessen Mißbrauch.
Aufgrund seines intensiven Bibelstudiums kam er außerdem zur Einsicht: Gott ist kein strenger Richter, der die Menschen ständig beobachtet, strenges Einhalten der Gebote will und jede Übertretung streng bestraft. Gott ist vielmehr ein gütiger Vater, der den Menschen mit offenen Armen entgegengeht, seine Liebe schenkt und nichts lieber will als uneingeschränktes Vertrauen. Gott ist seinem Wesen nach barmherzig und gnädig. Wenn wir wirklich wissen wollen, wie Gott ist und was er von den Menschen will, dann müssen wir auf Jesus schauen und auf das, was die Bibel von ihm erzählt, so glaubte Martin Luther. Die Geschichte vom Gürteltier macht auf amüsante Weise deutlich, was Martin Luther verkündigen wollte: Gott kommt den Menschen entgegen und schenkt ihnen seine Liebe allein aus Gnade.

Worte von Martin Luther:

Gott will, daß wir fröhlich seien, und haßt die Traurigkeit. Wenn er nämlich gewollt hätte, daß wir traurig seien, hätte er uns nicht die Sonne, den Mond und die anderen Schätze der Erde geschenkt. Das alles gibt er uns zur Freude. Sonst hätte er Finsternis geschaffen und nicht zugelassen, daß die Sonne immer wieder aufgeht oder daß der Sommer immer wieder kommt.

So schändlich lebt kein Tier, auch keine Sau, wie die Welt lebt. Denn eine Sau kennt doch die Frau oder Magd, von der sie Treber, Kleie oder das Futter zu fressen kriegt, läuft ihr nach und schreit ihr nach.
Aber die Welt kennt und achtet Gott gar nicht, der ihr so reichlich und überschwenglich Gutes tut, geschweige denn, daß sie ihm dafür danken und ihn loben würde.

Gleichwie die Sonne in einem stillen Wasser gut zu sehen ist und es kräftig erwärmt, kann sie in einem bewegten rauschenden Wasser nicht deutlich gesehen werden, auch erwärmt sie nicht so sehr.
Darum willst du auch erleuchtet und warm werden durch das Evangelium, göttliche Gnade und Wunder sehen, daß dein Herz entbrannt, erleuchtet und fröhlich werde, so gehe hin, wo du still sein und das Bild dir tief ins Herz fassen kannst, da wirst du finden Wunder über Wunder.

Das Gürteltier

Es war einmal ein Gürteltier, das war sehr unordentlich. Bei ihm stand die Marmelade im Schuhputzkasten, das Salz war in der Zuckerdose, die Unterhosen im Brotschrank, und die Gummistiefel lagen in der Nachttischschublade.

An und für sich machte das dem Gürteltier nichts aus. Natürlich mußte es nach allem ein bißchen suchen. Aber war es nicht auch recht abenteuerlich, die Seife im Kühlschrank zu entdecken? Die Socken in einem Einmachglas zu finden und der Zahnbürste unter dem Bett zu begegnen?
Nun war es aber so, daß das Gürteltier eine Braut hatte. Sie hieß Min. Und Min fand die Unordnung überhaupt nicht abenteuerlich.
„Wenn du dich nicht besserst", sagte das Gürteltiermädchen Min zu dem Gürteltier, „dann mag ich dich nicht! Da geriet das Gürteltier in große Schwierigkeiten. Es liebte seine Min über alles. Andererseits aber war es von Natur aus unordentlich. Und was man ist, das ist man nun mal. „Ich muß mich ändern!" sagte das arme Gürteltier jeden Tag zu sich selber.
Es nahm die Pfeifenreiniger aus der Teedose, die schmutzige Wäsche aus dem Backofen und räumte die trockenen Brötchen ins Vogelbauer. Die Gießkanne holte es hinter dem Sofakissen hervor, und den Schuhlöffel warf es schnell in die Kaffeekanne. „Es ist ein Kreuz!" sagte das Gürteltier abends vor dem Einschlafen. Lange schaute es das Foto der schönen Min an. Dann schob es seine Brille unter das Bett, machte das Licht nicht aus und schlief ein. Eines Tages klingelte das Telefon. „Hallo!" sagte das Gürteltiermädchen Min. Ich komme heut abend. Freust du dich?"

Und ob sich das Gürteltier freute! Es drehte sich ein paarmal im Kreis, dann fing es an, alles in Ordnung zu bringen. Zuerst sich selber.
Es suchte den Rasierapparat, fand ihn in der Waschmaschine und rasierte sich. Dann bürstete es seine Kleider mit der Nagelbürste aus, weil die Kleiderbürste nicht da war, und zog sich an. Da, wo der Kragenknopf fehlte, steckte es sich eine kleine, rote Papiernelke hin. Danach stieg es in die Hose „Wo ist denn mein Gürtel?" sagte das Gürteltier. Und es begann zu suchen. Hinterm Sofa suchte es, unter dem Teppich, im Eimer, auf der Lampe und in der Badewanne. Dabei hielt es seine Hose immerzu mit beiden Händen fest. Es fand allerhand Sachen, aber den Gürtel fand es nicht. „Verdammter Schweinsgürtel" sagte das Gürteltier. Die Zeit verging, und es konnte nicht mehr lange dauern, bis die schöne Min vor der Tür stand. Schnell schob das Gürteltier eine Pizza in den Backofen.
Wie aber sah es in der Wohnung aus! Das Gürteltier hielt seine Hose nur noch

mit einer Hand fest. Mit der anderen räumte es flink die Bonbonpapierchen aus dem Salzfaß, die alten Zeitungen vom Klavier, die Apfelschalen vom Stuhl, den Schlafanzug aus dem Papierkorb, nahm den Regenschirm von der Lampe, das schmutzige Geschirr aus dem Bücherbord, den Goldhamster von der Gardinenleiste und das Honigglas aus dem Plüschsessel. In diesem Augenblick klingelte es. Das Gürteltier ließ alles fallen und rannte zur Tür. Da stand es nun und hielt mit beiden Händen seine Hose. Min!

Dem Gürteltiermädchen blieb der Mund offen, als es die Unordnung sah. So schlimm war es nie vorher gewesen. Dazu drang aus der Küche noch dicke Qualm, weil die Pizza verbrannte.

Das Gürteltier aber sah nur seine Braut. „Min!“ hauchte es. „Minki ... Minkerline ... Minki-Pinki ... Pinkerlette ... Pinzette.“

Und dann breitete es die Arme aus, und die Hose fiel ihm runter.

Nun ist alles aus, dachte das Gürteltier, aus und zu Ende. Und es erkannte gleichzeitig die Unordnung und roch den Qualm. So stand es da, armselig in seiner Unterhose, und die Tränen schossen ihm in die Augen.

Die Min aber lachte. Sie lachte und lachte, und zwischendurch hustete sie, weil es ja immer qualmiger wurde. „Das sehe ich jetzt“. sagte sie endlich, „daß ich dich nicht mehr allein lassen darf.“

Sie machte die Tür hinter sich zu, riß das Fenster auf, warf die verkohlte Pizza weg, fing den Goldhamster ein und blieb.

Gina Ruck-Pauquèt

Als Luther eine angesehene Persönlichkeit geworden war, legte er sich ein Familienwappen zu. Luther entschied sich für die Lutherrose. Dies sollte nicht zeigen, was seine Familie Großes geleistet hatte. Sie sollte zeigen, was ihn und seine Familie im Leben getragen hatte.
Die Lutherrose enthält in ihrem Inneren ein schwarzes Kreuz in einem roten Herzen. Luther sagt einmal: „Woran du dein Herze hängst, das ist dein Gott." Luther will damit zeigen, daß das Kreuz Jesu für ihn das Wichtigste in seinem Leben ist. Das Kreuz soll deutlich machen: Jesus starb, weil er die Menschen liebte. Er stirbt, damit wir leben können.
Herz und Kreuz bilden das Innere einer weißen Rose. Weiß ist die Farbe des Geistes. Das menschliche Herz aus Fleisch ist umgeben von dem Geist Jesu. Weiß ist aber auch die Farbe der Engel. Luther weiß sich von Gottes guten Boten begleitet.
Herz, Kreuz und Rosenblätter sind in ein himmelblaues Feld eingebettet. Luther glaubte: Wohin ich auch komme, bin ich immer unter dem Himmel Gottes. Gott umgibt mich von allen Seiten.
Die gesamte Lutherrose ist umschlossen von einem goldenen Ring. Gold ist die Farbe für das Göttliche. Der Ring hat keinen Anfang und kein Ende, genau wie die Liebe Gottes. Die Liebe legt sich um das Ganze herum, um zusammenzuhalten, was ohne sie auseinanderfallen würde.

Ein feste Burg

Ein feste Burg ist unser Gott,
ein gute Wehr und Waffen.
Er hilft uns frei aus aller Not,
die uns jetzt hat betroffen.
Der altböse Feind
mit Ernst er's jetzt meint;
groß Macht und viel List
sein grausam Rüstung ist,
auf Erd ist nicht seinsgleichen

Und wenn die Welt voll Teufel wär
und wollt uns gar verschlingen
so fürchten wir uns nicht so sehr,
es soll uns doch gelingen.
Der Fürst dieser Welt,
wie sau'r er sich stellt,
tut er uns doch nicht;
das macht, er ist gericht':
ein Wörtlein kann ihn fällen.

Aus: Martin Luther, Ein feste Burg ist unser Gott
EG 362,Strophen 1 und 3

Das alte Verständnis von Gottes Gerechtigkeit

Gottes Gerechtigkeit - wie habe ich dieses Wort gehaßt! Lehrte man uns doch von altersher, der gerechte Gott sei ein Richter, der die Sünder bestraft und die verurteilt, die das Recht mißachten.
Als Mönch konnte mir allerdings keiner etwas vorwerfen. Vor Gott aber stand ich als Sünder da und spürte sehr mein unruhiges Gewissen. Ich konnte mich nie ganz darauf verlassen, daß Gottes Ansprüche abgegolten seien, auch wenn ich mir noch so sehr Mühe gab, ihn zufriedenzustellen. Ich konnte Gott nicht lieben; ich haßte ihn. Ich haßte den Gott, der gerecht handelt und die straft, die sich gegen ihn vergehen.
So marterte mich mein wütendes und verwirrtes Gewissen. Dennoch bohrte ich weiterhin ungestüm an jener Stelle bei Paulus, denn mich verlangte brennend zu wissen, auf was es Paulus ankam.

Das neue Verständnis von Gottes Gerechtigkeit

Schließlich erbarmte sich Gott meiner, als ich Tag und Nacht an diesem Text arbeitete.
Da begann ich zu begreifen, daß dies der Sinn des Satzes sei: Gott verschenkt seine Gerechtigkeit, und von diesem Geschenk kann der Mensch leben; Gott spricht den Menschen gerecht.
Barmherzig ist also Gott: Er stellt sich auf die Seite des Menschen und schafft dem Menschen so Lebensraum.
Dieses „Urteil" Gottes annehmen heißt glauben. Es heißt also richtig im Alten Testament: Der Glaubende ist Gott recht, er ist so, wie Gott ihn haben will. Da fühlte ich mich neu geboren; ich war durch die geöffneten Tore ins Paradies eingetreten. Jetzt zeigte mir plötzlich die ganze Bibel ein neues Gesicht. Vorher hatte ich jenen Satz von der Gerechtigkeit Gottes gehaßt. Jetzt gewann ich ihn um so lieber und stellte ihn über alles.

Martin Luther in einem Rückblick

Luther vor dem Reichstag: Widerrufen kann ich nicht!

16. April 1521: Vom Turm des Wormser Domes ertönt ein Hornsignal. Ein Wagen nähert sich der Stadt. Ihm voraus reitet der Reichsherold Kaspar Sturm mit der kaiserlichen Standarte. Im Wagen sitzt der Augustinermönch Martin Luther. Kaiser Karl V. hat Luther vor den Reichstag von Worms bestellt und ihm freies Geleit für die Hin- und Rückreise zugesichert.
Eine große Zahl von Reitern folgt dem Wagen. Viele strömen aus den Häusern auf die Straße, um den berühmten Mann zu sehen. Bereits am Tag nach seiner Ankunft muß Luther vor dem Reichstag erscheinen. Eine Verhandlung über seine Sache gibt es nicht. Lediglich zwei Fragen werden ihm gestellt: „Willst du dich zu deinen Büchern bekennen? Sie sind dort auf der Bank aufgestapelt!"
Luther bejaht, nachdem die Titel der Bücher verlesen worden sind.
„Bist du bereit, diese Bücher oder etwas daraus zu widerrufen?" Luther zögert, dann antwortet er mit leiser Stimme: „Ich bitte um Bedenkzeit, denn bei dieser Frage geht es um den Glauben, um das Heil der Seelen und das höchste Gut auf Erden, nämlich Gottes Wort!"
Nach kurzer Beratung wird ihm eine Bedenkzeit von 24 Stunden eingeräumt. Dann soll er seine Antwort mündlich vortragen; eine schriftliche Verteidigung wird ihm nicht erlaubt.
Am nächsten Tag hält Luther vor dem Reichstag eine längere Rede. Der Kerngedanke ist: Wenn mir jemand aus der Heiligen Schrift beweist, daß ich geirrt habe, dann bin ich sofort zum Widerruf bereit und werde der erste sein, der die Bücher ins Feuer wirft. Die Sitzung wird unterbrochen. Die Mitglieder des Reichstags beraten. Dann fordern sie Luther zu einer kurzen eindeutigen Antwort auf, ob er seine Bücher und Irrtümer widerrufen wolle oder nicht.
Luther bleibt dabei: „Weil Eure Majestät und Eure Gnaden eine schlichte Antwort begehren, so will ich eine solche ohne Hörner und Zähne geben: Werde ich nicht durch Zeugnisse der Schrift oder durch klare Vernunftgründe überzeugt – denn ich glaube weder dem Papst noch den Konzilien allein, da es am Tage ist, daß sie des öfteren geirrt und sich selbst widersprochen haben –, so bleibe ich überwunden durch die von mir angeführten Stellen der Schrift und mein Gewissen gefangen durch Gottes Wort. Widerrufen kann und will ich nichts, denn es ist weder sicher noch heilsam, gegen das Gewissen zu handeln. Gott helfe mir. Amen."

Es ist das Heil uns kommen her
Paus Seperatus

1518 ist Luther in Heidelberg. Es kommt zur Heidelberger Disputation. So mancher späterer Reformator diskutiert mit. Doch die neuen Thesen bleiben unter den Gelehrten. Das einfache Volk erfährt davon noch nichts. Der Pfalzgraf zu Rhein zögert noch, die Reformation in der Kurpfalz einzuführen. Ein kleines Zugeständnis gibt es aber dennoch:
1526 wird der evangelisch gesinnte Heinrich Stoll aus Mainz Pfarrer in Heidelberg. Die römischen Priester an der Heiliggeistkirche lehnen den neuen Kollegen ab. Sie zahlen ihm keinen Unterhalt. Der Pfalzgraf muß das Gehalt des neuen Pfarrers selber bezahlen. Aber er kann sagen: „In Heidelberg wird das Evangelium lauter und klar gepredigt." Aber er setzt hinzu: „Wir wollen nicht lutherisch heißen." So kommt es zu einer eigentümlichen Mischung: Die Messe wird traditionell römisch gefeiert. Die Predigt ist evangelisch. Immer wieder betont Heinrich Stoll: „Gott hat sich durch Jesus Christus mit den Menschen ein für alle Male versöhnt. Es bedarf keines weiteren Opfers mehr, schon gar nicht eines, das jeden Sonntag im Abendmahl neu vollzogen wird. Gott ist kein zorniger Gott, der immer wieder beschwichtigt werden muß. Gott ist ein liebender Gott, der Menschen seine Zuneigung zeigt und will, daß sie auf diese setzen."
Predigt und Messe geraten in einen Widerspruch. Doch niemand unternimmt etwas. Schon gar nicht der Pfalzgraf. Am vierten Advent 1545 nimmt das Kirchenvolk die Sache selbst in die Hand. Als die römisch gesinnten Geistlichen von Heiliggeist wieder das Abendmahl feiern wollen, fangen die Kirchgänger zu singen an: „Es ist das Heil uns kommen her von Gnad und lauter Güte, die Werk, die helfen nimmermehr, sie können nicht behüten. Der Glaub sieht Jesus Christus an, der hat für uns genug getan, er ist der Mittler worden." Es ist ein Lied von Paul Seperatus.
Das Erstaunliche geschieht: Die Priester nehmen ihre Meßgewänder, ihre Meßbücher und verlassen fluchtartig die Kirche. Zwei Wochen später, am 3. Januar 1546, darf die Gemeinde in Heidelberg beim Abendmahl Brot und Wein nehmen. Heidelberg wird evangelisch.

EG 342, Strophen 1 und 2

Die Kraft des Windes sei mit dir,
die Kraft des Mondes und der Sonne.

Die Güte des Meeres sei mit dir,
die Güte der Erde und des Himmels.

Die Liebe der Menschen sei mit dir
und Freundlichkeit und nie ein Harm.

Mögest du einst ruhen in weichen Kissen,
in den Händen des Herrn, deines Erlösers.

24
Sankt Martin

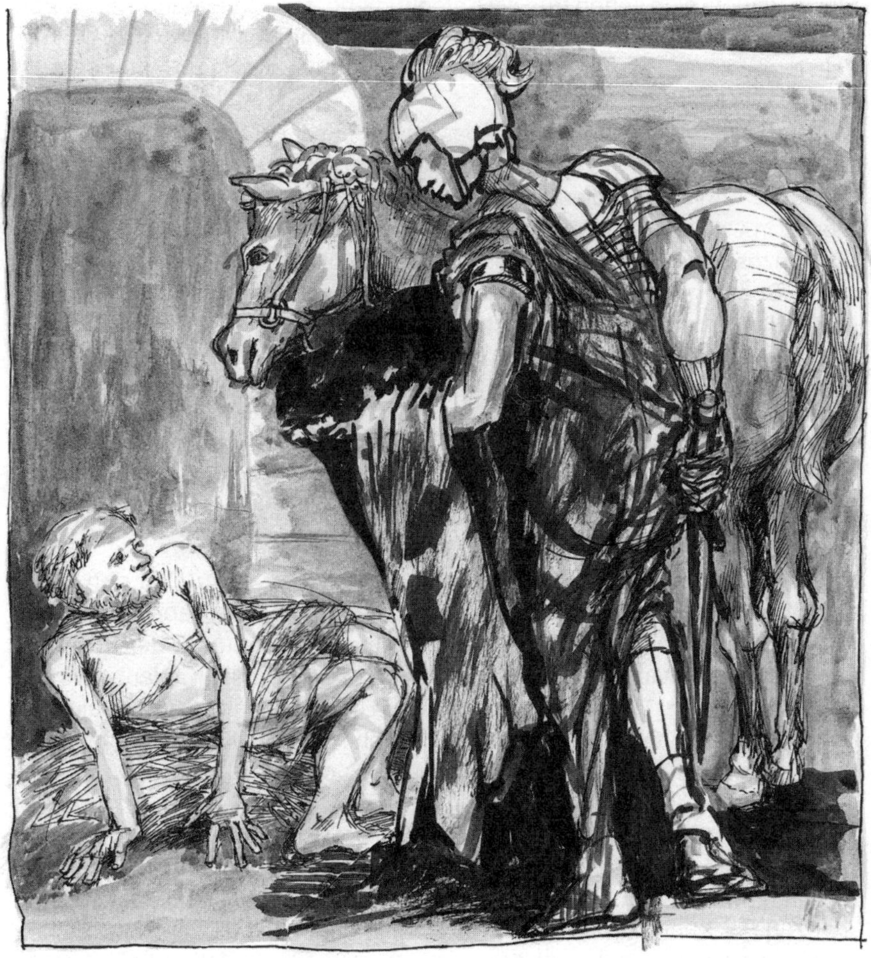

Martin von Tours

Alljährlich am 11. November gedenken Christen des heiligen Martin von Tours. Martin von Tours wurde um das Jahr 315 in Sabaria (Pannonien = Ungarn) als Sohn eines römischen Tribuns geboren. Sein Name ist von Mars, dem Kriegsgott der Römer, abgeleitet und bedeutet „der Kriegerische".
Martin wandte sich schon früh als Katechumene dem Christentum zu, wurde aber dann in die römische Reiterei eingezogen und dort bald Offizier. In die Zeit, in der er Offizier wurde, fällt seine Begegnung mit dem Bettler und die Teilung des Mantels.
Als Martin sich taufen ließ und Christ wurde, beschloß er, nicht mehr länger als Soldat zu dienen. Vor einer Schlacht verweigerte er den Wehrdienst. Martin wurde dann Einsiedler. Im Jahr 370 gründete er bei Potiers das erste Kloster in Gallien. Im Jahre 371 wurde er gegen seinen Willen zum Bischof der französischen Stadt Tours berufen. Der 4. Juli gilt als Tag seiner Bischofsweihe. Später gründete Martin das Kloster Marmoutiers am rechten Ufer der Loire. Hier sammelt er 80 Mönche um sich, die ihn bei der Mission unterstützten. Martin starb um das Jahr 400. Der 11. November dürfte sein Todestag gewesen sein. In Frankreich sind 3675 Martinskirchen nachgewiesen, was seine große Verehrung belegt.

Von dem Mantel des Heiligen wird erzählt, daß er nach der Teilung wieder ganz und unversehrt gewesen sei. Dies soll bedeuten, daß die barmherzige Tat den Heiligen nicht ärmer gemacht hat.
Dieser Mantel wurde bald als eine kostbare Reliquie verehrt. Für den übriggebliebenen halben Mantel, die „capa", wurde eigens eine „capella" geschaffen, in der dieser verehrt werden konnte. Für die Betreuung der Kleinodie wurde ein „capellanus" bestellt. Die Worte „Kapelle" und „Kaplan" erinnern noch heute daran. Man erzählt, daß die capa des heiligen Martin als Talisman geschätzt wurde. Die fränkischen Könige nahmen das Mäntelchen mit in die Schlacht und erhofften sich dadurch Kriegsglück.

Martin ist ein Symbol christlicher Nächstenliebe. Bei dem Martinsumzug und der sich anschließenden Martinsfeier feiern die Kinder mit bunten Lampions diesen barmherzigen Menschen. Oft führt ein als Martin verkleideter Reiter den Zug der Kinder an. Auf dem Höhepunkt der Feier teilt der Reiter seinen Mantel mit dem Darsteller des frierenden Bettlers, der am Wege kauert. Beim Abschluß des Umzuges bekommt jedes Kind eine Martinsgabe am Martinsfeuer. Solche Martinsspiele sind schon im 13. Jahrhundert belegt. Der Zug mit den Laternen wird schon seit altersher mit Lk 12,35 f. in Verbindung gebracht: „Eure Lenden sollen umgürtet sein und eure Lampen sollen brennen." Die Laternen bezeichnen aber auch die christlichen Tugenden und die guten Werke, die in die Welt hinausgetragen werden und der Welt Licht bringen und die Christen als „Licht der Welt" (Mt 5,15) erweisen.

Der 11. November ist aber auch ein alter Lostag. An diesem Tag war die Pacht meist in Form von Naturalien (beispielsweise Gänse) fällig, und die Dienstboten bekamen ihren Jahreslohn. Der Brauch, eine kräftige Gans am Martinstag zu verspeisen, hat mit dem Lostag, aber auch mit jener Legende zu tun, nach der Gänse den versteckten Martin verraten haben, als die Leute von Tours ihn zum Bischof machen wollten. Hintergrund des deftigen Essens dürfte aber vor allem der Beginn der Fastenzeit sein. Mit dem 12. November begann das große, vierzigtägige Fasten, das bis Epiphanias währte und die vierzig Fastentage Jesu in der Wüste vorwegnahm. Die vierzig Tage erhält man, wenn man die Sonnabende sowie die Sonntage abzieht. Mit dem Tag nach Martini setzt die stille Vorbereitungszeit auf die „Ankunft des Herrn" ein. Der Martinstag ist auch der Tauf- und Namenstag von Martin Luther, geboren am 10. November 1483.
An Martini, dem 11.11., wird seit dem frühen 19. Jahrhundert auch der Fastnachtsbeginn gefeiert. 13 Wochen nach dem darauffolgenden Dienstag ist Fasnachtsdienstag. Eine Erklärung liegt in der Zahl, denn 11 gilt als die Narrenzahl. Sie ist die erste Zahl, die die Zehnzahl der Gebote überschreitet. Eine zweite Erklärung sieht in Martin den „Kopf" der Weihnachtszeit, so wie Fastnacht am „Kopf" der Osterzeitenfastenzeit steht. Dies führt die beiden Termine zusammen.

Die Mantelteilung

Mit einer ganzen Reitertruppe zieht Martinus über die Alpen nach Gallien. Unterwegs, wenn sie müde sind und rasten, zieht er seinem Diener die Stiefel aus. „Du wäschst meine Füße. Du putzt meine Schuhe. Dennoch bist du mein Herr", sagt der Diener. Er hat es gut.

Martinus hilft Armen und Kranken, wo er kann. Er verschenkt sein ganzes Geld. Alle haben ihn gern. Martinus ist froh, daß er in Gallien nicht kämpfen muß.

Schon drei Jahre ist er jetzt römischer Reiter. Immer wieder müssen die Soldaten lange warten. Sie müssen bereitstehen und für ihren Kaiser die Städte in Gallien bewachen. Die Truppe, zu der Martinus gehört, wartet vor der Stadt Amiens. Auch im kältesten Winter. Das Wasser in den Brunnen ist gefroren. Die Menschen verlassen ihre Häuser nicht. Sie wärmen sich am Feuer.

Beim Stadttor von Amiens sitzt ein Bettler. Er hat nichts zu essen. Er hat nicht einmal ein Hemd oder einen Mantel. Er ist nackt. „Helft mir", flüstert er. Er kann nicht mehr schreien. Er ist schwach. Alle gehen an ihm vorbei. Die ausgestreckte Hand bleibt leer. Martinus bleibt stehen. Er greift in seinen Beutel. „Ich habe nichts, was ich dir geben könnte", sagt er traurig. Er hat nur noch sein Schwert und seinen Soldatenmantel. Doch da steigt Martinus vom Pferd. Er zieht sein Schwert aus dem Gürtel und teilt den Mantel mitten entzwei. Den einen Teil gibt er dem armen Mann. Der Bettler hüllt sich ein. Er huscht davon. Er ist nicht mehr nackt. Jetzt wird er eingelassen in ein warmen Haus.

Martinus wickelt sich in seinen halben Mantel. „Du siehst aber komisch aus", lacht der Reiter, der mit ihm zum Stadttor kommt. Die anderen Reiter warten auf Martinus. Sie haben zugeschaut. Sie lachen nicht. Sie schämen sich. „Wir haben noch einen vollen Beutel. Warum haben wir dem Bettler nichts gegeben?"

In der folgenden Nacht hat Martinus einen Traum: Der Bettler, der in seinen halben Mantel gehüllt ist, steht vor ihm. Eine Stimme ruft: „Schau ihn an, diesen Mann! Kennst du ihn?" Plötzlich weiß Martinus: Dieser Mann ist Jesus Christus. Es ist Jesus, von dem die Christen mir so viel erzählt haben. Und er sieht Engel bei Jesus stehen. Jesus sagt zu den Engeln: „Martinus hat mich mit diesem Mantel bekleidet. Was er diesem armen Mann getan hat, das hat er mir getan. Martinus, der noch nicht getauft ist. Da wacht Martinus auf. Er geht am nächsten Tag zu den Christen von Amiens. Er hat sie schon oft besucht. Er hat viel von ihnen gelernt. „Ich will auch Christ werden. Ich will ganz zu euch gehören. Tauft mich."

Die Christen freuen sich. Sie kennen ihn gut. Der Bischof von Amiens tauft Martinus vor der ganzen Gemeinde.
Martinus steht am Taufbecken. Der Bischof gießt Wasser über seinen Kopf. „Martinus, ich taufe dich im Namen Gottes, des Vaters, im Namen des Sohnes Jesus Christus und im Namen des Heiligen Geistes.“ Martin verläßt die Soldaten.

Urheberrechte: Regina Schindler
Titel: Martin
Quelle: Veit, Lebensbilder. © Verlag Ernst Kaufmann, Lahr

Was Martin wichtig war:

Der Bibeltext, der für Martin ganz wichtig war:
Wenn aber der Menschensohn kommen wird in seiner Herrlichkeit, und alle Engel mit ihm, dann wird er sitzen auf dem Thron seiner Herrlichkeit, und alle Völker werden vor ihm versammelt werden Und er wird sie voneinander scheiden, wie ein Hirt die Schafe von den Böcken scheidet, und wird die Schafe zu seiner Rechten stellen und die Böcke zur Linken. Da wird dann der König sagen zu denen zu seiner Rechten: „Kommt her, ihr Gesegneten meines Vaters, ererbt das Reich, das euch bereitet ist von Anbeginn der Welt! Denn ich bin hungrig gewesen, und ihr habt mir zu essen gegeben. Ich bin durstig gewesen, und ihr habt mir zu trinken gegeben. Ich bin ein Fremder gewesen, und ihr habt mich aufgenommen. Ich bin nackt gewesen, und ihr habt mich gekleidet. Ich bin krank gewesen, und ihr habt mich besucht. Ich bin im Gefängnis gewesen, und ihr seid zu mir gekommen.“ Dann werden ihm die Gerechten antworten und sagen: „Herr, wann haben wir dich hungrig gesehen und haben dir zu essen gegeben? Oder durstig und haben dir zu trinken gegeben? Wann haben wir dich als Fremden gesehen und haben dich aufgenommen? Oder nackt und haben dich gekleidet? Wann haben wir dich krank oder im Gefängnis gesehen und sind zu dir gekommen?“ Und der König wird antworten und zu ihnen sagen: „Wahrlich, ich sage euch: Was ihr getan habt einem von diesen meinen geringsten Brüdern, das habt ihr mir getan.“

Aus Mt 25

Diakonie

caritas

Das Kronenkreuz ist das Erkennungszeichen des Diakonischen Werkes. Es wurde 1925 von Richard Boehland entworfen. Es besteht aus einem gleichschenkligen, griechischen Kreuz auf schwarzem Grund, das in seinen oberen Feldern eine Krone hat. Mit der m-förmigen Krone sollten die Buchstaben I.M. von „Innerer Mission“ aufgenommen werden, dem früheren Namen der Diakonie. Mit diesem Zeichen bekennt die Diakonie, daß sie sich in ihrem Dienst unter das Kreuz und in die Nachfolge Jesu stellt.
Das Zeichen der Caritas stellt ein Kreuz dar, von dem Wellen oder Strahlen ausgehen. Sie meinen die Liebe Christi, die in der Arbeit der Caritas, der Nächstenliebe, zur Erfahrung kommt.

Die Sterntaler

Es war einmal ein kleines Mädchen, dem waren Vater und Mutter gestorben, und es war so arm, daß es kein Kämmerchen mehr hatte, darin zu wohnen, und kein Bettchen mehr, darin zu schlafen, und endlich gar nichts mehr als die Kleider auf dem Leib und ein Stückchen Brot in der Hand, das ihm ein mitleidiges Herz geschenkt hatte. Es war aber gut und fromm. Und weil es so von aller Welt verlassen war, ging es im Vertrauen auf den lieben Gott hinaus ins Feld. Da begegnete ihm ein armer Mann, der sprach: „Ach, gib mir etwas zu essen. „Ich bin so hungrig." Es reichte ihm das ganze Stückchen Brot und sagte: „Gott segne dirs" und ging weiter. Da kam ein Kind, das jammerte und sprach: „Es friert mich so an meinem Kopfe, schenk mir etwas, womit ich ihn bedecken kann." Da tat es seine Mütze ab und gab sie ihm. Und als es noch eine Weile gegangen war, kam wieder ein Kind und hatte kein Leibchen an und fror, da gab es ihm seins! Und noch weiter, da bat eins um ein Röcklein, das gab es auch von sich hin. Endlich gelangte es in einen Wald, und es war schon dunkel geworden, da kam noch eins und bat um ein Hemdlein, und das fromme Mädchen dachte: „Es ist dunkle Nacht, da sieht dich niemand, du kannst wohl dein Hemd weggeben", und gab es auch noch hin. Und wie es so stand und gar nichts mehr hatte, fielen auf einmal die Sterne vom Himmel und waren lauter harte, blanke Taler und ob es gleich sein Hemdlein weggegeben, so hatte es ein neues Hemdchen an, und das war vom allerfeinsten Linnen. Da sammelte es sich die Taler hinein und war reich für sein Lebtag.

„Die Sterntaler" aus: Märchen der Gebrüder Grimm, © Droemer Knaur Verlag, München

Martin verweigert den Kriegsdienst

Martinus ist jetzt 18 Jahre alt und Christ. Er gehört zu einer Reitertruppe, die immer nahe um den Kaiser ist und ihn beschützt. „Diesen Martinus, von dem alle Gutes sagen, will ich um mich haben“, hat der Kaiser gesagt.
So reitet Martinus mit Kaiser Julian in die Nähe der Stadt Worms. Der Kaiser macht ein ernstes Gesicht. „Feinde sind ins Römische Reich eingefallen. Sie heißen Germanen. Sie wollen die Stadt Worms für sich haben. Die Germanen sind gefährliche Krieger. Der Kaiser hat Angst.
Eines Tages ruft der oberste Diener des Kaisers die ganze Reitertruppe zusammen. „Morgen ist ein wichtiger Kampftag. Morgen in der Schlacht müßt ihr den Kaiser mit allen euren Kräften beschützen. Darum will der Kaiser euch ein Geschenk machen. Er erwartet euch heute abend auf dem Marktplatz von Worms.“
Die Reiter stehen in einer Reihe. Kaiser Julian hat kleine Götterbilder aufstellen lassen. Es duftet nach Räucherkerzen. „Die Götter sollen mir helfen, und meine Reiter sollen mich beschützen. Jeder Reiter wird mit seinem Namen aufgerufen. Jeder Reiter erhält eine glänzende Goldmünze mit dem Bild des Kaisers. Jeder Reiter freut sich.
Auch Martinus wird aufgerufen. Er tritt vor den Kaiser. Aber er streckt seine Hand nicht nach der Münze aus. Alle staunen. Es wird still.
Sie hören Martinus mit klarer Stimme sagen: „Bis heute habe ich dir gedient, Kaiser von Rom. Ich habe für dich gekämpft. Jetzt will ich nicht mehr Soldat sein. Ich kann dein Geschenk darum nicht annehmen. Gib es einem andern Von jetzt an will ich nur noch Christus dienen. Für Christus will ich kämpfen.“
Julian stampft mit dem Fuß auf den Boden. Seine Rüstung klirrt. Er wird rot vor Zorn. „Du mit deinem Christus! Ich will nichts von diesem Mann wissen. Ich hasse diese Religion.“ Der Kaiser kreischt. Nach einer kurzen Pause schreit er weiter: „Und ein Angsthase bist du, ein erbärmlicher. Du hast vor der Schlacht von morgen Angst!“ Auch der Vater hat Martinus früher einen Angsthasen genannt. Damals war er noch ein Junge. Nein! Angst hat Martinus nicht! „Kaiser. Ich will kämpfen morgen. Ich werde in der vordersten Reihe kämpfen. Ohne Schild und Helm will ich kämpfen. Mutig werde ich dem Feind entgegentreten. Nur ein Kreuz soll meine Waffe sein. Das Kreuz von Christus. Er wird mir helfen.“ Martinus wird bis zum nächsten Morgen eingesperrt. „Er soll uns nicht weglaufen. Er soll wirklich in der ersten Reihe kämpfen“, sagt der Kaiser und lacht.
Am nächsten Morgen aber kommen Boten zu Kaiser Julian. Boten von den Germanen. „Wir wollen Frieden schließen, großer Kaiser. Wir wissen es: du bist stärker als wir. Dir und deinen Soldaten gehört die Stadt Worms.“

Plötzlich ist der Krieg zu Ende. Auch Kaiser Julian staunt. Er kann Martinus nicht mehr zurückhalten. Martinus verläßt die Soldaten. Ohne Rüstung und Waffen reitet er davon.

Urheberrechte: Regina Schindler
Titel: Martin
Quelle: Veit, Lebensbilder, © Verlag Ernst Kaufmann, Lahr

Brich mit den Hungrigen dein Brot
Friedrich Karl Barth

Es ist schon lange her. Mehr als 2500 Jahre. Es ist am Euphrat und Tigris, at the rivers of Babylon. Da sitzen sie und weinen, die Leute aus Jerusalem und Juda. Sie haben gegen Nebukadnezar verloren, den großen König der Babylonier. Ihr Land ist erobert, der Tempel zerstört und der König abgesetzt. Hier in der Fremde verstehen sie: Gott kann ein ganzes Volk bestrafen. Wenn aber Gott hinter allem steckt, so denken sie jetzt, dann kann er auch wieder retten. Auch nach der Sintflut kam ein neuer Anfang. Und deshalb fasten sie, immer wieder, tagelang. So wollen sie ihre Trauer zeigen und Gott bitten, sie wieder heimzuholen. O ja, damit ist es allen ernst. An den Fastentagen denken sie an den Gott ihrer Väter und beten ganz fest.
Aber die Jahre gehen ins Land, und sie werden bitter „Warum fasten wir, und du siehst es nicht an? Warum verzichten wir, und du willst es nicht wissen?"
Als die Klage immer heftiger und zorniger wird, da schickt ihnen Gott seinen Propheten und läßt ihnen sagen: Was ihr macht, ist gar nicht so falsch. Ihr sucht Gott und wollt seinen Willen tun. Das ist gut. Aber dann macht ihr einen Riesenfehler. Ihr schaut nur nach oben, aber nicht nach rechts und links. Im Gegenteil: Unter euch ist Streit und ihr seid gemein zueinander. Sich einschränken und verzichten ist gut. Aber nur dann, wenn auch sonst alles zueinander paßt. Merkt euch: Gott braucht nichts für sich. Die Menschen neben euch, auf die sollt ihr achten. Und deshalb sage ich euch im Namen Gottes:
Laß los, die du mit Unrecht gebunden hast.
Laß ledig, auf die du ein Joch gelegt hast.
Gib frei, die du bedrückst.
Reiß jedes Joch weg.
Brich mit dem Hungrigen dein Brot.
Und die im Elend ohne Obdach sind, führe ins Haus.
Wenn du einen nackt siehst, so kleide ihn.
Und entzieh dich nicht deinem Fleisch und Blut.
Dann – ja dann – wird dein Licht hervorbrechen wie die Morgenröte und deine Heilung wird schnell voranschreiten. Dann wirst du rufen, und der Herr wird dir antworten. Wenn du schreist, wird er dir sagen: „Sieh, hier bin ich."
(Jes 58,6–8)

Friedrich Karl Barth und Peter Janssens haben diese Geschichte gekannt und dazu ein Lied geschrieben.

EG 420

Text: Friedrich Karl Barth; Musik: Peter Janssens; aus: Unkraut Leben,

Ich hebe meine Augen auf zu den Bergen.
Woher kommt mir Hilfe?
Meine Hilfe kommt vom Herrn,
der Himmel und Erde gemacht hat.
Er wird deinen Fuß nicht gleiten lassen,
und der dich behütet, schläft nicht.
Siehe, der Hüter Israels schläft und schlummert nicht.
Der Hüter behütet dich;
der Herr ist dein Schatten über deiner rechten Hand,
daß dich des Tages die Sonne nicht steche
noch der Mond des Nachts.
Der Herr behüte dich vor allem Übel,
er behüte deine Seele.
Der Herr behüte deinen Ausgang und Eingang
von nun an bis in Ewigkeit!

Ps 121

25
Buß- und Bettag

Buß- und Bettag

Schon in der Antike und im Mittelalter waren Bußtage üblich. Sie wurden in Kriegs- und Notzeiten von der Obrigkeit verordnet, um den Zorn Gottes abzuwenden, denn Kriegs- und Notzeiten galten als Strafe Gottes für einen bösen Lebenswandel. An den Bußtagen sollte das ganze Volk vor Gott treten, sich öffentlich vom Bösen abkehren und sich ganz bewußt wieder Gott zuwenden. Durch Sündenbekenntnis und die Verpflichtung, Gottes Willen wieder einzuhalten, sollte Gottes Zuneigung und Vergebung erbeten, die Not abgewendet und das allgemeine Wohl wieder hergestellt werden. Als Zeichen der Buße und Hingebung wurde an diesem Tag gefastet.

Als Kaiser Karl V. angesichts der Türkengefahr das Reich 1532 zur Buße aufrief, da nahmen auch evangelische Reichsstädte (beispielsweise Straßburg) daran teil. In den Pest- und Kriegsjahren des Dreißigjährigen Krieges häuften sich in Deutschland evangelische Landesbußtage. 1852 schlug die Konferenz der Landeskirchen in Eisenach den Mittwoch vor dem letzten Sonntag des Kirchenjahres als gemeinsamen Bußtag vor.

Unter dem Eindruck des Dritten Reiches zerbrach der Gedanke, Staat und Kirche könnten sich an einem Bußtag gemeinsam vor und unter Gott beugen. Aus dem staatlichen Buß- und Bettag wurde ein rein kirchlicher Feiertag, bei dem die persönliche Buße stärker herausgestellt wurde. Es wurde Brauch, diesen Tag zum Abendmahlsgang und zur individuellen Gewissensprüfung zu nutzen.

Dennoch blieb auch der öffentliche Charakter dieses Tages erhalten. Die Kirche sucht an diesem Tag, Gesellschaft und Staat an Gottes Gebote zu erinnern, und will so ihrer gesellschaftlichen Mitverantwortung gerecht werden.

Das Thema Buße (= Umkehr, Umorientierung, Besserung, Wiedergutmachung) scheint heute veraltet zu sein. Doch Sich-Bessern und das Leben ändern, um Krankheit, Not und Verderben zu entgehen, wollen Menschen auch heute: Die einen wollen ihre Ernährung ändern und abnehmen; die anderen wollen mit dem Rauchen oder mit dem Trinken aufhören; wieder andere wollen weniger arbeiten und sich mehr ihren Familien widmen. Hinter diesen Bemühungen steht zum einen die Angst vor Strafe und zum anderen das Wissen, daß man eigentlich anders leben müßte.

Martin Luther bestritt, daß Menschen durch Androhung von Strafe und somit aus Angst besser würden. Er bestritt auch, daß Menschen aus eigener Kraft ihr Leben grundlegend zum Besseren verändern könnten. Durch die Bibel und das eigene Leben hatte er entdeckt, daß Gott die Menschen nicht durch die Androhung harter Strafen ändern will, sondern durch die unbedingte Anerkennung der Person – allerdings nicht der Taten. Von dem Gott der Bibel her gesehen sind also nicht Angst, sondern Hoffnung, Zuversicht und Vertrauen die entscheidende Voraussetzung für eine grundlegende Umorientierung des Lebens.

Deshalb ist das Hauptthema der evangelischen Buß- und Bettage nicht das, was Menschen eigentlich tun sollten, auch nicht die Androhung von Gottes Gericht und Strafe, sondern die Botschaft, daß Gott die Menschen grundsätzlich akzeptiert und ihnen immer wieder die Chance gibt, neu anzufangen, auch wenn sie versagt haben. Die Menschen können deshalb ihr Versagen öffentlich aussprechen und ihrem Leben ehrlich gegenübertreten.

Auch Juden kennen eine Art Buß- und Bettag. Es ist Jom Kippur, das Versöhnungsfest. Es wird im September/Oktober gefeiert. An diesem Tag gedenken Juden ihrer Sünden und bitten um Versöhnung. Es gilt als eine Sünde, zu Jom Kippur mit irgend jemandem zerstritten zu sein. Jom Kippur ist ein strikter Fasten- und Ruhetag, sogar Radio und Telefon schweigen. Wer nicht in die Synagoge geht, bleibt ruhig zu Hause. Am Vorabend gibt es ein üppiges Abendessen, zum Ende des Fastentages wird das Schofar, das Widderhorn, geblasen. Im alten Israel war Jom Kippur der einzige Tag im Jahr, an dem der Hohepriester das Allerheiligste im Tempel betrat.

Schuld und Vergebung

Die Alleebäume verschwammen in der heißen, flimmernden Mittagshitze. Die drei Kinder auf ihren Fahrrädern schwitzten; die Wasserflaschen, die sie zum Schwimmbad mitgenommen hatten, waren leer bis auf einen schalen Rest ...
„Gleich geht's in die kalten Fluten“, jauchzte Ursel, und Klaus klingelte vor Begeisterung, bis ihm der Daumen wehtat.
Die Bärenraupe kroch über den Asphalt, Klaus sah sie schon von weitem. „Paßt auf, da kriecht eine Bärenraupe“, rief er.
Die Sonne spielte im Laub der Ahornbäume über ihnen, die durch ihren Schatten die Hitze einigermaßen erträglich machten.
In einiger Entfernung sahen sie ein Auto kommen. Das Motorengeräusch schwoll an, je näher es kam. Vermischte sich mit einem Geräusch, das sie nicht weiter beachteten. Das Auto von vorn war höchstens fünfzig Meter von ihnen entfernt. Der Windzug war deutlich zu spüren, als es an ihnen vorbeifuhr. Da hinten kam der Fußgängerüberweg, den sie nach links queren mußten. Sie sprangen von ihren Fahrrädern herunter, faßten sie an Lenkrad und Sattel. Gudrun machte dem grünbraunen Militärlastwagen Handzeichen, der hundert Meter von ihnen entfernt herandonnerte. Dann blickten sie nach rechts. Alles frei. „Wir können“, rief Gudrun den Geschwistern zu. Die packten ihre Räder und schoben sie auf den Überweg. Gudruns Schrei erstarb im Lärm des 12-Tonners. Als er fünfzig Meter weiter mit quietschenden Bremsen zum Stehen kam, lag das Fahrrad von Gudrun mit verdrehtem Lenker im Graben, Gudrun selber war auf der Straße liegengeblieben. Als ihre beiden Geschwister sie anfaßten, atmete sie nicht mehr.
Der Fahrer des Militärlastwagens stand noch unter Schockeinwirkung und konnte dem Polizeibeamten nur immer wieder seinen Namen stammeln. „Charles Goster“. murmelte er dauernd. „Charles Goster.“
Er war neunzehn und bei der britischen Rheinarmee. Deutsch verstand er nicht. Er hatte die Kinder nicht gesehen in dieser flimmernden Mittagshitze. Erst der Aufprall hatte ihn hellwach gemacht.
Charles Goster, der Neunzehnjährige, hatte die Hände vors Gesicht geschlagen und schüttelte sich in Weinkrämpfen. Die Polizisten wußten mit ihm nichts anzufangen. Da öffnete sich die Tür. Ein Mann, Mitte vierzig, schlank und mit einer randlosen Brille, stand im Raum. „Wo ist der Mann?“ fragte er. Seine Stimme klang ruhig. Nur die Schweißperlen auf seiner Stirn und die großen dunklen Flecken unter den Armen zeigten, daß er sich angestrengt hatte. „Wen suchen Sie?“ fragte einer der Beamten. „Ich suche den Mann, der vor einer halben Stunde meine Tochter getötet hat.“
Die beiden Polizisten sahen sich an, waren unschlüssig, was sie tun sollten.

„Sie sind der Vater?“ versuchte einer der beiden Zeit zu gewinnen. Der Mann nickte und ging auf den jungen Soldaten zu. „Ich nehme an, daß du es warst.“ Schnell näherte sich der Beamte dem Neunzehnjährigen, wollte sich schützend vor ihn stellen. „Er versteht kein Deutsch“, sagte er beinahe drohend. Da hob der Vater des Mädchens die Hand und strich dem weinenden Jungen übers Haar. Sagte kein Wort dabei. Dann wendete er sich schließlich an den Beamten. „Ich wollte ihm nur sagen, daß ich ihn nicht verurteile. Können Sie das ins Englische übersetzen?“
Diese Geschichte ist so unwahrscheinlich, da sie nicht einmal mehr ausgedacht werden könnte. Was hier erzählt wird, ist vor einigen Jahren wirklich geschehen.

Urheberrechte: Michael Höhn
Titel: Schuld und Versöhnung
Quelle: Conrad, Das Vaterunser, © Verlag Ernst Kaufmann, Lahr

Sackgassen
Das Leben ist wie eine Reise und eine Fahrt. Man kommt immer an Kreuzungen und muß sich entscheiden, wohin man will. Bei manchen Kreuzungen muß man gar nicht lange überlegen. Wie es weiter geht, ist klar. Oft genug fällt aber die Entscheidung schwer, und man muß sich lange besinnen und beraten.
Auf jeden Fall gibt es auf dieser Fahrt interessante Erfahrungen.
Aber es gibt auch Sackgassen, in die man hineinfährt und nicht weiter kommt.
Dann gibt es nur einen Ausweg: umkehren und einen neuen Weg suchen. An Buß- und Bettag denken Christen darüber nach, in welchen Sackgassen wir stecken, wie wir umkehren und wieder neu anfangen können.

Umkehr durch Liebe

Zu einem Rabbi kam einmal eine Mutter und klagte. daß ihr Sohn sich vom jüdischen Glauben losgesagt habe. Das ist für jüdische Eltern das Schlimmste, was sie sich vorstellen können. Die Mutter sagte dem Rabbi, ihr Mann und sie hätten alles versucht. Sie hätten dem Sohn gedroht, sie hätten ihn geschlagen, sie hätten den Sohn enterbt, sie wüßten nicht mehr, was sie noch tun sollten, um ihren Sohn zur Umkehr zu bringen. Was sie denn noch tun könnten. Der Rabbi schwieg lange. Dann sagte er zu der Mutter: „Liebe ihn mehr denn je."

Fundort unbekannt

Das Jüngste Gericht

Und Jannaros hatte einen Traum:
Die Posaunen des Jüngsten Gerichtes dröhnten, die Schollen der Erde hoben sich und brachen auf, und hervor kamen, wie Schnecken nach dem Regen noch mit Lehm bedeckt, in unzähligen Scharen die Toten.
Zu festen Leibern wurden sie im Sonnenlicht; stark wurden wieder die Gerippe. Fleisch legte sich darum, es füllten sich die leeren Höhlen der Augen. in die Kiefer kamen zurück die ausgefallenen Zähne. Leben schlug wieder in den Herzen.
Und außer Atem noch eilten sie und stellten sich vor Christus auf, zur Rechten die einen, zur Linken die anderen. Und er saß in der Mitte: zwischen Erde und Himmel, auf goldbesticktem tiefblauem Kissen, zu seinen Füßen aber hatte sich niedergeworfen die Panagia, und sie betete.

Christus wandte sich zur Rechten und lächelte; da öffnete sich mit einem Male, ganz aus Smaragd gebildet, das Tor zum Paradiese, Engel in rosenroten Gewändern und mit blauen Flügeln umjubelten die Geretteten und führten sie auf blütengeschmückten Wegen singend zum Throne Gottes.

Dann wandte sich Christus zur Linken und zog die Brauen zusammen; sogleich erhob sich Jammergeschrei, und zahllose Teufel mit Schwänzen und Hörnern schwenkten feurig-glühende Haken. Sie spießten die Sünder auf, so wie man die Ochtapodia, die Polypen, harpuniert, und wollten sie in die Hölle schleudern.
Da vernahm die Panagia das Wehgeschrei, drehte sich danach um; ihr blutete des Herz und sie rief: „Meine Kinder – weinet nicht, schreiet nicht. Denn nicht nur gerecht ist mein Sohn; auch voller großer Barmherzigkeit ist er – fürchtet euch nicht!"
Da lächelte Christus auch und sagte: „Meine Kinder – das habe ich nur getan, um euch zu erschrecken. Auf nun – das Herz Gottes ist weit und hat Raum für Gerechte und Ungerechte. Kommet alle ins Paradies."

Verblüfft standen die Teufel da; aus ihren Händen fielen die feurigen Haken, und nun erhoben sie ein Wehgeschrei. „Und wir, Herr?" heulten sie. „Und wir? Was soll jetzt aus uns werden?"
Mitleidvoll blickte Christus sie an, und während er sie ansah, lösten sich ihre Schwänze und fielen ab, es fielen auch die Hörner ab, ihre Gesichter wurden freundlich, und knittrige, noch ganz zarte blaue Flügel begannen aus ihrem Rücken hervorzuwachsen. „Kommet auch ihr in die Wohnung Gottes", rief

Christus ihnen zu.
Jüngstes Gericht bedeutet nicht Vergeltung, sondern Barmherzigkeit.
Während dieser Worte aber war es, als senke sich ein Regenschleier über alle, über Gerechte und Ungerechte, über Paradies und Hölle und Christus und alles verschwand.
Pfarrer Jannaros sprang mit einem Schrei auf.

Nikos Katzanzakis: Das Jüngste Gericht, aus: Brudermörder, © by F. A. Herbig Verlagsbuchhandlung GmbH, München

Aus tiefer Not schrei ich zu dir
Martin Luther

Martin Luther hielt sich selber nie für einen großen Liederdichter, dennoch gilt er als der bedeutendste kirchliche Dichter der Reformationszeit. Seine „Erfindung" sind die Psalmlieder. Die Musik liebt er schon von klein auf. Als Schüler gehört er in Eisenach einem Chor an, der durch die Straßen zieht und sich mit lateinischen und volkstümlich-deutschen Weisen den Lebensunterhalt erbettelt. In der Universitätszeit spielt er die Querpfeife und erhält eine grundlegende theoretische Unterweisung in Musik. Während einer Krankheit bringt er sich selbst das Lautenspiel bei und bearbeitet dazu mehrstimmige Liedsätze. Selber singt er Tenor.

Sein erstes Lied ist ein Protestlied. Er protestiert damit 1523 gegen die Verbrennung von zwei Mönchen in Brüssel. Sie hatten sich für die Reformation entschieden.

Seine nächsten Lieder haben alle das gleiche Motiv: das Wort Gottes, die Bibel, das Evangelium als lebendiges menschliches Wort zu verbreiten „und in Schwung zu bringen".

Auf der Suche nach geeigneten Texten stößt er auf die Psalmen. Er appelliert an Freunde, Lieder zu dichten. An den kurfürstlichen Kanzler und Freund Georg Spalatin schreibt er Anfang 1524: „Wir planen nach dem Beispiel der Propheten und der alten Kirchenväter für die Menge deutsche Psalmen zu dichten, geistliche Gesänge, damit Gottes Wort auch gesungen im Volke lebe. Darum suchen wir allenthalben Dichter. Ich möchte dich deshalb bitten, daß du dich mit uns bemühst und versuchst, einen Psalm in ein Lied umzudichten, etwa so, wie ich es in dem beiliegenden Beispiel getan habe."

Spalatin schreibt nie ein Lied. Dafür sind aber die „Beispiele", die Luther selber dichtet und komponiert, berühmt geworden. Eines davon ist das Lied „Aus tiefer Not schrei ich zu dir", eine Nachdichtung des Bußpsalms 130. Es ist eine gesungene Bitte um Gottes Beistand für den einzelnen und die Kirche. Typisch für Luther ist, daß er nicht ganz bei dem alttestamentlichen Psalm bleibt. In Vers 3 schreibt er hinein, was ihm im Studium des Römerbriefes zur grundlegenden Einsicht geworden ist. „Darum auf Gott will hoffen ich, auf mein Verdienst nicht bauen, auf ihn mein Herz soll lassen sich und seiner Güte trauen." Der Mensch wird Gott gerecht, indem er sich nicht auf sich selbst, sondern ganz allein auf Gottes Wort verläßt.

EG 299, GL 163, Strophen 1 bis 3

Lege deine Hand, Gott, unter mein Haupt,
laß dein Licht leuchten über mir.
Der Segen deiner Engel
schütze mich vom Scheitel bis zur Sohle.

Gedenke nicht der Unzahl meiner Sünden,
richte nicht nach dem,
was ich an diesem Tag getan.
Vergiß mich nicht, wenn du die Deinen zählst.

Aus einem irischen Segenswunsch

26
Allerheiligen, Allerseelen, Ewigkeitssonntag

Das Ende des Kirchenjahrs

Das Kirchenjahr endet im Monat November, der uns, wenn es kalt und rauh wird und die Blätter von den Bäumen fallen, veranlaßt, über unsere eigene Vergänglichkeit nachzudenken. Die sterbende Natur und die längeren Nachtstunden erinnern uns an das eigene Sterben, an Abschiednehmen, Hergeben und Trauer. Mehrere Gedenktage greifen dieses Thema auf.

Der 1. November, das Fest Allerheiligen, ist der Gedenktag für all diejenigen, von denen wir glauben, daß sie nach ihrem Tod bei Gott sind. Nachdem man nicht mehr einem jedem Märtyrer ein eigenes Fest widmen konnte. feierte man schon um 600 n. Chr. ein Fest für alle Heiligen: für die Märtyrer, Bekenner, für alle Menschen, die ihr Ziel Gott erreicht haben. Sie alle werden an diesem Tag in Liedern, Predigten und mit Schmuck geehrt und um ihre Fürsprache bei Gott angerufen.

Der 2. November, Allerseelen, ist der Gedenktag für alle Verstorbenen. An diesem Tag - vielfach werden die besonders schön geschmückten Gräber schon am Nachmittag des Allerheiligentages besucht - beten gläubige Christen an den Grabstätten ihrer Familienangehörigen und stellen Kerzen auf. Sie erinnern sich an die Worte der Bibel: Es ist gut und heilsam, für die Verstorbenen zu beten, damit sie von ihren Sünden erlöst werden. Kerzen und Blumen wollen uns sagen, daß mit dem Tod nicht alles aus ist, sondern daß wir mit Christus, dem Auferstandenen, selbst auferstehen; Christus will, daß alle Menschen mit ihm in ewiger Freude leben.

Am vorletzten Sonntag des Kirchenjahres wird der Volkstrauertag begangen. An diesem nichtkirchlichen Feiertag wird besonders der Opfer von Gewaltherrschaft gedacht.

In diesem Zusammenhang sei auf die siebenwöchigen Tage der Trauer bei den Juden hingewiesen, die zwischen Pessach (Passahfest) und Schawuot liegen. Man gedenkt der tragischen Ereignisse der Vergangenheit. In dieser Zeit heiratet man nicht, verzichtet auf das Schneiden der Haare und des Bartes, zieht keine neuen Kleider an, unterläßt das Musikmachen. Am 33. Tag dieser sogenannten Omer-Zeit wird die Trauer für einen Tag der Freude unterbrochen (Lag Baomer). An diesem Tag ist es Brauch zu heiraten; die Kinder haben schulfrei.

INFORMATION

Katholische Christen feiern am letzten Sonntag im Kirchenjahr das Christkönigsfest. Jesus Christus, der auferstandene Herr, wird auch am Ende der Zeit als Herr und König herrschen und alle Menschen an seiner Königsherrschaft teilhaben lassen, die er im endgültigen Frieden zusammenführt.

Am gleichen Sonntag feiert die evangelische Kirche den Ewigkeitssonntag. Dabei denken die Gläubigen - wie die Katholiken am letzten Tag des Jahres - an alle Gemeindemitglieder, die im vergangenen Kirchenjahr verstorben sind. Früher hieß dieser Tag „Totensonntag". Die Veränderung des Namens soll deutlich machen, daß nicht der Tod bedacht werden soll, sondern Gott, der Jesus Christus vom Tode auferweckt hat und deshalb stärker ist als der Tod.

Wir wollten ihn nicht allein sterben lassen

Als die Eltern nach Hause kamen, brannte nur noch im Kinderzimmer Licht.
„Ich will erst mal nach Bubi schauen", sagte die Mutter.
Bubi hieß der blaue Wellensittich. Am Tag zuvor war sie mit ihm beim Tierarzt gewesen. Sie ging ins Eßzimmer, knipste das Licht an und rief aufgeregt nach dem Vater.
„Kurt, komm doch mal schnell. Der Käfig ist leer und die Tür ist zu."
„Das ist merkwürdig", wunderte sich der Vater. „Wir haben ihn im Garten unter dem großen Strauch begraben", sagte Sebastian. Tränen liefen über seine Wangen. Die Mutter nahm die beiden Kinder an der Hand. „Kommt, setzt euch mal her und erzählt, was geschehen ist."
Lukas begann: „Ihr wart noch nicht lange fort, da hat Sebastian mich gerufen, daß etwas mit dem Bubi wär! Der Bubi wollte immer auf das Stängelchen fliegen, hat es aber nicht geschafft. Er war so schwach, daß er immer wieder runterfiel. Das war ganz schlimm. Dann konnte sich Bubi kaum mehr auf seinen Beinen halten. Da haben wir ihn herausgenommen und in unserer Hand gehalten." „Erst hab ich ihn gehalten", sagte Sebastian. „Da hat er immer noch gezuckt. Seine Augen waren ganz groß. Er hat mich angeschaut. Dann hat ihn Lukas wieder genommen."
„Ja, und dann wieder Sebastian. Wir haben uns abgewechselt. Wir wollten ihn nicht allein sterben lassen."
„Das war aber ganz lieb von euch", sagte die Mutter.
„Er hat so traurig geguckt. Wir konnten ihn ja nicht allein lassen."
„Wie ist er denn gestorben?" wollte der Vater wissen. „Er wurde immer ruhiger. Einmal hat er noch gezuckt, und dann hat er sich nicht mehr bewegt."
Lukas schluckte zweimal. Dann sagte er:
„Erst wollten wir ihn wieder in den Vogelkäfig legen. Aber Sebastian wollte, daß wir ihn unter dem Fliederstrauch begraben. Ich habe mit dem Spaten ein Loch gemacht. Und wißt ihr, was dann ganz merkwürdig war? Gerade als wir ihn in das Loch legten, hat die Abendglocke geläutet. Da haben wir zugehört und geweint."

Versöhnung im Leid

Eines Sabbatnachmittags kam der Rabbi aus dem Bethaus nach Hause und vermißte seine beiden Söhne.
„Wo sind meine beiden Söhne?“ fragte er. „Sie sind in das Lehrhaus gegangen“, antwortete seine Frau.
Und als er nach einiger Zeit wieder fragte, entgegnete sie: „Sie sind vielleicht zu Freunden. Schon öfter sind sie erst zu dieser Stunde zurückgekehrt.“ Aber das genügte ihm immer weniger, und er fragte dringender: „Wo sind meine Knaben?“
Sie sprach: „Erlaube, daß ich dich etwas frage.“ „Was ist's?“
Die Frau erwiderte: „Vor etlichen Tagen kam ein Fremder zu mir und gab mir ein Pfand, damit ich es bewahre. Es waren zwei kostbare Perlen von großer Schönheit, und ich hatte meine Freude an ihnen, als wären sie mein. Heute nun, als du im Bethaus warst, ist der Fremde wiedergekommen und hat sein Pfand zurückverlangt. Soll ich es ihm wiedergeben?“
„Was fragst du nur“, antwortete der Rabbi streng. „Kannst du zögern, anvertrautes Gut zurückzugeben?“
„Nein“, erwiderte die Frau, „aber ich wollte nicht ohne dein Wissen handeln. Denn auch du hattest dir angewöhnt, das Pfand als dein Eigentum zu betrachten.“ Er sprach: „Was sagst du da?“ und mit brechender Stimme: „Wo sind meine Kinder?“
Da nahm die Frau ihn bei der Hand und führte ihn in die Schlafkammer. Sie hob die Decke vom Bett. Da lagen die Knaben still und schön, und sie waren beide tot.
Der Rabbi schrie laut auf und warf sich über sie. Die Frau aber stand ernst und bleich hinter ihm und blickte nieder auf seinen Schmerz.
Sie sprach: „Hast du mich nicht geheißen, das Pfand zurückzugeben?“
„Der Herr hat's gegeben, der Herr hat's genommen. Der Name des Herrn sei gelobt!“

Jüdische Legende

Ich habe einen zerbrochenen Teller mit einem Blümchenmuster gemalt. Wenn mein Leben einmal zuende ist – der Tod ist die Bruchstelle – dann werde ich vielleicht nichts Ganzes, Rundes zustande gebracht haben, aber man sieht doch, was es werden sollte. Ich glaube, Gott wird ergänzen, was noch fehlt.

Das Ideal eines ganzen Lebens, von dem man sich im Tode leicht verabschieden kann, ist eine Illusion. Unser Leben ist nie ganz, wird nie ganz. Es bleibt immer Bruchstück. Wer sein Leben in einem Ganzen machen wollte, der müßte nicht nur seine Lebenszeit kennen, damit ihn der Tod nicht überrascht, er müßte sich auch vor allen fremden Einflüssen verschließen, damit sein Lebensplan nicht unerwartet in Frage gestellt wird. Er müßte von Anfang an wissen, wer er ist, und müßte alles in sich abtöten, was nicht zu diesem Selbst paßt. Er dürfte nicht trauern, nicht hoffen, nicht lieben.
Unser Leben bleibt am Ende immer Fragment, weil wir unser Lebensmaß nicht kennen, weil wir viele Irrwege gehen, weil uns die Menschen, denen wir begegnen, auch verändern, weil wir lebenslang auf dem Wege sind.
Der Glaube an Gott kann uns davon befreien, uns selbst verewigen zu müssen und dabei unser kostbares Leben zu vergeuden. Der Glaube an die Auferstehung ist die Hoffnung, daß Gott ganz machen werde, was wir anfangen konnten.

Nach Henning Luther

Ich werde fortgehen im Herbst

Ich werde fortgehen im Herbst,
Wenn die grauen Trauerwolken
Meiner Jugend mich mahnen.
Keine Fahnen werden flattern,
Keine Böller knattern,
Krähen werden aus dem Nebel schrein,
Schweigen, Schweigen, Schweigen
Hüllt mich ein.
Ich werde gehen wie ich kam,
Allein.

Mascha Kaléko

Denn ich bin gewiß,
daß weder Tod noch Leben,
weder Engel noch Mächte noch Gewalten,
weder Gegenwärtiges noch Zukünftiges,
weder Hohes noch Tiefes noch eine andere Kreatur
uns scheiden kann von der Liebe Gottes,
die in Christus Jesus ist, unserm Herrn.

Röm 8,38.39

Der Tod und der Gänsehirt

Einmal kam der Tod über den Fluß, wo die Welt beginnt. Dort lebte ein armer Hirt, der eine Herde weißer Gänse hütete.
„Du weißt, wer ich bin, Kamerad?“ fragte der Tod. „Ich weiß, du bist der Tod. Ich habe dich auf der anderen Seite hinter dem Fluß oft gesehen.“ „Du weißt, daß ich hier bin, um dich zu holen und dich mitzunehmen auf die andere Seite des Flusses.“ „Ich weiß. Aber das wird noch lange sein.“ „Oder wird nicht lange sein. Sag, fürchtest du dich nicht?“
„Nein,“ sagte der Hirt. „Ich habe immer über den Fluß geschaut, seit ich hier bin, ich weiß, wie es dort ist.“
„Gibt es nichts, was du mitnehmen möchtest?“ „Nichts, denn ich habe nichts.“„Nichts, worauf du hier noch wartest?“ „Nichts, denn ich warte auf nichts.“„Dann werde ich jetzt weitergehen und dich auf dem Rückweg holen. Brauchst du noch etwas, wünschst du dir noch was?“
„Brauche nichts, hab‘ alles“, sagte der Hirt. „Ich habe eine Hose und ein Hemd und ein Paar Winterschuhe und eine Mütze. Ich kann Flöte spielen, das macht lustig. Meine Gänse verstehen nicht viel von Musik.“
Als dann der Tod nach langer Zeit wiederkam, gingen viele hinter ihm her, die er mitgebracht hatte, um sie über den Fluß zu führen. Da war ein Reicher dabei, ein Geizhals, der Zeit seines Lebens wertvolles und wertloses Zeug an sich gerafft hatte: Klamotten, auch Gold und Aktien und fünf Häuser mit etlichen Etagen. Der Mann jammerte und zeterte: „Noch fünf Jahre, nur noch fünf Jahre hätte ich gebraucht, und ich hätte noch fünf Häuser mehr gehabt. So ein Unglück. So ein verfluchtes Unglück!“ Das war schlimm für ihn.
Ein Rennfahrer war unter ihnen, der Zeit seines Lebens trainiert hatte, um den großen Preis zu gewinnen. Fünf Minuten hätte er noch gebraucht bis zum Sieg. Da erwischte ihn der Tod. Ein Berühmter war dabei, dem ein Orden gefehlt hatte, nur ein einziger Orden, für den er Jahre aufgewendet hatte, da holte ihn der Bruder Tod. Das war schlimm für ihn.
Dann war da ein junger Mensch, der hatte an seiner Braut gehangen, denn sie waren ein Liebespaar gewesen, und keiner konnte ohne den anderen leben.
Ein schönes Fräulein war dabei mit langen Haaren. Und viele Reiche, die jetzt nichts mehr besaßen, und noch mehr Arme, die jetzt auch nicht das besaßen, was sie gerne hätten haben wollen.
Ein alter Mann war freiwillig mitgegangen. Aber auch er war nicht froh, denn siebzig Jahre waren vergangen, ohne daß er das bekommen hatte, was er hatte haben wollen. Schlimm für sie alle.
Als sie an den Fluß kamen, wo die Welt aufhört, saß dort der Hirt. Und als der

Tod ihm die Hand auf die Schulter legte, stand er auf, ging mit über den Fluß, als wäre nichts, und die andere Seite hinter dem Fluß war ihm nicht fremd. Er hatte Zeit genug gehabt, hinüberzuschaffen, er kannte sich hier aus, und die Töne waren noch da, die er immer auf der Flöte gespielt hatte; er war sehr fröhlich. Das war schön für ihn.
Was mit den Gänsen geschah? Ein neuer Hirt kam.

Janosch

Aus: Janosch erzählt Grimms Märchen. 1971 Beltz Verlag, Weinheim und Basel, Programm Beltz & Gelberg, Weinheim

„Wachet auf", ruft uns die Stimme
Philipp Nicolai

Es ist die Zeit der Glaubens- und Kirchenkämpfe, der Unterdrückung und Vertreibung. Katholiken und Protestanten bekämpfen sich. Lutheraner und Calvinisten beschimpfen sich auf abfälligste Weise. Die einen warnen vor den anderen als falsche Propheten, Wetterhähne, Schwärmgeister, Fuchsschwänze und heuchlerische Buben. Beißen und Fressen heißt die Parole. Zu all dem kommt noch die Pest, der schwarze Tod. Auch Unna, die Gemeinde von Philipp Nicolai bleibt nicht verschont. Von 1597 auf 1598 sterben hier 1400 Menschen. Der lutherische Pfarrer Nicolai schreibt: „Ich bin durch Gottes Gnade noch ganz gesund, wenn ich gleich von Häusern, die von der Pest angesteckt sind, fast umlagert bin und auf dem Kirchhof wohne, wo täglich bald 24, 27, 29, 30 Leichen der Erde übergeben werden." Philipp Nicolai ist ein eifriger, fast gehässiger Streiter in konfessionellen Fragen, doch jetzt haben Haß und Streit ein Ende. Philipp verbringt viel Zeit mit Beten und dem Nachdenken über das ewige Leben. 1599 erscheint zu seinem 42. Geburtstag ein Trostbüchlein mit dem Titel „Freudenspiegel des ewigen Lebens". Im Anhang findet sich der Choral „„Wachet auf, ruft uns die Stimme". Die „Mitternacht" läßt die Pestzeit anklingen. Der vielfache Tod läßt das Endgericht und das Kommen Gottes erwarten. Philipp Nicolai hat dies vor Augen. Doch er setzt, hofft auf den Ausbruch der Freudenzeit, auf den Einzug ins himmlische Jerusalem und die Begegnung mit Jesus, dem Herrn und Sohn Gottes; wie die Mystiker erwartet er die liebende Begegnung von Braut und Bräutigam. Der Ruf des Nachtwächters auf den Zinnen der Stadt Unna verbindet sich für ihn mit dem Gleichnis von den zehn Jungfrauen in Mt 25,1–13. Auffallend ist jedoch, dass in dem Lied die „törichten Jungfrauen", die verworfen werden, fehlen. Philipp Nicolai singt von der Erwählung. Im „Freudensaal" Himmel haben alle Platz, niemand ist ausgeschlossen. Das ist Trost und Hoffnung für ihn selbst und für alle, die in diesen schweren Zeiten nur das richtende Handeln Gottes erkennen können.
Das Lied, das Nicolai gedichtet und komponiert hat, wird später „König der Choräle" genannt. Bach hat daraus eine Kantate komponiert, Händel hat das Lied im berühmten „Halleluja" in seinem „Messias" verwendet.

EG 147, Strophe 1

Deinen Frieden, Herr,

gib uns vom Himmel,

und dein Friede bleibe in unseren Herzen.

Laß uns schlafen in Frieden

und wachen in dir,

auf daß wir vor keinem Grauen

der Nacht uns fürchten.

(Alkuin, 8. Jh.)

Index der Liedanfänge

Index wichtiger Begriffe